ヤマケイ文庫

山をたのしむ

Umesao Tadao　梅棹忠夫

Yamakei Library

山をたのしむ　目次

終生登山家――序にかえて

解説

大阪の北部に千里と呼ばれている地域がある。京都から千里にすまいをうつして、仕事も交遊も千里の関係がおおくなってきたわたしは、千里の友人や知人をさそって『千里眼』という地域同人雑誌をつくった。一九八三年三月のことである。

同人雑誌であるから、わたしはこの『千里眼』に好きなことを、好きなときに、好きなだけ書いた。それらのおおくは、わたしの著書に収録した。著作集刊行の話が具体的にすすみだすと、「著作集」におさめるためにせっせと原稿を書き、『千里眼』に投稿した。

しかし、ここ数年は書きたいものがなく、書きたい気もおこらない。しばらく書かないでいたのだが、「国際山岳年」を機に山との縁が切れないでいる自分に気づいた。わが人生にとって山とはなにか。自分と山とのかかわりをあらためてかんがえなおして、それを文章にした。それは『千里眼』第八五号に掲載された(註)。わたしと山との縁を簡潔にのべているので、本書の冒頭にかかげ、序文のかわりとした。

（註）梅棹忠夫（著）「終生登山家」『千里眼』第八五号　五―一五ページ　二〇〇四年三月　財団法人千里文化財団

エクスペディション

中学一年生でわたしは山の味をおぼえた。京都北山に山岳部の管理する山小屋があって、そこで二泊三日の合宿をしたのである。それは博物同好会というクラブのもよおしで、昆虫採集のためだった。特定のピークをめざす登山ではなくて、いわば一種の山あるきにすぎなかった。わたしはそれがすっかり気にいって、二学期から山岳部に入部した。

中学から高校にかけて、山岳部員としてわたしは登山技術を身につけた。谷あるきから岩のぼりまで、ひととおりなんでもやった。夏ばかりか積雪期にも、スキーとアイゼンでたかいピークにのぼった。それは明治以後の日本において確立された正統的な近代アルピニズムのいわば本流にのったものであった。そのながれは、主として学生の登山家たちによって受けつがれていたのである。

学生登山界には一九三〇年代にあたらしいうごきがあった。それは外地への遠征登山である。カラフト、朝鮮、台湾、千島列島などへ、つぎつぎと遠征隊が繰りだされた。なかには、そのまま学術探検へ移行するものもすくなくなかった。それらの行為はすべて、一括して「エクスペディション」と呼ばれていた。このうごきのきっかけとなったのは、一九三四年の京都帝国大学白頭山遠征隊であろう。わたし自身も中学生の時代にこの冬季白頭山遠征隊の映画をみて、その道に踏みこんだのである。

エクスペディションのうごきのなかには、たとえば内蒙古のように登山の要素をふくまないものもあった。エクスペディションは、たかきをめざす垂直志向と、とおきをめざす水平志向の両方の要素をふくみつつ発展したのである。

挫折した登山家

正統的な登山の訓練をうけ、技術を身につけたにもかかわらず、わたしと山との縁はなんどか切れかかっている。戦後、京都大学のヒマラヤ計画はマナスル（八一六三メートル）をめざして進行していたが、いろいろないきさつのすえ、この計画は日本山岳会に委譲された。わたしは、はじめからこのマナスル・エクスペディションの登山計画に参画していたのだから、当然、実行段階にも参加するつもりであった。計画が日本山岳会に委譲されたからには、日本山岳会に入会しておくべきだというので、一九五二年に入会した。しかし、その年の夏に肺結核と診断されて、この計画への参加は断念せざるをえなかった。

一九六〇年にはビルマ（現在のミャンマー）の最高峰カカボ・ラジ（五八八一メートル）に初登頂し近傍の学術調査をおこなおうとしたが、ビルマ政府の許可をえることができなかった。

この計画を実行にうつすことができれば、わたしはヒマラヤにつづく高峰群のエクスペディションの隊長として、国際的な登山史のなかに名をのこせるはずであった。わたしの登山家としての経歴は、ここで一頓挫をきたしたのである。

一九八六年になって、富山県の仕事をしていたとき、春の立山へのぼろうというさそいがあった。わたしはすでに六五歳であったので、三〇〇〇メートルの積雪期登山はむりかとおもったが、仲間たちがたすけてくれるというので行く気になった。しかし、直前に両眼の視力をうしなって、この計画も挫折した。

目がみえなくなって、じっさいに山へゆくのはむつかしくなってしまった。それでも、わたしと山との縁はつづいた。友人諸氏の協力によって、わたしの著作集を刊行しようという話がまとまり、その計画が実行にうつされた。全二二巻別巻一という構成で、一九八九年一〇月から刊行がはじまった。そのうちの一巻が山の経験にあてられることとなった。第一六巻『山と旅』がそれである（註）。わたしはそれまで書きためてきた山に関するエッセイをこれにおさめた。

（註）梅棹忠夫（著）『山と旅』「梅棹忠夫著作集」第一六巻　一九九二年一二月　中央公論社

ひさしぶりの北山

友人たちの協力によって、わたしの山の本は刊行された。しかし実際の山ゆきは、どうかんがえてもむりだとおもわれた。ところが、一九九四年に今西錦司《いまにしきんじ》さんの記念碑が北山につくられることになり、六月にその除幕式がおこなわれるという。わたしはそれに参加したいとおもった。

場所は雲《くも》ケ畑《がはた》川の源流、直谷《すぐたん》の上流である。貴船《きぶね》から滝谷峠《たきたに》をこえてはいるのがふつうであるが、それは盲人にはむりとおもわれた。わかい友人たちが、とにかく現地までつれていってくれるという。四輪駆動の車で雲ケ畑川のずいぶん上流まで行った。あとはゴム長靴で渡渉をくりかえしながら道のないところをあるいた。今西さんの記念碑はブロンズ製のレリーフで、おおきな露岩にはめこまれていた。そこはむかし、京都一中の山小屋があった場所だという。わたしは急斜面をあがって、岩にはめこまれたレリーフを手でさわって確認した。これがわたしの実質的な最後の山ゆきになるのだろうかとかんがえると、すこし感傷的になった。わたしはしかし、ひさしぶりに北山の空気をすっておおいに満足した。

このころ、わたしはもういちど北山の冷気にふれている。むかし、中学生のころに京大の芦生《あしう》演習林にいったことがある。そのときは大堰《おおい》川《がわ》源流の大布施《おふせ》から由良《ゆら》川《がわ》源流への峠、佐々里《ささり》峠をこえて芦生にでた。このあたりは、いまは車で行けるという。次男のマヤオが連れていってくれるというので、それにしたがった。ほんとうに山の奥まで車がはいる林道が通じていた。わたしたちは芦生から、支流をさかのぼって峠をこえて、長治谷《ちょうじだに》の小屋まで行った。わたしが一九三四年にはじめてここに来たときは、小屋ができたばかりだった。そこで最初の客としておおいに歓迎され、簡易ベッドで泊めてもらったのだった。

わたしたちは車でふたたび芦生にもどり、そこから佐々里峠まで行った。むかしは、この峠をこえるのに苦労したことをおもいだした。

国際山岳年

一九九五年には、わたしは日本山岳会の名誉会員に推薦された。山からずいぶんとおざかっているのに、ありがたいことだった。その年の一〇月の年次晩餐会に出席して、その栄誉をうけた。むかしの山の友人たちになんにんもあって、なつかしかった。山から縁がきれたようにおもっていたが、また、つながりが復活したような気がした。

二〇〇一年には日本山岳会の永年会員として表彰された。その年も年末の年次晩餐会に出席して、壇上で永年会員の祝福をうけた。入会後五〇年になるのである。名誉会員や永年会員といっても、ただ会員として名をつらねているだけで、実質的には山にもゆかず、はずかしいことであった。しかし、山へのおもいだけは断ちきれずに、いまもわたしの心のなかに燃えているのである。

そのころ、信州大学で山岳科学総合研究所という組織を立ちあげる計画があると知らされた。それについて、二〇〇一年の一〇月に「山岳科学フォーラム」を開催するので特別講演をしてほしいという。わたしのような老登山家をひっぱりだしたのは、当時、信州大学助教授の中嶋聞多《なかじまもんた》氏であった。かれはかつて、わたしの所属する国立民族学博物館に勤務していて、わたしの登山家としての経歴をよく知っていたのである。わたしはよろこんでフォーラムに出席した。わたしの演題は「山と学問」というのであった。話の引きだし役は中嶋君がつとめてくれた。「山は一大総合研究所である」というのがわたしの少年のころからの一貫した主張で、まさにそれをめざす研究所が、はじめて国立大学にできることをおおいによろこんだ。

フォーラムの当日、会場の松本文化会館の一室で関係者と昼食をとっていたところ、北海道大学教授の小野有五《おのゆうご》氏がたずねてこられた。そこでわたしは、はじめて「国際山岳年」のことを知った。これは、国際連合の提唱で二〇〇二年を「国際山岳年」とさだめて、山の環境と文化を見なおそうというもので、世界各国に国内委員会がもうけられているという。日本でも国内委員会を組織するので、わたしにその特別顧問のひとりになってほしいと言われた。わたしは了承した。

山をめぐる講演

このことがあったせいであろうか、二〇〇二年の春、富山の北日本新聞社から講演の依頼があった。北日本新聞社が主催する国際山岳年の記念事業として「立山フォーラム」というのを開催するという。依頼はそのなかの記念講演であった。わたしはそれをひきうけて八月下旬に富山まで行った。

富山に関しては、おもいでがある。一九八四年に県知事の中沖豊《なかおきゆたか》氏から要請があって、富山県に総合博物館をつくるについて協力してほしいという。その懇話会の委員としてなんどか富山に行ったことがある。その後のなりゆきをみると、県立の総合博物館の話は実現しないままに、いまも棚あげの状態にあるようだ。それとはべつに、立山山麓の芦峅寺《あしくら》という集落に立山の山岳信仰をテーマとする資料館がある。それにテコいれをして立山博物館をつくろうということになったらしい。それはできたはずだが、わたしはまだ見ていなかった。それで、この立山フォーラムに出席する機会を利用して、その前日に現地をおとずれた。立山博物館は小ぢんまりしたものであったが、内容の充実した立派な博物館であった。館長の米原寛《よねはらひろし》氏にもおあいして話をうかがった。

立山フォーラムでの講演は八月二五日、質疑応答のかたちで富山全日空ホテルでおこなわれた。わたしは「登山と観光開発」という題で話をした。これはこのフォーラム全体のテーマであった。観光開発についてはわたしはとくに知識があるわけではなかったが、立山と、いわゆるアルペンルートについては先年とおっていたので、それを主題に話をすることができた。聞き出し役は（株）ホットスタッフ代表の松島和美《まつしまかずみ》さんであった。このフォーラムの概要は九月一六日の『北日本新聞』に掲載された。

国際山岳年日本委員会の事業は発足後、多岐にわたったようだが、わたしが直接関与したのは、二〇〇二年一一月一六日に大阪で開催されたシンポジウムであった。これは朝日新聞社との共催で「山との出あい——百名山が問いかけるもの」というテーマでおこなわれた。会場は中之島のリサイタルホールであった。わたしは「山と文明」という題で基調講演をおこなった。聞き役は国際山岳年日本委員会事務局長の江本嘉伸《えもとよしのぶ》氏であった。江本氏はもともと読売新聞社の記者であるが、わたしとは以前からの知りあいで、こんどの国際山岳年については中心人物としていっさいを切りまわしてきたひとである。このシンポジウムの概要は『朝日新聞』(一一月二三日)および『朝日21関西スクエア会報』第四七号に掲載された。日本委員会の正式な事業報告書は二〇〇四年の四月に出版される予定であるという(註)。

信州大学の山岳科学総合研究所は予定どおり二〇〇二年四月に創設された。わたしが出席した山岳科学フォーラムの記録は、翌年の五月に『山に学ぶ　山と生きる』の題で信濃毎日新聞社から刊行された。これは信州大学山岳科学総合研究所の編集になるもので、これを機に創刊されたシリーズ「山岳科学叢書」の第一号であった。

(註)この報告書は予定どおり刊行された。
国際山岳年日本委員会(編)『我ら皆、山の民——国際山岳年から「YAMA NET JAPAN」へ』
二〇〇四年四月　国際山岳年日本委員会

山はすべての出発点

おもいかえしてみると、わたしと山の縁はいまにも切れそうになるかとおもうと、またあたらしいできごとがくわわり、縁のむすびなおしのようなことになって今日までつづいている。山との縁が切れそうになったことがあっても、自分から切ろうとおもったことはいちどもない。その点は、実生活ではともかくも、気もちのうえでは、終生わたしは登山家であったとおもっている。来世というものがあるとするならば、わたしはそこでも、あらためて山へ行っているであろう。

　けっきょく、わたしにとって山とはなんであったのか。わたしが高等学校の学生であったころ、すでに述べたように、わたしは山に夢中になっていた。わたしがいっこうに勉強しないのが心配になったのか、叔父が、将来どうするつもりかと問いただした。わたしはそのときも山のすばらしさをとうとうと述べて、叔父を煙にまいた。そして、自分のかんがえを「山岳至上主義」ということばで締《し》めくくった。叔父は、わたしがなにで身をたてるつもりか聞こうとしていたのだろうが、これでは話にならんとおもったのか、これ以上問いつめることをあきらめたようだった。わたしは、山の研究者として一生をおくっていけるだろうと漠然とかんがえていたのだ。しかし、研究者というようなものが職業として成りたつということは、一生を一商人として生きてきたこの叔父には、とうてい理解しがたいことであろう。わたしも、それ以上説明するのをやめた。

わたしは、生物学の研究者として人生のスタートをきり、生態学から民族学に目を転じ、さらに諸文明の比較研究というようなことを仕事にするようになった。たしかに、それで大学に職をえて、人生をおくることができたのである。それも根をあらえば、すべて山からはじまったことである。山をしらなければ今日のわたしはなかった。山はわたしの人生のルーツであり、すべての出発点なのである。

少年時代のたまたまの体験からスタートして、こんな人生をおくることができたのだが、これをもって人生のひとつの生きかたの見本として提示しようという気はまったくない。ただ、山にうつつをぬかしている少年がいたとしても、まわりのおとなたちには、だまって見まもってやってほしいのである。山のぼりに精をだすことによって財をなすことはできないだろう。また、いわゆる立身出世はのぞむべくもなかろうが、そこには別の人生のたのしみが待っている。わかい登山家のみなさんに、「心配せずに山へ行きなさい」と老登山家からのエールをおくりたいのである。

第1章　山との縁——山をめぐる随想集

山の履歴書

解説

本文中にもあるように、わたしは一九九五年に日本山岳会の名誉会員となった。その記念に村木《むらき》潤次郎《じゅんじろう》会長のおすすめで、わたしは山についての履歴書を簡略に書いた。それは翌年発行の『山岳』に掲載された（註1）。そこには英文の要約も掲載されている（註2）。

（註1）梅棹忠夫（著）「山の履歴書」『山岳』第九一年　通巻第一四九号　七―一九ページ　一九九六年一二月　日本山岳会

（註2）UMESAO, Tadao. "My Career in Mountaineering", *Sangaku--The Journal of the Japanese Alpine Club*, vol. 91, pp.A21-A22, 1996, The Japanese Alpine Club.

会員番号三九六三

「三九六三」――これがわたしの日本山岳会における会員番号である。一九五二年二月一〇日の入会である。いまは会員番号が一万をこえているので、わたしも古顔になってしまった。

一九九五年一〇月一四日の日本山岳会創立九〇周年記念晩餐会において、わたしは名誉会員におされ、名誉会員章を受けた。わかいときから山を愛し山をあるいてきたが、はたして日本山岳会の名誉会員にしていただくほどの登山歴がわたしにあっただろうか。ふりかえってみると、はずかしいおもいがする。

わたしは登山とともに、ながく世界各地で学術探検の仕事にたずさわってきた。その経歴も加算され、評価されたのかもしれない。イギリスでは、山岳会と王立地理学協会とのあいだには役割分担があるが、日本の場合は日本山岳会が両者の性格をかねそなえているとおもわれるからである。

いまここに、わたしの山の回想録をくわしく書きしるすつもりはないが、名誉会員にしていただいた記念に、村木潤次郎会長のおすすめにしたがって、わかいころからのわたしの山に関する履歴書を簡略に書かせていただくことにしたい。

北山そだち

京都は三方を山にかこまれた盆地である。東には比叡山《ひえいざん》（八四八メートル）がたかくそびえ、大文字山から東山三十六峰がつづく。西には愛宕山《あたごやま》（九二四メートル）がくろくおおきい壁をつくり、それに西山連山がつらなる。そして比叡山と愛宕山のあいだ、つまり京都の北側いっぱいにひろがっているのが北山である。わたしは幼年のころから、毎日これらの山やまの姿を見てそだった。

一九三二年、わたしは京都府立京都第一中学校（京都一中）に入学した。現在の洛北高校である。その三階だて校舎の屋上にたって北をながめると、北山の連山がかさなりが手に取るようにわかる。わたしはそれらの峰みねを五万分の一地形図上に同定しながら、あかずながめいったものである。

京都一中に入学して、わたしは博物同好会というクラブにはいった。わたしは小学校のころから昆虫採集と標本づくりに熱中していた。中学校にはいった年の夏、博物同好会は北山で合宿することになり、わたしもそれに参加した。参加者は六、七人で、リーダーは四年生の目賀田守種《めがたもりたね》だった。鞍馬山《くらまやま》の西側の貴船川の谷をさかのぼって滝谷峠をこえると、雲ケ畑川の源流、直谷にでる。それをすこしのぼったところに、スギの木だちにかこまれて京都一中山岳部が管理する北山小屋があった。これがわたしたちの合宿所であった。

　小屋は三〇平方メートルばかりのちいさなもので、つねは無人で休日には山岳部員たちが利用していた。わたしたちの合宿は二泊三日であった。わたしはこのときはじめて木綿の寝袋で寝た。この小屋を根城に付近で昆虫を採集して、三日目に直谷をくだって雲ケ畑村におりた。

　この北山の合宿が機縁になってわたしは山へゆくようになり、二学期からは山岳部に入部した。博物同好会はそのままつづけた。京都一中山岳部は、一九一〇年からつづく中等学校山岳部のいわば名門だった。今西錦司、西堀栄三郎《にしぼりえいざぶろう》、桑原武夫《くわばらたけお》などの人たちが初期の部員だった。その山岳部の前身に青葉《あおば》会というグループがあって、その人たちが山城三十山というのを選定して、登山の目標にしていた。五万分の一地形図に山名がでていること、三角点があることなどを条件にして、山城国内で三〇の山をえらびだしたのである。

京都一中山岳部員となったわたしは、せっせとこの山城三十山をのぼった。もっともたかいものでも一〇〇〇メートルにみたない山だったが、ふかい森におおわれていた。わたしはこれらの山やまを丹念にあるいた。それによって地形図がほぼ完全に読めるようになった。

在学中にこの山城三十山の改訂がおこなわれて、五万分の一地形図に山名の記入がなくても選に入れることとなって、平均高度がずいぶんたかくなった。三年生のとき、その山岳誌『山城三十山記』(上・下)をつくることになった(註)。一九三四年に『上篇』がでた。編集者は、のちに大阪商大山岳部員として活躍することになる大橋秀一郎《おおはしひでいちろう》だった。そのあとをわたしがひきうけて、『下篇』は一九三五年、わたしが四年生のときに完成した。その春までにわたしは三十山を完登していた。

(註)京都府立京都第一中学校山岳部(編)『山城三十山記　上篇』(部報第三号)一九三四年一二月　京都府立京都第一中学校山岳部
京都府立京都第一中学校山岳部(編)『山城三十山記　下篇』(部報第四号)一九三五年七月　京都府立京都第一中学校山岳部

登山の基礎を身につける

　山城の三十山をのぼっているあいだに、わたしは登山のもっとも基礎的なマナーと技術を身につけたようにおもう。動物や植物の知識もまなんだ。もっぱら北山が舞台であったために、ほかにはあまり足をふみだしていない。それでも二年生の夏には伯耆大山《ほうきだいせん》（一七二九メートル）に遠征した。三年の夏には、北山を横断して由良川源流をのぼり日本海まであるいた。四年生の夏には紀伊半島の山をあるいた。高見山《たかみ》（一二四八メートル）、国見山《くにみ》（一四一九メートル）、大台ケ原山と大峰山脈を釈迦ケ岳《しゃかがたけ》（一八〇〇メートル）から吉野まで縦走した。

　一九三六年には第三高等学校すなわち三高に入学して、さっそくに山岳部に入部した。ここからわたしの本格的な山あるきがはじまる。一年生の夏には、当時すでに京都大学の学生になっていた鈴木信《まこと》をリーダーに、三人で南アルプスにむかった。中学時代にはわたしは日本アルプスには足をふみいれていなかったので、これがはじめてのアルプス経験だった。一般的な登山路ではなく、遠山川《とおやまがわ》の支流の兎《うさぎ》洞《ぼら》という沢をのぼりつめて、聖岳《ひじりだけ》（三〇一三メートル）の北にある兎岳《うさぎ》（二八一八メートル）にとりついた。あとは赤石岳《あかいし》（三一二〇メートル）、小河内岳《こごうち》（二八〇二メートル）、塩見岳《しおみ》（三〇四七メートル）まで縦走した。当時の南アルプスはまだ登山者もすくなく、まことに気もちのよい山旅だった。

南アルプスをおりると、そのまま上高地にはいった。槍ケ岳《やりがたけ》（三一八〇メートル）にのぼり、黒部源流におりた。黒部五郎岳《くろべごろう》（二八四〇メートル）、薬師岳《やくし》（二九二六メートル）にのぼり、有峰にくだった。この黒部源流には、のちにたびたびゆくようになる。

冬はスキーである。信州の南小谷村《みなみおたり》の蕨平《わらびだいら》というところで、はじめて本格的にスキーをならった。三高山岳部のスキーは、先輩の高橋健二氏がスイスから導入された正統アールベルク派であった。一週間ほどで、いちおうの山岳スキー術を習得すると、さっそくに冬山にむかった。乗鞍尾根の途中、天狗原のすこし下の森林内に重量天幕をはって、そこで合宿した。積雪期登山のトレーニングがはじまり、白《はく》馬乗鞍《ばのりくら》（二四六九メートル）をへて小蓮華岳《これんげ》（二七六六メートル）までいった。これでわたしは山スキーとアイゼンの積雪期登山の基本的な技術を身につけた。

翌年の春には、積雪期の黒部源流にはいった。鈴木信をリーダーに中村恒雄、四《よ》方治五郎《もはるごろう》とわたしの四人のパーティーだった。有峰から折立峠《おりたて》をこえて、真川《まかわ》から太郎小屋にはいった。薬師沢と黒部本流の出合に、軽量天幕を二張りたてて、根拠地とした。

三月の黒部源流は、まったくのスキー天国だった。薬師、鷲羽《わしば》（二九二四メートル）、水晶《すいしょう》（二九八六メートル）、黒部五郎などにのぼり、かえりはスキーですっとばして薬師沢出合のテントまでかえった。黒部本流は両側からの雪崩のデブリで、いたるところにスノー・ブリッジができていて、渡渉は一ども なかった。わたしはこの山ゆきで、積雪期登山の醍醐味を満喫した。

「雪よ岩よ」

その後、毎年一二月には山岳部のスキー合宿に参加した。あとは冬山である。山岳スキーは上達したが、危険なこともあった。一ど雪崩にまきこまれ、雪の急斜面での滑落もやった。天狗原《てんぐばら》では吹雪のなかでリング・ワンダリングをやり、雪上でツェルト・ザック一枚のビバークも経験した。

一九三九年の一月には八ケ岳の西壁をやった。行者小屋を根拠地にして、赤岳西面のバットレスをのぼった。最初の日は時間ぎれでひきかえして、二回目に成功した。アンザイレンしている先頭の隊員がピッケルでステップ・カッティングをやっているのを見あげると、紺碧の空を背景に氷片がヒラヒラと飛びちって、じつにうつくしかった。

この冬の八ケ岳では赤岳（二八九九メートル）のほかに、権現岳（二七一五メートル）と阿弥陀岳（二八〇五メートル）にのぼっている。阿弥陀のコルの風のすさまじさにはおどろいた。

当時、妙高山の南麓の笹ケ峰に京都大学のヒュッテがあった。春にはここを根拠地に、いわゆる頸城《くびき》アルプスをあるいた。火打《ひうち》山（二四六二メートル）、焼《やけ》山（二四〇〇メートル）、妙高《みょうこう》山（二四五四メートル）などである。ここもスキーの天国で、妙高のグルワ（外輪山）のブナの斜面の滑降はすばらしいものだった。

三高ではわたしは二ど落第したので、けっきょく五年間を山岳部ですごしたことになる。山岳部のルームの壁におおきな方眼紙がはってあって、部員ひとりひとりの登山日数がグラフにしめされるようになっていた。わたしは年間一〇〇日ほど山に行っていた。これでは落第するのは当然である。

三高山岳部歌は「雪よ岩よ」ではじまる。後世「雪山讃歌」の名で世間でうたわれている歌である。わたしの五年間は、まったくそのとおりだった。岩のぼりもひととおりやったので、どの山に行っても少々岩がでてきても、なんということはない。ただ、たいした岩壁はやっていない。穂高も劔もわたしのフィールドではなかった。

当時、京大には山岳部はなかった。そのかわり旅行部というクラブがあって、これが先鋭なアルピニスト集団でヒマラヤをめざしていた。そのルームにはすばらしい山岳図書のコレクションがあった。神戸のイギリス人貿易商が帰国するにあたって処分したものを、京大が買いとったのである。わたしはそのルームにかよって、それらの本をよみあさった。グリブルの『ジ・アーリー・マウンテニアーズ』などを読破して、ヨーロッパ登山史についてもかなりの知識をえた（註1）。

三高山岳部のルームにも、イギリス山岳会の数次にわたるエベレスト遠征記録をはじめ、かなりの山岳書があった。そのなかで、わたしたちが教科書として愛読していたのは、ウィンスロップ・ヤングのあらわした『マンテン・クラフト』やバドミントン・ライブラリーというスポーツもののシリーズの一冊で、デントの『マウンテニアリング』という書物だった（註2）。このことからもうかがえるように、わたしたちの登山は、その思想においても技術においても、岩のぼりを主とする大陸派の登山よりも、イギリスのオールラウンドなアルピニズムの文化的系譜につながっていたのかもしれない。しかし、スキーは完全にアールベルク派である。

（註1）GRIBBLE, Francis, *The Early Mountaineers*, 1899, T. Fisher Unwin, London.
（註2）YOUNG, Geoffrey Winthrop, *Mountain Craft*, 1920, Methuen, London.
DENT, Clinton Thomas, *Mountaineering*, 1892, Longmans, Green, London.

白頭山

三高山岳部の五年間は、まことに充実した年月であった。わたしはここで山以外のこともたくさんまなんだ。そして、おおくのすぐれた友人たちをえた。その人たちとは今日も親交がつづいている。

一九三九年には、川喜田二郎《かわきたじろう》と北海道の大雪山系にはいった。松山温泉からカウンナイ川をのぼった。大島亮吉《おおしまりようきち》の『山——研究と随想』のなかにでてくる沢である（註）。トムラウシ（二一四一メートル）の頂上に達して、それからヌタップヤンベツ川をくだって石狩川源流に達し、層雲別にでた。そのあと北見の海岸の鉄道のないところをあるいて開拓村をみた。かえりに札幌で佐々保雄《さ　さ　やす　お》先生のお宅に泊めてもらった。

三高時代の最後の夏には、北朝鮮の山やまをあるいた。同行者は藤田和夫《ふじ　た　かず　お》、伴《ばん》豊《ゆたか》のふたりであった。ソウルでは京城帝国大学山岳部の人たちと飯山達雄《いいやまたつお》氏らの世話になり、教示をえた。日本海岸の朱乙《しゆおつ》温泉から冠帽峰《かんぼうほう》連山をこえて豆満江《と　まんこう》上流にでて、さらに摩天嶺《ま　てんれい》山脈をこえて鴨緑《おうりよくこう》江源流にでた。そのとき、北胞胎山《きたほうたいさん》（二二八九メートル）、白沙峰《はく　さ　ほう》（二〇五七メートル）、南胞胎山《みなみほうたいさん》（二四三三メートル）にのぼっている。

白頭山《はくとうさん》（二七四四メートル）は匪賊が出没するというので、原則的に入山は禁止されていた。わたしは恵山鎮《けいざんちん》の警察までいって水野宅三郎署長にあい、交渉の結果、黙認ということにしてもらった。胞胎里《ほうたい　り》から神武城《じん　む　じよう》まではトラックに便乗した。神武城は満州側への道路工事のための前進基地だった。そこで空白だらけの未公開地図をみせてもらった。それによると、白頭山頂の天池の水は北にながれて三道白河《さんどうはっか》となる。それをたどれば、満州側の警備の最前線にでられるはずである。わたしたちはこの冒険を実行することにした。

白頭山の頂上までは二日かかった。火口壁からみた天池の景観はすばらしいものだった。一八八六年にインド連隊のわかき士官フランシス・ヤングハズバンドが満州側から火口壁に達し、やはりこの天池の景観に接して狂喜したという。

その日の夕がた、わたしたちは絶壁にちかい火口壁をおりて、湖岸にある無人の宗徳寺にまっくらになる寸前にもぐりこんだ。

翌日は嵐が吹きあれて滞在、つぎの日に火口壁をよじのぼって稜線にでた。これからわれわれがおりてゆこうとしている白頭山の北面は、地平線まで見わたすかぎりの大森林だった。天池の水は火口壁の切れ目から噴出して滝となり、この大森林のなかに吸いこまれている。わたしたちは北面の急傾斜をくだって、川ぞいに北へと密林のなかの行進をはじめた。

猟師道らしき踏みあとが断続的につづいていたが、倒木をこえて道のない密林の行進は時間と労力がかかった。三日ぐらいで人家にゆきあたるかとおもっていたが、じっさいは六日かかった。そしてついに、満州側最前線の警備隊にたどりついたのであった。そこで、われわれがおりてきた川筋は三道白河ではなく二道白河であることを確認した。つまり地図がまちがっていたのである。わたしたちは第二松花江の源流の確認という、地理学上の発見に成功したこととなる。

（註）大島亮吉（著）『山——研究と随想』一九三〇年三月　岩波書店
これにはつぎの文庫版がある。
大島亮吉（著）『山——随想』（中公文庫）一九七八年五月　中央公論社

大興安嶺探検

一九四〇年の一二月には、京都探検地理学会がカラフトにイヌぞり踏査隊を派遣した。隊員は六名で、わたしひとりが三高生であとは京大生だった。そのなかには、のちにマナスル登頂者となる今西寿雄《としお》や、おなじくヒマラヤで活躍する中尾佐助がいた。わたしたちは敷香《シスカ》郊外にあるオタスの杜の原住民の村でギリヤーク（ニブヒ）とオロッコ（ウイルタ）をやといいれ、二台のイヌぞりチームとともにカラフト東北山脈にむかった。

このイヌぞり行は、もちろん将来の南極探検を想定しての準備行動であった。カラフトのイヌぞりについては、西堀栄三郎氏におしえられるところがおおかった。のちに日本の第一次南極観測隊が派遣されたときに、加納一郎氏らの指導によりイヌぞり隊が参加している。わたしはその準備段階で多少のお手つだいをした。戦前のこのささやかなイヌぞり体験も、いくらかは役にたったのである。

一九四一年にわたしは京都大学理学部に入学した。今西錦司先生を中心に探検隊を夢みる学生たちがあつまって、その夏にはミクロネシア諸島における探検の実地訓練がおこなわれた。パラオ、トラック、ポナペ、クサイ、ヤルートとまわり、そのうちポナペ島にはもっともながく滞在した。島を一周し、中心のナナラウト山（七九一メートル）にも登頂した。この遠征は、いわば探検隊の見習士官たちの訓練旅行だったのである。

翌年には今西先生を中心に学生探検家たちが力を結集して、北部大興安嶺縦断を決行した。ハイラルから黒竜江上流のガン河をさかのぼり、大興安嶺の主脈にそびえる英吉里《イキリ》山（一二一〇メートル）に達した。それからビストラヤ川本流を下降する本隊と、中央部のまったく地図のない白色地帯を突破する支隊とにわかれた。支隊は川喜田二郎を隊長に藤田和夫、土倉九三《どぐらくぞう》、そしてわたしの三名が隊員で、コサックひとりとウマ三頭がついていた。約二〇日ののち、空白地帯をぶじ突破して、北から南下してきた漠河隊に合流することができた。地図のない地域をゆくには天体観測と推測航法をもちいた。この探検行は実質的には地球上の空白地帯をうめるという点では、地理学的探検として最後にちかいものであったかもしれない。

一九四四年には中国の張家口に西北研究所というのができて、今西先生が所長として赴任されることとなった。所員には加藤泰安、中尾佐助などがいた。わたしもその所員として二年間を大陸ですごすことになる。モンゴル草原には、わたしは前後三どはいっている。そのうち、冬の半年間をウマとラクダの背でくらした。モンゴルは大草原であって、山はない。しかし、当時は登山家たちもたびたびモンゴルに遠征隊をだした。京城大学の泉靖一らのグループや京都大学の木原均《ひとし》教授らの調査隊のほかに、京大旅行部の学生たちも鈴木信を隊長に遠征隊をだしている。ヒマラヤにゆけない戦争中はモンゴルがその代替物だったのである。わたしが蒙疆の張家口に乗りこんだのも、内陸アジアを西にたどって、青海、チベットをへて、北側からヒマラヤに接近することをかんがえていたのである。

終戦とともにモンゴルを脱出して天津にいたり、翌年の五月にわたしは帰国した。

マナスル攻略

終戦後は国内に閉じこめられてしまった。それでもゆけるかぎりとおいところにゆこうというので、一九四九年に屋久島にいった。好日山荘の西岡一雄老と今西錦司先生との三人づれである。安房《あんぼう》から宮之浦岳（一九三六メートル）に登頂し、島を一周した。これが戦後最初の山ゆきだった。

戦前の京都大学には山岳部はなく、実際の活動は旅行部とＡＡＣＫ（のちの京都大学学士山岳会）によっておこなわれていた。戦時中は旅行部は解散を命じられ、ＡＡＣＫも実質的な活動は停止していた。わたしはその戦前における最後の会員である。

戦後に京大山岳部があらたに結成され、ＡＡＣＫに接触をもとめてきた。わたしはかれらの相談にのることとなった。伊藤洋平、藤平正夫、舟橋明賢《あきかた》、林一彦の諸君がいたようにおもう。伊藤はマッキンリー計画を提案したが、わたしはそれにつよく反対してヒマラヤをやるべしと主張した。講和条約はちかく締結されるであろうし、国外遠征にでられる日もとおくないと判断したのである。インド学術会議を利用して、西堀栄三郎さんがニューデリーにゆき、ネルー首相にあい、日印合同のヒマラヤ登山を提案されたが、ネルー首相の反応は時期尚早というものであった。西堀さんはその後、戦後の日本人としてはじめてネパールのカトマンドゥに乗りこみ、ヒマラヤ登山の許可を申請された。

京都ではAACKが再建され、活動を開始していた。すでに目標の山はマナスル（八一六三メートル）と決定されていた。この山についてはまったく資料がなく、はじめは対象から除外されていたのであるが、今西先生は「なにもわからないから、これをやるんだ」といわれた。わたしは今西先生の強烈なパイオニア精神に感動した。

今西先生とわたしがいた理学部の動物学教室が、いわば作戦本部となった。わたしはそこに勤務する参謀将校だった。資金づくりもその仕事のひとつだった。わたしは朝日新聞社に後援を依頼するために、甲子園の藤木九三《くぞう》氏宅をおとずれた。藤木さんはたいそうよろこばれて、朝日新聞社で話がまとまりそうだった。ところがこれがひっくりかえって、けっきょく毎日新聞社が後援することにきまった。ＡＡＣＫ会長の木原均先生の「学術は朝日、スポーツは毎日」という方針がものをいったようである。

ネパールからの許可はなかなかこなかった。一大学のクラブでは許可をだしにくいのだろうというので、この計画は日本山岳会に全面的に委譲することになった。このときにわたしは日本山岳会に入会したのである。

ところが全面委譲がきまってからネパール政府の許可がきた。しかし、すでにことは決定していた。マナスル攻略作戦は東京ですすめられていた。一九五二年には今西先生を隊長とするマナスル偵察隊が派遣された。そして第一次登山隊に加藤泰安、科学班として中尾佐助と川喜田二郎が参加した。わたしももちろんマナスル隊に参加するつもりであったのだが、一九五二年にドクター・ストップがかかった。わたしは肺結核におかされていたのである。

一九五三年には京都大学のＡＡＣＫは独自のヒマラヤ遠征隊をだすことになり、今西寿雄を隊長とする七名の隊がアンナプルナⅣ峰（七五二五メートル）をめざした。日本山岳会によるマナスル攻略はつづけられて、一九五六年六月には今西寿雄らによって初登頂がなしとげられたのは周知のとおりである。

ヒンズークシとアフリカ

わたしは二年間の療養生活の甲斐あって、健康を回復した。一九五五年には木原均教授を隊長として京都大学カラコラム・ヒンズークシ学術探検隊が派遣されることになって、わたしはそれに参加をゆるされた。わたしはヒンズークシ隊に所属してモゴール族の探査にあたることになった。西ヒンズークシ山中のどこかに、むかしのイル・ハーン国の辺境駐屯部隊のモンゴル人の子孫がいるはずだというので、それをさがしにゆくことになった。そして、西ヒンズークシの奥ふかくにモゴール族とよばれるかれらの村があることをつきとめ、その調査に成功した。

この西ヒンズークシは山また山の山岳地帯だったが、ここでもわたしは登山らしいことはやっていない。三〇〇〇メートル級の峠をいくつか越えただけである。この探検行が転地療養になったのか、わたしは完全に肺結核を克服した。

一九五七年には、当時わたしが所属していた大阪市立大学が東南アジアに学術調査隊を派遣することになって、わたしがその隊長をつとめた。この隊は隊員六名、ジープ三台という編成で、タイ、カンボジア、ベトナム、ラオスの諸国をはしりまわった。それは自動車を主とする調査隊ではあったが、北タイのチェンマイにちかいタイ国の最高峰ドーイ・インタノン（二五六五メートル）にのぼっている。三〇〇〇メートルにもみたない山だが、おおきな山でけっこう時間がかかった。

一九六一年には大阪市立大学と京都大学学士山岳会が共同で、ビルマの奥のカカボ・ラジ峰（五八八一メートル）に登山隊・学術調査隊をおくることになった（註1）。わたしはその総隊長として、登山隊と学術隊の両方の指揮をとるつもりであった。ところが、この隊にはビルマ政府の許可がおりなかった。ビルマと中国とのあいだには国境未確定という問題があったので、許可されなかったのであろう。今日では入山がゆるされるようになって、一九九五年にはいくつかの隊が登頂をこころみたが、いずれも成功しなかった（註2）。この山はヒマラヤにつづく高山帯の東の端にあたるが、こうしてヒマラヤ遠征の隊長をつとめるというわたしの夢は、ついに実現しなかった。

その後わたしはビルマには二ど入国しているが、山にふみいることはなかった。

マナスル陥落後、ＡＡＣＫはつぎからつぎへと、ヒマラヤおよびカラコラム方面に遠征隊をおくりだして、いずれも登頂に成功した。チョゴリザ（七六五四メートル）、ノシャック（七四九二メートル）、サルトロ・カンリ（七七四二メートル）などである。わたしはこのいずれにも参加はしていないが、計画の相談にのり、また報告書の刊行を手つだった。

一九六三年からはアフリカで仕事をした。今西先生らの京都大学アフリカ学術調査隊は、その数年前からアフリカでの類人猿の調査をおこなっていたが、その対象を人間にまでひろげることになり、わたしは本来の仕事である牧畜民の調査のためにタンザニアにいった。

そのとき、調査地のちかくにあるキリマンジャロ（キボ峰　五八九五メートル）の登山をこころみている。しかし、このときはわたしは足をいためて、登頂をはたせなかった。キボ小屋までいったのだが、ファイナル・ピークにはゆけなかった。

（註１）梅棹忠夫（著）「カカボ・ラジ登山探検計画」『山と旅』「梅棹忠夫著作集」第一六巻　三二五―三五三ページ　一九九二年一二月　中央公論社

（註2）一九九五年に登頂をこころみたなかのひとり、日本人登山家の尾崎隆氏は、ビルマ人をともなって翌九六年の九月、ついにカカボ・ラジの登頂に成功した。

山をみる旅

肺結核をわずらってからあとは、わたしはからだをいたわって、あまりはげしいことをやっていない。ヒマラヤにいどむこともなかったが、機会あるたびに山にちかづいた。のぼらないまでも山をながめるのは、まことにしあわせなことであった。一九五五年の秋にはインドのカリンポンにゆき、カンチェンジュンガ（八五八六メートル）をみた。夜あけに、まずその頂上が、あかい火がともされたようにかがやきだす。そして見るまに全容が朝日に照らされる。そのさまは、まことに荘厳雄大ななながめであった。

一九六一年にはひとりでネパールを旅行して山をみた。バドガオンの高地ではエベレストは雲にかくされてみえなかったが、カカニ・ヒルでは好天にめぐまれて、アンナプルナ、ダウラギリ、ヒマール・チュリ、マナスルのすばらしい眺望をたのしんだ。

一九六〇年代にはなんどもヨーロッパにゆき、アルプスをみた。イタリア側からモンテ・チェルビーノ、すなわちマッターホルン（四四七八メートル）に接近した。一九七〇年代にはピラトゥス山からアイガー（三九七〇メートル）、メンヒ（四一〇七メートル）、ユングフラウ（四一五八メートル）をみた。ヨーロッパ旅行は自分で車を運転して、おおきな峠をいくつもこえた。バルセロナからアンドラでピレネーの大峠をこえ、フランスにはいった。モンブラン・トンネルをぬけて、イタリアからシンプロン峠をこえ、スイスにはいった。峠のうえにはおおきな雪田があった。

一九八二年にはパミールにいった。カシュガルから南下して、コングール峰（七七一九メートル）とムズターグ・アタ峰（七五四六メートル）との中間でキャンプした。コングールは山のかさなりのなかから頭をだしていた。ムズターグ・アタの巨大な山容が目のまえにひろがっているのは、すばらしいながめだった。

一九八三年にはチベットを旅行した。ラサから五〇〇〇メートル以上の峠をこえて、シガツェまでいった。氷河の末端にちかかったが、わたしは高度の影響を感じなかった。

一九八六年の春、わたしは最後の積雪期登山をやろうとおもった。立山本峰である。一九五七年秋、わたしは黒四ダムの予定地をみにいったことがある。扇沢からヘリコプターで鳴沢岳をこえて、黒部本流と御前谷の出合付近にいったんおりて、それからさらに黒部本流にそって内蔵助谷の出合までいった。その後、黒四ダムができあがってから、いわゆるアルペン・ルートをこえたことがある。しかし、立山にはまだのぼっていなかった。

一九八六年に当時関係のあった富山県のひとが、立山を案内してくれるというので、登山を決心したのである。AACKのメンバーがサポートしてくれることになった。ピッケルもアイゼンも息子たちが持っていってしまっていたのをとりもどした。立山ゆきは春に予定していた。ところが三月一二日に、わたしは突然に両眼の視力をうしなったのである。ウイルスによる球後視神経炎という病気だった。最後の積雪期登山は幻ときえた。

もう一ど北山へ

一九九四年六月一二日、わたしはなつかしい北山をおとずれた。今西錦司先生のレリーフが、むかし京都一中の山小屋があった付近の岩にはめこまれるという。その除幕式に参列するためである。しかし、盲人が道のない谷筋をゆくのはかなりむつかしかった。わたしは長靴をはいて渡渉しながら谷をのぼった。日本山岳会京都支部の諸君がずいぶんとたすけてくれたので、ようやく現場に到着した。現場には山岳会の会員多数が貴船のほうからあがってきていた。わたしは岩のうえにあがって、手をのばして今西先生のながいアゴをなでた。

わが原点としての北山

解説

今西錦司さんは一九九二年の六月になくなられた。三回忌をまえに、今西さんの記念碑を北山につくろうということになり、その準備がすすめられた。

一九九四年六月一二日、記念碑の除幕式が現地でおこなわれ、わたしはおおぜいの人たちにたすけられて現場へいくことができた。

今西さんとわたしとの縁はいうまでもないが、わたしと北山との関係は、まさにわたしの原点というべきものである。北山からかえってすぐに、そのおもいを文章にまとめた。それは『中央公論』八月号に掲載された（註）。

（註）梅棹忠夫（著）「わが原点としての北山」『中央公論』八月号　第一〇九年第九号　第一三三一号　三二六―三三一ページ　一九九四年八月　中央公論社

山ゆきの決心

今西錦司先生が四年半の病院生活ののち、ついになくなられたのは一九九二年六月一五日であった。満九〇歳であった。わたしは、なんとなくこの先生はいつまでも生きられるような気がしていたので、そのしらせをうけたときには、やはりくるべきものがきたのかと複雑なおもいであった。

今西先生といったが、わたしにとっては「今西先生」ではなく、つねに「今西さん」だった。なくなられるまで、わたしはこう呼んでいた。この文章でもしたしみをこめて、今西さんと呼んでおきたい。

なくなられてから二年、いわゆる三回忌をまえにして、今西さんの記念碑をつくろうという話がおこった。日本山岳会京都支部の人たちの発案である。場所は今西さんがこよなく愛された京都北山の山奥である。おおきな自然岩に、レリーフをはめこもうという計画である。募金がおこなわれ、全国から四〇〇人ちかい人たちの拠金がよせられた。レリーフができて岩にはめこむ作業もおわり、命日にちかい日曜日の六月一二日には除幕式を現地でおこなうという。

わたしはその除幕式に出席したいとおもった。わたしは今西さんと何重ものふかい縁でむすばれている。おなじ京都の西陣の出身で、京都府立一中、三高、京都大学の直系の先輩である。学問においては直接の師である。また登山と探検にあっては、つねに同志であった。そして京都大学の社会人類学の教授としては、わたしの前任者なのである。その今西さんの記念碑ができるというのに、除幕式にわたしが出席しないという法があるものか。

わたしはその現地をよく知っている。そこには、もと京都一中山岳部の山小屋があった。場所は雲ケ畑から直谷という谷を水源ちかくまでのぼりつめたところである。そこは京都市中を貫流する賀茂川の源流にあたる。今西さんが有名な「棲みわけ理論」を着想されたのは、まさにその賀茂川の中流にすむカゲロウの幼虫の観察からであった。

この山小屋跡にいたるには、むしろ鞍馬にちかい貴船から滝谷峠をこえてはいるのがふつうである。直谷からの道はわたしもたびたびとおったことがあるが、距離がながいうえに、ほとんど道らしいものはなかった。

わたしは年はとったが、いまでも日本山岳会会員で、また京都大学学士山岳会の会員でもある。その意味ではまだ現役の登山家である。いまなお毎日六キロはあるいているから、足腰はじょうぶである。しかし、いかんせん八年まえからわたしは両眼の視力をうしなっている。盲人が、どのようにしてこの山奥までゆくことができるだろうか。

ところが、きいてみると現在は直谷に林道がのびていて、その終点から現場まで、ふつうの登山家なら二〇分くらいの距離だという。そして、その部分をあるくについては、日本山岳会京都支部の人たちが全力をあげてわたしを支援してくれるという。わたしはそれをたのみにして、現場にゆくことにした。

北山の小屋

すでに梅雨がはじまっていた。前線の活動が活発になり、当日の朝は、大阪は雨だった。天気予報では午前中が雨で、午後はくもりということだった。午前八時、わたしは雨のなかをタクシーで大阪千里の家を出発した。国立民族学博物館教授の松原正毅《まさたけ》君と助教授の吉田憲司《けんじ》君が同行してくれた。どちらも京都大学探検部のOBである。

京都の市中にはいると、雨はふっていなかった。賀茂川のながれにそって山あいの街道をすすみ、雲ケ畑村の出合橋についた。出発してちょうど一時間であった。村からすこし上流まで舗装道路があった。その終点でわたしたちはタクシーをおりた。そこに日本山岳会京都支部の人たちが、四輪駆動の車をもってむかえにきてくれていた。ここから林道にはいる。その後半はひどい道で、車一台がようやくとおれるくらいの幅だった。車でゆけるところまでいって、そこからあるくことにした。途中、なんどか渡渉をしなければならないと聞いていたので、わたしは用意していたゴム長靴にはきかえた。

ここからの道はいっそうひどいものだった。いきなり渡渉がはじまった。道は人ひとりがやっととおれるくらいのものであった。しかも、急なのぼりおりがつづいた。岩が露出していたり、木の根が地上にでていたりで、おそろしくあるきにくかった。ひとりがわたしの左手をひいて先導してくれた。ひとりがうしろから、ふらつくわたしの腰をささえてくれた。わたしは右手でしっかりと杖をついて、歩をすすめた。先導のひとが岩やくぼみをいちいち注意してくれた。両側からクマザサやシダが道にはりだしていた。それをかきわけかきわけ、わたしたちはすすんだ。

山の冷気が気もちよかった。スギのかおりがただよっていた。なつかしいかおりである。わたしは少年時代をおもいおこしていた。わたしがはじめてこの谷にきたのは、一九三二年の夏であった。わたしはそのとき一二歳で、中学一年生であった。京都一中の小屋を拠点にして昆虫採集をしたのだった。二泊三日の旅行だったが、少年には大冒険旅行のようにおもえた。

そのときの記憶では、この谷の道はもっとよかったようにおもうのだが、いまきてみると、ほとんど道らしいものはなかった。わたしは足をふんばり、杖をつっぱってゆっくりとあるいた。森の冷気にもかかわらず、たちまち汗びっしょりになった。それでも後半はややなれてきて、あゆみがはやくなった。一キロ半ばかりのところを、小一時間かかったが、一どもひっくりかえることもなく、おんぶされることもなく現地にたどりつくことができた。

除幕式の式場はスギ木だちのなかの、ちょっとしたあき地であった。でこぼこだらけの斜面で腰をおろすところもなかった。日本山岳会の人たちが式の準備にいそがしくはたらいていた。ここはたしかに、むかし京都一中山岳部の山小屋があった場所である。この小屋ができたのは一九二七年だという。スポーツ用品店の美津濃が、大阪のデパートで登山具の展示会を開催したときにこの小屋を出品した。それを今西さんや西堀栄三郎さんなどが美津濃の京都支店長のあっせんでもらいうけて、解体してここまではこんできたのである。淀川を船で伏見まではこび、そこからは荷車でひいてきたという。おそらくは、貴船からは人力で滝谷峠をこえてはこびあげたものであろう。

その小屋は、いまはこの位置にはなくて、三〇〇メートルほど上流に移築されている。除幕式がはじまるまでにすこし時間があったので、わたしはその小屋を見にいった。やはりひどい道で渡渉もあったが、一五分ほどでついた。

この小屋が移築されたのは一九四二年だという。もとの小屋は京都一中の山岳部が管理していた。移築もその山岳部の手でおこなわれたはずである。戦後は京都一中はなくなって、その山岳部の伝統は京都府立の洛北高校、および鴨沂《おうき》高校の山岳部によってひきつがれた。現在はこの小屋も、このふたつの高校の山岳部によって管理されている。わたしはこのあたらしい小屋にきたことがあるような気がするし、ないような気もする。現場にたどりついて手でさわってたしかめたが、この小屋にきたのはたしかにはじめてだった。むかしの小屋とは一八〇度むきがかわっている。

むかしの小屋は丸太を横につみかさねてできていたが、あたらしいものは丸太を縦にならべてある。入口が逆になっていて、山側からはいるようになっている。内部はむかしとおなじで土間があり、床のまんなかにはいろりがあった。中二階があって、十数人は寝とまりできるほどのおおきさである。昨夜、日本山岳会の有志の人たちはここにとまって、除幕式の前夜祭をやったという。

むかしは小屋帳というノートがおいてあり、訪問者はそれに名まえと感想などを記入するのだった。北側には百葉箱があって、なかには乾球と湿球の寒暖計がとりつけてあった。

わたしは、この北山の小屋をなんどおとずれたことであろうか。少年時代に山の仲間とともに、やすみの日にしばしばやってきたものである。それは、その後のわたしの登山と探検にあけくれた生涯の原点をなすものであった。わたしは五十数年ののちに、またこの原点にかえりついたのであった。

今西人気

式場にかえってみると、準備はすでにすっかりととのっていた。会場にはおどろくほどたくさんのひとがつめかけていた。十五、六人もあつまるのかとおもっていたら、なんと一〇〇人ちかくきているという。そのなかには、かなりの数の女性の参加者があった。外国人の姿もあった。ドイツ人とアメリカ人だという。日本山岳会の会員のほかに、もちろん遺族たちもきておられた。今西さんの四人の遺児のほとんどは夫妻で出席されていた。孫の顔もみえた。

山岳会の会員は京都支部の人たちだけでなく、石川、岐阜、三重、九州などずいぶんとおくからもきている。わたしは今西さんの人気がおとろえずに持続しているのにおどろいた。今西さんは日本山岳会の会長の時代から、山岳会の仲間とともに全国の山をあるかれた。そのときの同行者たちであろうか。今西さんが一五五二山登頂という前代未聞の大記録を達成されたことは、よく知られているところである。晩年はほとんど目がみえていなかったはずである。その盲人同様の老人をみんなでひっぱりあげ、おしあげたのだそうだ。

レリーフは、わたしたちがあつまっている場所から五メートルばかり上方の、急斜面に露出したおおきな岩にとりつけられていた。岩の前面はしろい布におおわれていて、綱をひくと幕があくようになっていた。

ながいアゴ

式典は日本山岳会京都支部長の斎藤惇生《あつお》氏のあいさつではじまった。ついで綱をひくと、幕ははらりとおちてレリーフがあらわれた。一同黙祷をささげ、読経がおこなわれた。法衣をきたほんものの僧侶がお経をあげた。この坊さんも日本山岳会の仲間であった。ただし、今西家は真言宗だけれど、この坊さんは曹洞宗だということであった。急斜面にお焼香台がもうけられていた。参列者はつぎつぎに焼香をおこなった。なんにんかのひとが今西さんをたたえて、みじかいスピーチをおこなった。わたしも今西さんと北山とのつながりについて、かんたんな話をした。

ちょうどこの日、わたしは満七四歳の誕生日をむかえていた。こんな山奥までできて参加するのは、たいていわかいひとであろうし、わたしが最年長ではないかとおもっていた。ところがおどろいたことには、八三歳のかたが八〇歳の夫人をともなってきておられた。三重県松阪の日本山岳会会員の山口政一《やまぐちまさかず》夫妻であった。ほかにも、八〇代のかたがおられるようであった。

今西さんは山頂にたつと、まず万歳を三唱されるのがきまりであった。わたしたちもそれにならって万歳を三唱した。一〇〇人の万歳の声はふかい山の静寂をやぶった。鳥やけものはおどろいたにちがいない。それから「雪よ岩よ」を斉唱した。この歌は一般には「雪山讃歌」の名で知られているが、もともとは三高山岳部歌である。曲はアメリカ民謡をとっているが、作詞は西堀栄三郎氏ということになっている。三高のスキー合宿のときに、みんなの合作でできたものらしい。その著作権が社団法人京都大学学士山岳会に寄贈されることになり、手続上、寄贈者の名がいるというので、西堀さんが代表として名をだされたのである。この歌はひろく世間にうたわれるようになったので、京都大学学士山岳会には毎年いくらかの著作権料がはいってくる。ただし、現在世間でうたわれている歌詞には、かなりの改変された部分がみられるようである。

式典がおわったあとは懇親会となった。音楽もはいった。チェロとフルートの生演奏である。缶ビールで乾杯をした。ビールは前日、山岳会の人たちの手ではこびあげられていたのである。しかし参加者の数が予想をうわまわったので、ビールは一本だけで、あとは日本酒になった。

これはごく内輪のあつまりだとおもっていたのに、どういうわけかマスコミの人たちが取材にきていた。新聞社が四社とテレビが二社きていた。テレビの取材班は参加者たちにインタビューをするために飛びまわっていた。わたしもそのインタビューをうけた。

わたしは今西さんのレリーフをみたいとおもった。しかし目がみえないので、手でさわってたしかめようとおもった。草つきの急斜面をよじのぼって、岩の上部にでた。ひざまづいて手をのばすと、そこにレリーフがあった。わたしは指で今西さんの目、鼻、口とたどった。最後に今西さんの特徴のある、ながいアゴを確認した。「今西さんのアゴはながいな　ロング　ロング　アゴー　ロング　ロング　アゴー」とうたわれた、あのアゴである。わたしはなっとくして、急斜面をおりた。

ひとの世はうつろいやすい。京都の市街にしても、ふたたび応仁・文明の乱のようなことで荒廃してしまうかもしれない。そうなれば、今西さんにまつわるいっさいの遺物は消滅するかもしれない。しかし、北山の奥のこのレリーフだけはのこるだろう。

わたしは、はるかな未来の世界を空想した。四、五百年もたつと、記憶も記録もすべてうしなわれてしまうであろう。しかし、京都北山はおそらくなんの変化もなく、森はしずまりかえっているであろう。その時代のひとが、こんな山奥の岩面に銅合金のレリーフがとりつけられているのをみて、これをなんだとおもうだろうか。あるいは、古代人の祭祀の跡とおもうかもしれない。今西さんの笑顔は祭祀の肖像とおもうかもしれない。

わたしはみちたりた心で山をおりた。雨はついにふらなかった。

京都——深泥池、北山、吉田山

解説

『日本経済新聞』夕刊の「かんさい21」というページに「ふるさと再考」というインタビュー連載があった。とくにおもいいれのある三つの場所をえらび、わがふるさとについてかたるというものである。わたしは京都の「深泥池《みぞろがいけ》」「北山」「吉田山」を中心に、わかいころのおもいでをはなした（註）。

（註）梅棹忠夫（談）「ふるさと再考——京都」『日本経済新聞』（夕刊）二〇〇二年七月一五日

曾祖父の代に琵琶湖の北岸にある菅浦という小集落から京都にでてきて、わたしで四代目。京都の町中、西陣の都会そだちです。

そのためわたしには、「うさぎ追いし」のふるさとはありませんが、少年時代のおもいでの地は深泥池。京都一中のあった下鴨から放課後はしっていきました。京都に都ができるまえからあった湿原ののこりといわれており、めずらしい食虫植物や昆虫がたくさんいました。道なき道を探検し、水草のうえをあるいて浮島までいったものです。

洛北の貴船神社の奥の院に一九三二年、はじめて行ったときのことです。奥の院につづく道はぬかるんでいましたが、そこにおびただしい数のチョウが羽をたたんでとまっていたのです。一所懸命に水をすっていたのでしょう、少々ちかづいても逃げません。わたしは狂喜して、捕虫網をふるいました。

芹生《せりよう》峠をこえると丹波の国ですが、そのあたりから京都北山にはいります。〝昆虫少年〟だったわたしは、夢中で北山じゅうをはしりまわりました。フィールド・ワークのはじまりです。ここがわたしの心のふるさとと言えますが、里山からはほどとおい深山幽谷です。

京都大学でまなび、戦後、大阪市立大学に就職しました。就職が決まってから京都・北白川に家をかったのは、「かえってくる」という気もちがどこかにあったのでしょう。実際には、京大にもどるまで一六年かかりましたが、吉田山から京大の構内をながめると、「追放が解かれ故郷に帰参がかなった」――そんな感慨につつまれました。吉田山はおもいでたっぷり、まさに「紅もゆる」ではじまる旧制三高の歌にうたわれているように逍遙の地です。

わたしはうまれそだった京都以外の地にうつりすむ気はまったくありませんでしたが、いまは仕事のつごうから大阪・千里にいます。ただし、京都の家はそのままにしてあります。場合によっては、また京都にかえるかもしれません。

聖岳とオオムラサキ

解説

山と溪谷社は、約一〇〇人の人たちに対して、登山や自然とのふれあいのなかで得たよろこび、味わった感動、ひととの出あいなどをショート・エッセイとしてつづってもらい、一本としてまとめようと企画した。わたしのところにもその執筆依頼がきたので、昆虫採集に熱中していた少年時代のおもいでや、そこから山にのめりこんだ経緯などについて書いた（註）。

（註）梅棹忠夫（著）「聖岳とオオムラサキ」　山と溪谷社（編）『山がくれた百のよろこび』　七七―七九ページ　二〇〇四年四月　山と溪谷社

少年のわたしを山に引きこんだのは虫である。わたしは小学校の三年生のころから昆虫に興味をもって、その標本つくりに熱中していた。当時は昆虫採集などという趣味は、子どものあそびとしては主流ではなかったが、それでも捕虫網や毒びんなどの採集用品は市販されていたし、展翅板などの標本製作用具も手にはいった。わたしはそれらの小道具をそろえて標本つくりにはげんだ。標本は木箱の引きだしにおさめた。箱のなかではハチやアブ、甲虫やカメムシ、セミなどとともに、大型のチョウがおおきい面積をしめていた。

当時の少年むけの昆虫採集の指導書には、昆虫の三大名産地というのがあがっていた。東京の高尾山と大阪の箕面と京都の貴船だった。わたしがはじめて貴船にいったのは中学生のときであった。わたしは、中学校では博物同好会というクラブに属していたが、一年生の夏やすみに貴船の奥で二泊三日の採集旅行をするという。そこには学校の山岳部が管理する山小屋があった。博物同好会がその山小屋を借りて合宿するのである。わたしは大よろこびでそれに参加した。

貴船神社の奥の院あたりの道でたくさんのチョウに出あった。そのなかには、カラスアゲハとかテングチョウなどがいた。わたしの住む京都の西の近郊あたりではみたこともないものだった。わたしは狂喜して捕虫網をふりまわした。これがきっかけになって、わたしは山岳部にも入部した。

京都北山から近畿の山やまをあるきまわったが、中学時代は日本アルプスに足を踏みいれることはなかった。わたしが本格的なアルピニストとして訓練をうけたのは旧制高校時代である。一九三六年の夏、わたしは南アルプスにいった。伊那谷の飯田から小川路《おがわじ》峠をこえて遠山郷《とうやまごう》にはいった。

遠山郷の下栗《しもぐり》の村で一泊した。村の耕地のはしに、おおきなエノキがあった。その周囲を大型のうつくしい紫色のチョウが舞っていた。これがのちに日本の国蝶に指定されたオオムラサキである。

日本アルプスの各地をあるくにつれ、わたしはたくさんの高山チョウにめぐりあい、そのうつくしい色彩に酔いしれた。しかし、はじめてオオムラサキをみたときの感動はいまだにわすれることはできない。エノキのまわりを優美にチョウが舞い、聖岳のピラミッドが夕日をあびて金色にかがやいていた。これ以後、わたしはふかく山にとらえられたのである。

五年間の三高山岳部

解説

旧制第三高等学校はわたしの出身校である。その八〇年あまりのあゆみが二〇〇三年二月から一年間、京都大学大学文書館主催の「三高展」として開催された。会場を提供した財団法人三高自昭会は「三高展」の跡に「三高記念室」を開設し、あらたな資料の収集や整理、関係者からの聞きとり調査を実施して資料の目録づくりや図録の作成をはじめた。

三高自昭会の総務担当理事の井垣隆敏氏は、三高山岳部のアルバム、ルーム日記、山ゆき報告書など一連の歴史資料を参考に、山岳部員だったわたしに聞きとり調査をもとめた。わたしは一九三六年四月から四一年三月までの五年間を三高の山岳部ですごしたのだが、それはわが生涯にとって、ひときわ重要な年月であった。

聞きとりは二〇〇五年五月一一日に、井垣氏と三高記念室の田中智子さんとによっておこなわれた。そのまとめは『三高記念室図録』のなかにおさめられた（註）。

（註）梅棹忠夫（著）「五年間の三高山岳部」三高記念室（編集）『自由の鐘――三高記念室展示図録』（神陵文庫別冊）一六七―一七一ページ　二〇〇五年八月　財団法人三高自昭会

わたしの三高時代は計五年間である。ドッペる（落第する）生徒はめずらしくなかったが、わたしは二年を二度も落第した。ふつうは落第すると、「表」「裏」と言うが、わたしの場合はそれでは足りないので、「松」「竹」「梅」と言いわけている。

一九三六年の春、新入生のわたしは山岳部に入部した。そのころ山岳部は、あいつぐ遭難事故で部員をうしない、再建に必死であった。わたしたち新入部員は再建の要員として期待されていたのである。そして、その年の夏、先輩とともに南北アルプス縦走へと出かけた。北山中心に活動していた京都一中の山岳部時代にくらべて、おとなの山行であることを実感したはじめての長旅であった。

山岳部の部室は南グラウンドの西端にあった。他の部のようにボックスとはいわず、「ルーム」と呼んでいた。学校にいるあいだは、いろりと書棚をそなえたこのルームで大半の時間をすごし、仲間といろいろな話をした。他でいうところの主将を、単に議論をプレサイドする役わりという意味で「プレジデント」と称したのも山岳部独特であった。不慣れな下級生の荷物は上級生がたすけるのがならわしだったし、しごきとは無縁の平等な世界だった。ピッケルで下級生の尻をたたくような東京あたりの山岳部とは、まるで風習がちがっていた。山岳部では上級生でも名まえは呼びすてだった。

三高そのものも自由であったが、山岳部には徹底した自由があった。個人の自覚的行動にすべてがゆだねられ、山行はだれの指示や命令でもなく、部員が勝手に計画をたて、勝手に実行した。軍隊などとは対極的なこの世界で、わたしはその後の人生の基礎となるおおくのことをまなんだ。

軍隊といえば、やっかいなのが軍事教練である。わたしはみじかい軍人勅諭すら暗唱できなかったものだから、配属将校にはこっぴどくしかられた。山岳部の部長でもあるモリマン（数学の森満教授）は、なにかにつけかばってくれたようだ。片頬に手をあて、「こまりましたなあ」とつぶやくのが癖だったモリマン教授は、点がからいことで有名だった。わたしは数学が大の不得意だったが、モリマン教授は山岳部におけるわたしのリーダーとしての力量をたかく買ってくれていたのだろう。授業には出ていたが、心はあらぬところをさまよっていたわたしの進級に際しても、陰で力になってくれたらしい。エンタツ（動物学の石橋栄達教授）、チンクシャ（植物学の鈴木靖教授）といった教授も記憶にのこっている。授業には不熱心でも、山の本をよむうちに外国語の力は自然と身につき、やがてクラスの仲間相手にドイツ語の補習をひきうけたこともあった。

三年生の夏に大陸の白頭山に登頂し、さらに第二松花江源流を確認したわたしを、全校生徒相手の講演会が待ちうけていた。会場は講堂の新徳館であった。落ちこぼれだったはずのわたしが、卒業時には有名人になっていたのである。

おおくの三高生は一高戦や紀念祭といった行事に熱中し、山岳部員のなかにも応援団長をかけもちする者があった。しかしわたしは、そんなものにはまったく関心がなく、ただただ山に没頭していた。こんなわたしもふくめて、多様な生徒の個性が容認されるのが三高という学校であった。

インターハイのことはかすかにおぼえている。各地からあつまってきた弊衣《へいい》破帽《はぼう》、つまりはバンカラ・スタイルの高校生たち、これに対して三高生には都会そだちがおおく、こぎれいな身なりをこのむハイカラなところがあったようにおもう。山に明け暮れた生活であったが、他の三高生同様、「若草」「カレドニア」などの喫茶店に足をはこんだり、『オーケストラの少女』『未完成交響楽』といった音楽映画をたのしむこともあった。

そして一年生の三学期だけではあったが、寮生活も体験した。南寮二番の豪傑室長は板倉創造（又左衛門）であった。中学にも高校にも一年はやく進学してきたわたしに、「きみはここにくるには、はやすぎる。もっとゆっくりせよ」とアドバイスしてくれた。そのおかげか、三高には五年間も在籍し、それまでの二年間の貯金をつかいはたしてしまった。

三高山岳部のルーム日誌はとてもなつかしい。手がきのこまかい地図をそえた山行記録はもちろん、日常の雑感や部員どうしのやりとりまでが生き生きとつづられていて、往時の山岳部員の貴重な足跡である。六〇年のときをへて、現在は三高記念室に保管され、いまなお手にとることができるとは、まことにありがたいことである。

飛騨の入口・出口

解説

岐阜県高山市に飛騨・世界生活文化センター（飛騨センター）という文化施設がある。そこのアドバイザーをしている小山修三氏は、機関誌『ひだの散歩道』の編集委員長をかねている。かれは、わたしが国立民族学博物館長をしていたころの同僚で、いまは同館の名誉教授となっている。

小山氏からの依頼で、わたしは『ひだの散歩道』の巻頭エッセイをかくことになった。わたしと飛騨との関係はそれほどないが、いろいろとわかいころのことをおもいおこし、つぎの文章をかいた（註）。

（註）梅棹忠夫（著）「飛騨の入口・出口」『ひだの散歩道』第一三号　三ページ　二〇〇六年三月　飛騨地域活性化推進協議会事務局

『今昔物語』に「飛騨の工《たくみ》」という建築の名人の話がある。かれがつくったお堂へはいろうとすると、あいていた扉が自動的にしまってしまう。つぎの扉にむかうと、これもまた目のまえでしまる。飛騨というのは、この大工の出身地であろうか。

じっさい飛騨にはいるには、どちら側もおおきな山脈にさえぎられていてはいりにくい。ところがわたしは、いきなりその中心部に踏みこんだのである。それは三俣蓮華岳の頂上だった。当時わたしは一六歳の少年で、学校の山岳部のなかまとともに、上高地から槍の肩をこえて黒部源流へ足を踏みいれたのであった。わたしには、ここが飛騨の国であるという意識はまったくなかったが、かんがえてみれば、まさにここは飛騨山系のどまんなかではないか。

黒部源流から太郎小屋で薬師岳の鞍部をこえて西にでると有峰である。いまは人造湖の湖底に没してなくなったが、当時はおおきな集落だった。有峰からながい街道をあるいて三井軌道の土《ど》という駅にでた。現在の神岡鉄道の漆山駅である。そこからようやく高山本線にでることができたのであった。

その神岡鉄道もちかく廃線になるという。時代とともに、この地方の交通も主力は自動車輸送にかわってゆくであろうが、飛騨の国はこれからどのような変化をとげるのか。多少の縁をもったものとして気になるところである。

わが青春の「雪山讃歌」

解説

わたしが国立民族学博物館長をしていたころ、「館長と報道関係者との懇談会」というあつまりがあった。博物館の活動を館長みずから積極的に広報、宣伝しようという目的で、ほぼ一ケ月に一どのわりあいでひらかれていた。

一九九二年九月末に、その懇談会のメンバーである時事通信社の岩瀬千代子記者から、「スキーと雪山讃歌とわたし」という仮題でエッセイ執筆の依頼があった。同人雑誌『千里眼』に掲載されたわたしの「雪よ岩よ――三高山岳部の五年」を読んでのことだという（註1）。わたしは承諾した。時事通信社から配信されたわたしの文章は、その年の年末から翌年の一月にかけて、各地方新聞に掲載された（註2）。

（註1）梅棹忠夫（著）「雪よ岩よ――三高山岳部の五年」『千里眼』第三八号　二七八―三六八ページ　一九九二年六月　千里文化財団〔『著作集』第16巻『山と旅』に収録〕

（註2）梅棹忠夫（著）「わが青春の『雪山讃歌』」『鹿児島新報』一九九二年一二月一〇日そのほかに、『高知新聞』一二月一一日、『北日本新聞』（夕刊）一二月一五日、『京都新聞』一二月一五日、『愛媛新聞』一二月二八日、『河北新報』（夕刊）一二月二八日、『福島民報』一二月三一日、『新潟日報』一二月三一日、『神戸新聞』一九九三年一月一七日などに掲載。表題はいずれも「わが青春の『雪山讃歌』」であった。

一九八六年に両眼の視力をうしなってから、わたしはもっぱらラジオにしたしんでいる。主として、ニュースと音楽である。音楽の番組で、男声四重唱の「雪山讃歌」というのがしばしばながれてくる。聞いておどろいた。なんのことわりもなくながれてくるのだが、じつは、これは旧制三高の山岳部の部歌なのである。そのような注釈がくわえられたのは聞いたことがない。

わたしは旧制三高の山岳部の出身である。青年時代に山でキャンプファイアーをかこみながら、この歌を大声でうたったものである。町でもコンパや集会のたびに、みんなでうたった。わたしにとってはかけがえのない、たいせつな歌なのである。

この歌の第一節は「吹雪のする日はほんとにつらい。アイゼンつけるに手がこごえるよ」である。第二節の「雪よ岩よわれらがやどり、おれたちゃ町にはすめないからに」という歌詞は、各節ごとのあとに繰りかえしてうたわれるのである。これをうたうと、雪と岩の世界ですごした青年時代がいきいきとよみがえってくる。それはまさにわたしたちの「青春讃歌」だったのである。

三高山岳部の伝承によれば、この歌がつくられたのは一九二〇年代のおわりごろで、三高山岳部が妙高山麓でスキー合宿をおこなっていたとき、みんなの合作でつくられたものらしい。曲はアメリカ民謡の「いとしのクレメンタイン」をそのままつかっている。さきになんのことわりもなしに放送されているといったが、じつはこの歌は三高山岳部の大先輩である西堀栄三郎氏が作詞者の代表となって「三高山岳部歌」として著作権登録もおこなわれているのである。

京都大学にはAACK（京都大学学士山岳会）という組織があるが、旧制三高の山岳部OBの大半は、この会の会員である。この会は旧制三高の財産をそっくりひきついだ。「三高山岳部歌」の著作権は作詞代表の西堀さんの名義で、このAACKに寄贈されているのである。したがって、ラジオから男声四部合唱で、このいわゆる「雪山讃歌」が放送されるたびに、なにがしかの著作権料がAACKにころがりこむ仕かけになっている。年間にすると、それはけっこうな額にのぼり、AACKとしても、ありがたい財源となっているのである。

ただし、現在放送されている歌詞には、わたしたちの知らないものがいくらか混入している。だれがどこでつくったのかは、わたしは知らない。こういう改変は著作権侵害にならないのだろうか。また、各節の後半はちがったメロディーでリフレインされているが、あれは、むかしわたしたちが二部合唱でうたっていた低音部のメロディーである。

こうして、多少の変形をうけながらも、六〇年以上もまえの学生歌が現代もうたいつがれていることは「おどろくにたる」ことであろう。これも近代日本文明史の一断面というべきであろうか。

屋久島の大自然

解説

朝日新聞社では、二〇〇一年一月から深田久弥著の『日本百名山』の山やまを一号二山ずつ、週刊で刊行することになった。一〇〇山のなかから登山の経験をもつ山をひとつえらび、登山エッセイをかいてほしいと依頼があった。

わたしは屋久島にある宮之浦岳について、つぎの文章をかいた（註）。本書に収録するにあたって、表題と小みだしを変更した。

（註）梅棹忠夫（著）「二二世紀まで持ち越してほしい宮之浦岳の大自然」『開聞岳・宮之浦岳』「週刊日本百名山」一月六日号　通巻五〇号（朝日ビジュアルシリーズ vol.1）二七ページ　二〇〇一年一月　朝日新聞社

九州の最高峰宮之浦岳

宮之浦岳（一九三六メートル）は九州の最高峰である。しかしそれは、九州本島ではなく、南の洋上にうかぶ屋久島にある。ここは全島が巨大なスギなどの森林におおわれた山岳地帯である。現在では、この島は世界自然遺産となっている。

わたしが屋久島をおとずれたのは、一九四九年九月であった。当時ここが日本の最南端で、外地からしめだされて日本領に閉じこめられていたわたしにとっては、到達できるかぎりのとおいところだったのである。

当時の京都府山岳連盟は、この日本最南端の島にささやかなエクスペディションをおくりだした。隊長は今西錦司氏で、隊員は好日山荘の西岡一雄老人とわたしであった。親と子と孫ほど年のちがう三人だった。いまでこそ、屋久島には空港があり、飛行機でゆけるが、当時はそんなものはなく、鹿児島から船でいった。種子島《たねがしま》で一泊して翌日、島の東岸の安房《あんぼう》についた。ふたつの営林署が島の領主のようなものので、森林の保全と開発にあたっていた。交通路もほとんどなく、ただ、安房川にそうて森林軌道がいくらかのびていた。

安房川をのぼりつめて稜線にとりついたところが、花之江河《はなのえごう》というミズゴケの高層湿原である。稜線を北にたどると宮之浦岳の主峰ちかくに岩屋があった。わたしたちはそこにとまった。

宮之浦岳は森林限界をこえて、うえはササにおおわれたアルプス的景観を呈していた。森林限界を形成しているのは、やはりスギで、ハイマツのような別の樹種はなかった。この島には野生のサルとシカがいて、わたしたちはシカがとびはねてゆくのをみた。

観光開発の弊害が心配

翌日は、花之江河からまっすぐ南にくだって湯泊《ゆどまり》にでた。花之江河からは各集落に通じるよい道があった。営林署がつくったものだから、登山者のための道標などはいっさいない。湯泊には海岸の波うちぎわに露天風呂があった。

屋久島は雨のおおいところである。山のくだりには、わたしたちは林間で番傘をさしてあるいた。木のあいだからながれおちる雨が棒状につながって、まるでうどんがたれさがっているようだった。屋久島の人たちは「ここではひと月に三五日雨がふるのよ」といった。とくに山間部の雨量がおおく、花之江河の記録では、最高年雨量は一万四〇〇〇ミリメートルに達した年もあったという。

わたしたちは島を一周して、宮之浦の集落にでた。当時は一周道路というほどのものはなかったが、いまでは多分整備されていることであろう。

最近に島をおとずれたひとの話をきくと、この半世紀間の島の変貌ぶりにはおどろかされる。観光地としての開発がすすみ、道路や宿泊施設がずいぶんととのえられているようである。インターネットのホームページをひらくと、おどろくほどの情報がもりこまれている。おそらくは観光開発にそれだけ力がはいっているのであろう。

しかし、それとともに、観光開発にともなう弊害もあやぶまれる。この壮麗な自然を、観光地としてたのしみながら、二二世紀までぶじに持ちこしてゆけるだろうか。この半世紀前の状況をしっているわたしには、その点が心配なのである。

宮森常雄著『カラコルム・ヒンズークシュ登山地図』をおす

解説

二〇〇一年にナカニシヤ出版は、カラコルム・ヒンズークシュの登山地図（宮森常雄著）と、別冊として写真、地名・山名考、語彙集などをふくんだ山岳研究書（宮森常雄・雁部貞夫編著）を刊行するという。その出版に際し、推薦文の依頼をうけて書いたのがつぎの文章である。これは、国立民族学博物館の広報普及誌『月刊みんぱく』の広告ページに掲載された（註）。

（註）梅棹忠夫（著）「推薦」国立民族学博物館編集『月刊みんぱく』九月号　第二五巻第九号　通巻二八八号　裏表紙裏　二〇〇一年九月　財団法人千里文化財団

この山群は日本の登山家にとっては、いわばおなじみの地域である。一九五五年に京都大学の探検隊が先鞭をつけて以来、多数の遠征隊がこの山群に踏みこんだ。そして、半世紀にちかい努力の結果、おびただしい知識が集積されている。その成果がここに、このようなりっぱな地図および研究書として結実した。世界の登山界に対する、日本の登山家からの貴重な寄与として、その刊行をよろこびたい。

斎藤惇生編『北アルプス大日岳の事故と事件』をおす

解説

二〇〇〇年三月、北アルプスの大日岳で冬山研修会が開催された。主催は文部省（当時）登山研修所で、対象は大学山岳部等のリーダーたちであった。このとき、頂上付近の巨大雪庇が崩落し雪崩がおきた。そして研修生二名が遭難し、なくなった。この山岳遭難事故がなぜおきたのか。山の仲間たちは巨大雪庇の研究をおこない、後日、国や講師たちが法的責任を問われて「事件」となった経緯を一冊の本にまとめた。わたしも山の仲間のひとりとして、その本のオビに推薦文をよせた（註）。

（註）梅棹忠夫（著）「（無題）」斎藤惇生（編）『北アルプス大日岳の事故と事件』オビ　二〇〇七年九月　ナカニシヤ出版

山の事故は事件になるのか。ふたりのわかい命をうばった北アルプス大日岳の雪庇崩落はどうしておきたのか。事故がなぜ事件になったのか。有為の少壮弁護士が核心にせまる。雪氷学研究の権威は、巨大雪庇の構造を世界にさきがけてあきらかにした。本書はリーダーたるものの必読書である。

山と野外科学

解説

二〇〇二年は国際連合の国際山岳年であった。岩波書店の雑誌『科学』はその特集として「山の現在」をくみ、世界の山岳地帯の自然や暮らしの問題点を多角的に分析し、報告する編集企画をたてた。わたしはそこに巻頭言を書いた（註1）。

この特集号はのちに編集しなおされ、あらたな執筆者もくわわって、一冊にまとめられた（註2）。わたしは、わたしのわかき山仲間である山本紀夫君とともにその本の編者となったが、わたしの巻頭言「山と野外科学」は本書『山をたのしむ』に収録の予定であったので、重複をさけるためにそこにはおさめていない。

（註1）梅棹忠夫（著）「山と野外科学」『科学』一二月号　第七二巻第一二号　通巻八四四号　一一六七ページ　二〇〇二年一二月　岩波書店

（註2）梅棹忠夫、山本紀夫（編）『山の世界——自然・文化・暮らし』二〇〇四年七月　岩波書店
この本はのちに中国語に翻訳され、台湾で出版された。

—梅棹忠夫、山本紀夫（編）頼恵鈴（訳）『山的世界』二〇〇七年一一月 台湾商務印書館

二〇〇二年は国連総会の決議にもとづく「国際山岳年」である。それは地球上の山岳地域の環境保護をかんがえようという趣旨のものである。それにもとづき、日本でも日本委員会が組織され、さまざまな活動をおこなっている。

日本は周囲を海にかこまれた海洋国であるとともに、列島の大部分が山地でしめられている山岳国でもある。国際山岳年を機会に、山岳についておもいをめぐらせてみるのも有意義なことであろう。

日本人は古代から山を愛し、山を神のすみかとしてあがめてきた。そして各地に特異な山岳信仰を発達させてきた。山はまた、日本人にとって自然科学のための教室であった。日本人は山のゆたかな自然を観察し、解読してきた。中世以来、各地の旅行者、自然観察者によるおおくの地誌類がそれをものがたっている。とくに、本草家たちによる植物学、動物学の知識の集積には目をみはらせるものがある。

明治以後、近代自然科学の導入後も、日本の野外科学の伝統は引きつがれ、いっそうの精密さをくわえてきた。自然に対する精力的な探究の手は国内にとどまらず、

近隣諸国の各地にまでおよんだ。日本の自然科学は、室内における実験科学より野外科学のほうを展開させたようにおもわれる。

近代日本においてアルピニズムは隆盛をきわめた。それは、日本人が山で自然にしたしむことのたのしさをむかしから知っていたからである。アルピニズムは、たんに体育という意味でのスポーツにとどまるものではない。日本における野外科学の確立と発展のうえでも、おおきな役わりをはたしたのである。日本の自然科学者のかなりの人たちが、多少とも青年時代から登山を経験している。わたし自身もそうであった。登山をとおして生態学から民族学、比較文明学への道をあゆんだのである。近年において、日本の自然探究者たちは、アジアをはじめとする世界各地でひろく活動をつづけてきた。これは日本の野外科学の伝統に根ざすものである。

ところが、ちかごろの学校山岳部の衰退ぶりは目をおおうばかりだといわれる。青山にゆくのは中高年層で、青少年たちは山にゆかなくなったという。都会には、青少年たちをひきつけるおもしろいあそびが満ちあふれているからであろうか。これはしかし、ゆゆしき一大事である。日本の青少年たちが山へゆかなくなったことは、そのまま日本の野外科学の衰退をまねきかねないであろう。山やまは、たしかに危険に満ちている。いたましい山岳遭難の事例をみて、現代の親たちが子どもを山にやりたがらないのもわからなくはない。しかし、山には都会にない別種のおもしろさ、たのしさがいっぱいある。そのことをわかものたちにおしえ、登山を奨励しなければならない。

安全を確保しつつ、野外科学の伝統をわかものたちに継承させる手だてはいくらもある。日本の野外科学の隆盛を維持するために、われわれは国際山岳年を機会にいっそうの方策を講じる必要があるであろう。国際山岳年は山の自然の保護というだけでなく、日本文明の将来についても、かんがえなおすきっかけとなるのではないか。

第2章　山と学問――山をめぐる講演録

登山と観光開発

解説

二〇〇二年八月二五日（日）の午後、北日本新聞社は国際山岳年を記念して立山フォーラムを開催した。立山を中心に富山の将来の観光や環境保全のありかたをかんがえようというもので、わたしはそこで記念講演をおこなった。話の引きだし役は松島和美さんで、会場は富山市内にある富山全日空ホテルであった。

フォーラムのまとめは九月一六日の『北日本新聞』に掲載された（註）。わたしは当日の録音テープなどから文字おこしをしようとおもっていたが、主催者側は記録をとっていなかったらしい。しかたなく、当日のために準備をしていたメモに、多少の手をくわえてここに収録した。

（註）梅棹忠夫（講演）「登山と観光開発」『北日本新聞』二〇〇二年九月一六日

黒部源流の山やま

本題の「登山と観光開発」の話にはいるまえに、わたしと立山とのかかわりについてもうしあげます。

わたしがひろい意味での立山山群にはじめて足を踏みいれたのは一九三六年、旧制高校一年のときで一六歳でした。夏に長野県の上高地から黒部源流にはいり、薬師岳をこえて有峰にでました。有峰ダムは当時まだなく、現在のダム湖の場所には有峰の村がありました。

翌年の三月には積雪期登山に挑戦したのです。このときは有峰から入山したのですが、すでにここはダム建設のための土地買収がおわっていました。それでもまだ村人がすこしいました。有峰から折立峠をこえて真川にくだり、そこから太郎小屋のある太郎平にあがったのです。それから薬師沢をおりて黒部本流との出合にちいさなテントをはりました。そこを拠点に薬師岳、鷲羽岳、水晶岳、黒部五郎岳など周辺の山やまをスキーではしりまわりました。有峰からあとはすべてスキーでした。山スキーは裏がわにアザラシの皮（シール）を張りつけたもので、わたしたちは、スキーは「すべるための道具」ではなく、「山をのぼるための道具」と言っておりました。ほんとうにこれでどこにでも行けたのです。山頂ちかくで雪が氷になったところでは、スキーをぬいで八本爪のシュタイクアイゼンにかえてのぼるのです。しかし、黒部五郎岳はスキーをはいたまま頂上をきわめることができました。これはめずらしいことです。くだりはシールをはずして一気にすべりおりました。

登山は中学のころからつづけてきて、ずいぶんあちこちの山にのぼりましたが、奇妙なことには、立山の雄山（三〇一五メートル）にはのぼったことがないのです。一九八六年に積雪期の立山にのぼる計画があったのですが、その直前に旅した中国で視神経をウイルスにおかされ、両眼とも失明してしまったので、この計画はついえました。

立山は地元民がひらいた

立山は富士山（三七七六メートル）、白山（二七〇二メートル）とならび日本三霊山と呼ばれる信仰の山です。立山町芦峅寺《あしくら》にある立山博物館には、浄土と地獄のようすをえがいた立山曼陀羅や、立山信仰をめぐるさまざまな資料がよくあつめられています。曼陀羅というのは仏教の世界におけるさとりの構造をしめしたものですが、もともと立山は仏教ではなく、神さまに対する信仰であったはずです。そのなかに、このような仏教の世界の話がまじってくるのは、修験道がさかんになった奈良朝以降のことでしょう。修験道というのは、神仏混淆《こんこう》の宗教なのです。

芦峅寺の人びとは曼陀羅を手に全国へ布教にまわり、立山信仰をひろめたのです。かれらは死装束の経帷子《きょうかたびら》を何枚も持ちあるき、おとずれた村むらの庄屋宅にあずけていったといいます。翌年にふたたびその村をおとずれ、一年間になくなったひとの数、すなわちつかわれた経帷子の枚数のお代をもらいました。富山の薬売りはこのやりかたが起源だという説もあります。

立山は芦峅寺などの人びとがひらいたのですが、じつは山のひとが地元の霊山や秘境を開拓する例は、世界的にみてめずらしいことなのです。たとえば、スイスのアルプスを開発したのはスイス人ではなくイギリス人です。地元の住民は山をむしろおそれ、そこからとおざかっていたのです。この例をみても、立山の場合は、山がいかに住民の生活にふかくかかわってきたかがわかります。この辺の村むらから各地の山の名ガイドと称せられる人たちが続出したのです。

山をよごさないで

一九五七年ごろ、わたしは黒部川第四発電所の建設工事の現場にヘリコプターではいったことがあります。わたしが「クロヨン」という語の名づけ親だと言う説がありますが、ほんとうはちがいます。現場の作業員がそう呼んでいたのをきき、わたしが紀行文でその名を紹介したので、それ以後、全国に定着したのです。

立山では電源開発のための道路やトンネルが、その後アルペンルートと呼ばれるようになり、観光開発にむすびつきました。黒四はこの壮麗な黒部川源流地域の景観をできるだけ破壊しないように配慮して建設されたものですが、登山家にとって、開発ということは本来、敵であると言ってもよいでしょう。わたしも登山家のひとりです。登山家には自然に対する愛情があります。山がすきなのです。ですから、この自然がいつまでも、このままの姿でのこっていてほしいとおもっているのです。山が開発されることがきらいで、他の登山者がはいってくるのもいやで、自分たちだけで山を独占したいというのが本音です。山で観光客の姿をみると、「ここも俗化したな」とおもってしまうのですが、かんがえてみれば、自分自身も山にとってはよそからの侵入者で、本質的に観光客と変わらないはずです。俗化の先兵なのです。この点では、登山家は自己矛盾をかかえた独善的な存在なのです。

自然のままの山にいるのは自分だけでありたい、山の自然を独占したいというのは、登山家の身勝手というべきでしょう。ほんとうは登山家も、山を独占し閉ざそうという気もちではなく、大自然でのすばらしい体験をだれでも共有できることをかんがえるべきなのです。

しかし、登山の大衆化がすすむと、どうしても山がよごれてしまいます。標高八〇〇〇メートル級のヒマラヤの山やまも、近年はおびただしい数の登山者がおしよせ、ごみだらけになっているといいます。立山の将来も心配です。観光開発と自然保護は、保護を優先するかたちで両立させてほしいのです。山をよごさず、こわさず、子孫たちに遺産としてそっくりつたえてゆきたいものです。

山での行儀作法

昔は登山家といえば主として学生でした。それも学校の山岳部の人たちでした。そこでは登山の技術とともに、自然に対するマナーもきびしくおしえられたものです。わたしも青年時代には、山の草木をいためるな、ごみをすてるななどと先輩からおしえられました。学校の気風によって、いろいろ程度のちがいはあるでしょうが、おおまかに言って、山における行儀作法は、全国ほぼ共通であったかとおもいます。

ところが、今日では山へゆくひとは少年や青年ではなく、むしろ中高年の人たちがおおいようです。その人たちは登山クラブなどの組織に属してマナーをおしえられることもなく、自由に好き勝手なやりかたであるいているのではないでしょうか。わたしもある中高年の団体が紙くずを平気でそのへんにすてるのをみて、おどろいた経験があります。どうも、よごさぬようにするのは都市の建築物のなかだけで、それ以外のところではゴミをすててもよいという気もちがどこかにひそんでいるのかもしれません。

登山が普及し、大衆化することはけっこうなことです。しかし、このような自然に対するマナー、行儀作法がどこでつたわってゆくのでしょうか。この点が心配なのです。このような自然に対するおもいやりの心を、登山の普及とともにしっかりとつたえてゆく方法をわたしたちは確立しなければなりません。

山を物見遊山の延長とみる気もちがあるのでしょうか。物見遊山では、かなりの行儀わるさもゆるされるかもしれません。お花見のあとには、紙くずなどがずいぶん取りちらかされている例がしばしば見られるようです。しかし、登山は物見遊山ではありません。山ではお花見のような狼藉はゆるされないのです。登山はあそびではなく、むしろ修行の場なのです。かたくるしいことをいうようですが、山は修験道における行場のようなものだとかんがえていただいたほうがよいでしょう。ここで自然に対するきびしい戒律をおぼえて、精神と肉体との鍛錬をするのです。わたしは今日の登山の隆盛をみるにつけて、昔の修験道にみられたようなきびしさを、日本の登山のよき伝統として見なおしたいとおもっているのです。これが観光開発でいちばん大切なことでしょう。

山と学問

解説

信州大学は登山で有名な大学である。そこが山岳科学総合研究所をつくるにあたり、山岳科学フォーラムを開催するという。標題は「山岳地域における自然と人間との共生」で、二〇〇一年一〇月二六日（金）、二七日（土）の二日にわたって日程がくまれた。会場は長野県松本文化会館三階の国際会議室で、わたしは依頼をうけて二七日の午後に特別講演をおこなった。

講演の際、目の不自由なわたしをたすけて、話の引きだし役をしてくれたのは信州大学人文学部助教授（現教授）の中嶋聞多《もんた》君であった。かれは、わたしが国立民族学博物館長をしていたころのわかき同僚である。わたしの山の履歴をよく知ったうえでの質問を準備してくれたので、おもう内容をはなすことができた。

二日間にわたるフォーラムでのすべての講演は、のちに編集されて一冊にまとめられた。わたしの講演もそこにおさめられた（註）。

（註）梅棹忠夫（著）／中嶋聞多（聞き手）「山と学問」信州大学山岳科学総合研究所（編）『山に学ぶ山と生きる』（山岳科学叢書一）七―三七ページ　二〇〇三年五月　信濃毎日新聞社

中嶋　ただいまご紹介にあずかりました、信州大学人文学部の中嶋聞多と申します。「対談形式」というお話がありましたが、対談ということではなく、あくまでもわたしは聞き役として、梅棹先生のお話をお聞きするということですので、その点をどうぞご了承下さい。

梅棹　本来こういう時には、わたしは完全原稿を用意してくるのが普通だったんですが、十数年前に失明いたしまして、それ以後は原稿を書くことも読むこともできませんので、中嶋さんの誘導尋問にお答えするという形でやらせていただきます。中嶋さん、よろしくおねがいします。

中嶋　はい、がんばります。先生から「誘導尋問をよろしく」と言われましたので、わたしの方からいくつかご質問しながら、皆さまに「梅棹忠夫の世界」を十分堪能していただけたら幸いに存じます。

本日は、「山と学問」というテーマでお話しいただくわけですが、実は梅棹先生は、信州には何度も足を運んでおられます。先ほど空港までお迎えにいきまして、車中いろいろお話をうかがっていたのですが、わたしなどが知らない信州の地名が続々と出てまいりました。それらのほとんどが山にまつわる固有名詞でしたので、登山経験のほとんどないわたしはほとほと苦労いたしました。もっともよくお聞きしますと、松本は「一度だけ昼飯を食ったことがある」だけなのだそうですが、先生そのとおりなのでしょうか。

梅棹　学生のころは信州から京都へ通っていたようなもので、夏、冬、春と季節にかかわらず、本当に長いこと信州で過ごしております。しかし、信州にきてもすぐに山にはいってしまいますので、松本の印象はきわめてうすいものです。

山城三十山

中嶋　それはざんねんなことです。

さてそれでは軽い話題から入りたいと思います。先生と山との関わりについてお聞きします。先ほども申しましたが、先生は信州の山々をはじめ、さまざまな山に登っていらっしゃいます。このきっかけといいますか、先生が初めて山と関わりを持たれたころのお話をしていただけますか。

梅棹　わたしは京都府立京都第一中学校（京都一中）の一年生の時に、初めて京都北山へいっていているんです。京都はまわりが全部山で囲まれた盆地ですが、その北側に北山といって、山なみが何層にもかさなりあっているところがあります。最高峰で標高九七二、あとはほとんど九〇〇メートル以下です。つまり一〇〇〇メートルにみたない、丹波高原と称する地域が、日本海までつながっている。非常に広大な地域で、高くはないが深い山なみです。そこへ初めて足を踏みいれた。というのは、わたしは子どものときから昆虫少年でして、昆虫採集を随分やっていたんです。北山に貴船《きぶね》という所がありまして、日本における昆虫の三大名産地のひとつになっています。そこへ、中学一年生の夏やすみに六、七人で、三日がかりの採集旅行に行ったんです。その北山の奥のほうに、京都一中の山岳部が管理する小屋がありました。いまは北山荘とよんでいますが、当時は北山小屋と言っておりました。そこで合宿したんです。これで完全に山のとりこになりました。そのころわたしは博物同好会というクラブにいたんですが、二学期から山岳部にも入部して山をやり始めました。その後、ずっと山へ行っています。

京都一中山岳部というのは、一九二〇年代には今西錦司、西堀栄三郎、桑原武夫といった、そうそうたる人がいたところです。その今西さんの一中時代に、「山城三十山」というものができたんです。山城国内で三〇の山を選びまして、それら全部を登ることを目指して努力するということで、北山はわたしの少年、青年時代の道場になりました。

中嶋 京都の登山家は、標高一〇〇〇メートル未満のこうした山々で訓練をなさるんですか。

梅棹 そうです。まず山のマナーをおぼえます。山の技術は、沢歩きや岩登りなど全部やります。それで山についての基本的なことは身に付きます。わたしの京都一中在学中に山城三十山の改訂がおこなわれて、あたらしい三十山の案内記をつくろうということになりました。中学生が手分けして山城三十山のひとつずつ、山についての解説を書いたんです。それでできたのが『山城三十山記』の上下二巻本です(註1)。わたしは一年生の夏から山城三十山を登り始めて、四年生の春までに完登しました。そのことは非常に役に立っております。実は、山歩きの役に立ったのと同様に、これがわたしの文筆業のスタートだといえましょう。

中嶋　京都一中のころですから、一九三二〜三六年ですね。

梅棹　この本は一九三四年に『上篇』が、三五年に『下篇』が出ています。それは今でも持っています。ガリ版刷りですが、『上篇』九〇ページ、『下篇』一七一ページのちゃんとした本です。

中嶋　それは梅棹先生のその後の膨大なご著作の、最初の本になるのでしょうか。

梅棹　そうです。一番最初の著作物で、一五歳のころの話です。『上篇』は一年上の大橋秀一郎《ひでいちろう》が編集を担当し、『下篇』はわたしが編集して、それぞれ一冊の本にまとめたんです。

中嶋　『山城三十山』という本を書店でしらべてみたら、現在も日本山岳会京都支部編纂で出版されているんですね（註2）。

梅棹　それは、わたしたちがつくった『山城三十山記』とは別物で、日本山岳会京都支部がつくった新しい本です。いまの人たちも、かつてのわたしどもと同じように三十山の完登をめざして、一所懸命登っておられるそうです。

（註1）京都府立京都第一中学校山岳部　前掲書　二六ページ

（註2）日本山岳会京都支部（編著）『山城三十山』一九九四年一一月　ナカニシヤ出版

日本アルプス縦断

中嶋　その後、先生は第三高等学校すなわち三高へ進学されるわけですが、この三高時代に本格的に京都を離れて……。

梅棹　そうです。中学生のときは、北山の他はせいぜい滋賀県の比良《ひら》ですね。それから奈良県の高見山、国見山、大台ケ原山、それから大峰山の山上ケ岳（一七一九メートル）まで足を延ばしております。しかし、信州には一歩も足を踏み入れまいと思っていました。

中嶋　「踏み入れまい」ですか。それは主義かなにかで。

梅棹　日本アルプスは中学生などが行くべき所ではないという感じがしていたんですね。それが高等学校に入ったら、とたんに最初から日本アルプスです。

中嶋　一年生のころですね。

梅棹　わたしは通常よりちょっと早く、一六歳で高校に入りましたが、入学と同時に山岳部に入部しました。そして、その年の夏に、上級生に連れられて三人で日本アルプスへ行ったんです。どこへ行ったと思われますか。実に変なところなんです。槍ケ岳とか白馬とかそういうところと違うんです。伊那谷の飯田で汽車を降りて、飯田から小川路峠《おがわじ》というおおきな峠があります。今はもちろんバスがとおっていると思うんですが、その当時は乗物はなかった。

中嶋　会場の皆さま、行程がお分かりですか。

梅棹　小川路峠を一日かかって越えますと、遠山川流域に出る。そこで東の山にとりついて南アルプスの主脈をめざすと聖岳《ひじりだけ》です。兎洞《うさぎぼら》という非常に悪い谷を真っすぐさかのぼって、聖岳のすこし北にある兎岳《うさぎだけ》にとりつき、それから稜線を北へたどりまして、赤石岳、小河内岳《こごうちだけ》、塩見岳まで行きました。そこから三伏峠《さんぷく》にもどって伊那谷にくだり、そこで南アルプスを終わりました。

その後、松本に出て北アルプスにむかったわけですが、そのときにどういうふうに行ったのか記憶が怪しいんです。上高地まで一気にゆけないので、松本で一泊しました。そのあと上高地に入っているんです。上高地をずっとつめまして、槍ケ岳に登っております。それから三俣蓮華《みつまたれんげ》をへて黒部源流へおりた。黒部源流というのは、ずっとわたしの山行きを育んでくれた故郷みたいなところです。黒部川をおりて、あの辺の山をつぎつぎと登っているんです。黒部五郎岳、それから薬師岳などに登って、最後に有峰におりました。

中嶋　たいへんな行程ですね。

梅棹　一ケ月ちかくかかっています。

中嶋　ほとんど夏休みいっぱいという感じでしょうか。

梅棹　高校一年生のひと夏で南アルプスと北アルプスの両方を経験したわけです。これでいっぺんに自信をつけました。黒部源流はずっと沢歩きです。黒部五郎岳はご存じだと思いますが、おおきなカールがあります。カールの横が全部岩壁ですね。そこで岩登りもやりました。

スキーざんまい

中嶋　それが一年生の夏で、次にまた冬にこられたんですね。

梅棹　冬になったら、とたんに冬山のトレーニングが始まりました。わたしたちはそのときにみっちり山スキーをたたき込まれたのです。場所は、北安曇《きたあずみ》郡の南小《みなみお》谷《たり》村です。当時は大糸線が貫通していなくて、大糸南線、大糸北線といって切れていたんです。南線をずっと北上しますと、南小谷という駅があります。今どうなっていますかな。

中嶋　ございます。

梅棹　ありますか。そこでおりて蕨平《わらびだいら》という山村、本当に山の斜面にしがみついたような村に行っているんです。そこで合宿して、毎日、徹底的に山スキーをたたき込まれた。だから、今は盲人ですのでだめですが、目がみえていたときはちゃんとスキーができたんです。

中嶋　よく自慢しておられましたね。たしか正統何とか派……。

梅棹　正統アールベルクです。シュテム・ボーゲンから始まって、クリスチャニアにいたる。ただ、途中からわたしはテレマークを導入しました。シュテム・テレマークというふしぎな技術です。今、あんなことやっている人はいらっしゃらないと思うんですが、最後までシュテム・テレマークでした。

中嶋　そして冬の日本アルプスに何度も行かれたわけですか。

梅棹　そのとき、山スキーを習って、いきなり白馬山群にとりついているんです。

ゲレンデ・スキーと違って山スキーです。白馬乗鞍から小蓮華山に登りました。小蓮華というのは、要するに白馬本峰が大蓮華なんです。それのちょっと北にピークがひとつあって、これが小蓮華で、白馬本峰の弟分みたいなものです。そのときにみっちりとアイゼン・テクニックを教えこまれた。だからひと冬で、積雪期登山のひととおりの技術をこなしていきました。

中嶋　その後、何度も小谷村の蕨平の方には、いらっしゃったのでしょうか。

梅棹　毎年毎年、ずっと戦後も続いております。

中嶋　戦後もですか、ずっと……。

梅棹　ずーっとです。最後に行ったのが一九八三年の夏ですから、もう二〇年近く前ですね。そこの一軒の宮嶋さんというお家に三高時分からやっかいになっていました。宮嶋家とは、勘定してみますと、わたしは四代のおつき合いしているんですよ。

中嶋　たしか民宿をされていたんですね。

梅棹　今でもずっと民宿をやっていると思います。蚕をやっていて、蚕室があるんです。冬は蚕室が空いているので、そこが合宿所になる。そこに三高山岳部の連中が毎年合宿をしていたのです。戦後、旧制の三高も京都一中もなくなったんですが、一中の系統が新制になって、洛北高校と鴨沂《おうき》高校の二つになりました。これらの山岳部の合宿所も蕨平の宮嶋家になっています。戦後に、わたしはその二つの高校の山岳部に、スキーのヘッドコーチとして、毎年高校生にスキーを教えていたんです。

中嶋　このように先生は、信州にたいへんご縁の深いかたですが、他にも八ケ岳などいろいろ行かれたようです。ところで、先生の三高時代は一九三六年から四一年までですから、計算しますと二年ほど余分にいってらっしゃるんですね。これはやはり山がたたったわけですか。

梅棹　たたったのかどうか知りませんが、ふつう高校は三年で卒業できるんですが、わたしは五年おりました。旧制高校では、ここの松本高校もそうだったと思いますが、同じ学年を三回やることはできない。二度続けて落第したら追放になるんです。除籍です。

中嶋　除籍寸前までいかれたのですか。

梅棹　いや、二度落ちましたからね。学問をやってもこの男はだめだというので追いだされた。ところが除籍になったときに、先輩や同級生たちが奔走してくれましてね。手わけして教授連を個別訪問し、助命嘆願をしてくれた。それが功を奏しました。一番有効に働いた理由が、わたしが山岳部のプレジデントであったということでした。山岳部では伝統的にキャプテンとは言わないのです。

中嶋　プレジデントですか。

梅棹　わたしは二年生でありながらプレジデントをやっていた。これで助かった。陳情に行くとその話が出るわけです。そうすると、その先生が、なぜそれを一番に言わないのかといわれる。やっぱり旧制高校というところは、いいところでしたよ。とにかく山岳部のプレジデントというので助かって、追放する前に、いちおう一学期間だけ様子を見てやろうということになったのです。しょうがないから、わたしは一学期間は山をやめました。そしてまじめな顔で講義を聴いたんです。

白頭山、大興安嶺、そしてモンゴルへ

中嶋　それが功を奏して、なんとかご卒業できたわけですね。卒業前には、北朝鮮のほうに遠征されたとうかがいました。たいへんな山に登られたそうですね。

梅棹　白頭山です。一九四〇年の夏でした。

中嶋　高校生活最後の年ですか。

梅棹　夏に三人で白頭山遠征をやったのです。それは遠征というような大げさなものではなくて、京都北山を歩くのと同じような軽装備、同じようなやりかたで、朝鮮半島北部の山やまを歩こうというものでした。日本海岸から冠帽峰《かんぼうほう》連山と摩天嶺《まてんれい》山脈を越えると鴨緑江源流に出ます。鴨緑江源流をつめまして、白頭山にとりついた。白頭山から北を見ますと、ものすごい大樹海なんですよ。原始林です。それを真っすぐ北へ降りたんです。ここは全く前人未踏の地、誰も通ったことがない。陸地測量部がつくった未公開地図がいちおうあったんですが、空白地帯だらけの不完全なものでした。全然信用できない。無茶な話なんですが、わたしには、それでも行けるという確信があったんです。悪戦苦闘しながら六日かかって大樹海を突破して北へくだり、満州側の警備隊にたどりついたわけです。この踏査行によって、地図のまちがいがあきらかになり、わたしたちは、第二松花江源流の確認者という地理学上の栄誉をになうことになったのです。

中嶋　太平洋戦争がはじまる一年前ですから、暗い時代だったと思うのですが、そのときに朝鮮半島から中国側へ国境地帯を横断されたということですね。その後、先生は一九四一年に京都大学理学部に入学されて、動物学を専攻されました。そこでまた、あいも変わらずというと怒られてしまいそうですが、いろいろな所へ行かれるわけですね。ミクロネシアなどへも出かけられたようですが、なかでも大きな探検というと、一九四二年の大興安嶺の旅でしょうか。大興安嶺というのは、朝鮮半島の北西、もっと奥の方ですか。

梅棹 ずっと北です。黒竜江の上流になります。黒竜江というのは、当時の満州国の北とシベリアとの境を流れている大きな川です。

中嶋 現在の地図でいうと、中華人民共和国に入りますね。

梅棹 もちろんそうです。その東北地方の西のモンゴル国よりに巨大な山脈があります。それが大興安嶺です。これも全く地図のない白色地帯でした。今西錦司先生がリーダーで、隊員は全員が現役の学生でした。その探検隊に参加したのです。白色地帯の中心部を縦断して無事に黒竜江の上流にでて、黒河まで船でくだりました。

中嶋 もう太平洋戦争が始まっていましたか。

梅棹 一九四二年ですから、すでに始まっていますよね。

中嶋 そのさなか、北部大興安嶺を縦断された。そしてその後に、中国に渡られたんですか。

梅棹　一九四三年には、わたしは卒業論文を書いておりました。四四年、今西先生が、華北の張家口市に新しくできた西北研究所という学術研究所の所長に就任されるという。わたしは志願して今西先生について行ったんです。それで、モンゴルで二年間暮らしております。

中嶋　張家口といいますと、北京からちょっと北へ行ったくらいのところですか。

梅棹　北京からずっと西へ、パオトウへ行く途中ですね。

中嶋　張家口自体はモンゴルではないですね。そこを拠点にして……。

梅棹　今は中国の河北省です。しかし当時は蒙古自治邦という半独立国の首都でした。政府の要人はモンゴル人です。主席といいますか、大統領にあたる人は徳王という人で、モンゴル人でした。当時、わたしはすでに結婚しておりまして、女房をつれていってたんですが、女房を張家口において、冬のモンゴル草原に行ったんです。モンゴルでは冬じゅう、ウマとラクダで、まさに寒風吹きすさぶ大草原を歩きました。

中嶋　モンゴルでのご研究が後の遊牧民の研究というか、先生のコアなご研究になっていくわけですね。

梅棹　一九九七年にうれしいことがあったんです。国際モンゴル学会が五年にいちどウランバートルに集まって大会をひらくのですが、そこがモンゴルでのわたしの仕事を認めてくれて、わたしを名誉会員にするといってきた。わたしは、目は見えませんが、思い切って行ってきました。

中嶋　えっ、ウランバートルまで出向かれたのですか。

梅棹　はい。ウランバートルは一九八三年にいっぺん行っているんです。その時は新潟からハバロフスク、イルクーツク経由で、モンゴルにたどり着くのに何日もかかった。いまは関西国際空港から直行便でウランバートルまで四時間。便利になったものです。そして、称号授与式に出席して、ディプロマといいますか、賞状をいただいてまいりました。

アフガニスタンへの学術探検

中嶋　さて、この話をずっと続けているとこれだけで終わってしまいますので、多少端折《はしょ》ります。一九四六年に中国から帰国して京都帝国大学の大学院にもどられたわけですが、その後、大阪市立大学に奉職されました。でも、お住まいなど本拠地はずっと京都にあって、いわゆる京都学派の中でずっとご活躍されたわけですね。この時代、先生の登山歴、探検歴の中で有名な話がいくつかあります。そのひとつがヒマラヤのマナスル登山計画。京都大学学士山岳会の話でしたか。

梅棹　京大にＡＡＣＫという登山団体があるんです。これはアカデーミッシャー・アルペン・クルップ・ツー・キオトの略で、ドイツ語で言うことになっていて、ＡＡＣＫ、アーアーツェーカーです。わたしはこれの戦前の最後の会員なんです。そこが一九三〇年代からヒマラヤ計画を練っておったんですが、戦争でなかなか実現しなかった。戦後、それがいよいよやれるようになったんですが、いろいろないきさつがあって、ＡＡＣＫで立案した計画を全面的に日本山岳会に委譲したんです。日本山岳会がやるということで、例のマナスル計画が始まった。わたしはそれの参謀本部づめの参謀将校だったんです。わたしも参加するつもりだったんですが、直前になって脱落した。肺結核になってしまったんです。

中嶋　一九五二年のことですね。

梅棹　ご承知のように、日本隊は一九五六年にマナスルに登頂いたしました。そのときの登頂者、今西寿雄《としお》という人は今西錦司とは姻戚関係などない人です。わたしとは、戦前に一緒に樺太を歩いたりした非常に仲の良い先輩なんです。

中嶋　このときは、結局ヒマラヤへは行けなかったのですね。しかし、一九五五年のカラコラム・ヒンズークシ学術探検隊には参加されました。

梅棹　病気のほうは療養のかいあって、だいたい良くなってきたんです。それで決心をして、カラコラム・ヒンズークシ学術探検隊に入ったんです。行った先がいま、毎日のニュースをにぎやかしておりますアフガニスタンです。だからニュースに出てくる地名は全部よくわかっております。

中嶋　カラコラム・ヒンズークシ学術探検隊のうち、先生が参加されたのはヒンズークシ隊の方ですね。その目的は？

梅棹　一三世紀、モンゴル帝国はだいたい四つのハーン国からできていました。ハーンというのは皇帝です。そのひとつがイル・ハーン国。これがイランの王朝、ペルシャです。ここには、モンゴル本国から支援するためのモンゴル人部隊がどうもいたらしい。モンゴル帝国が衰退しても、モンゴル人部隊の子孫はそのまま付近にのこったようです。現代になっても、まだモンゴル語を喋っている人たちがいると噂が流れてきて、それを確かめに行ったんです。

中嶋　ご著作に出てくる「モゴール族」のことですね。

梅棹　モゴールというのはイラン語、むこうではペルシャ語ですが、モンゴル人のことです。その人たちを捜しに行った。首尾よく見つけてモンゴル語を確認して帰ってきました。その時にだいぶヒンズークシの山の中を歩きましたね。

中嶋　現在、アフガニスタンはさかんに報道されていますが、いわゆるタリバンを構成しているのがパシトゥーン人。北部同盟にはさまざまな民族が加わっているようですが、モゴール族の話は出てまいりません。非常に少数の民族なのでしょうか。

梅棹　ものすごく小さい民族ですから、問題にならない。ただ、北部同盟にハザーラというのが入っています。わたしどもが見つけたモゴールというのはモンゴルの後裔ですけれども、完全に地中海人種の顔をしています。彫りが深くて、全然モンゴル顔じゃないんです。ところがハザーラは完全にモンゴル顔です。それの方がずっと数が多いんです。しかもハザーラは完全にモンゴル語を忘れておりまして、今あそこの言葉はダーリー語、あるいはファルシーといいます。ファルシーとはペルシャ語のことです。わたしはアフガニスタンのカーブルで、ハザーラ人にファルシー語を習いました。ハザーラは人数もだいぶ多いです。今では北部同盟のかなり有力な一部になっているでしょう。

中嶋　一九五五年といいますと、まだカブール周辺にはそれほど日本人がいなかったのではありませんか。

梅棹　四、五人くらいでしょうか。あそこはいま日本では、ラジオでもテレビでもみな「カブール」と言いますが、非常に耳ざわりでね。ほんとうは「カーブル」なんですよ。

中嶋　現地の方は「カーブル」というんですか。

梅棹　一どでも現地を踏んだ人なら、日本人でも、みんな「カーブル」というはずです。「ブル」というのはイスタンブルのブルと同じですね。あれも日本ではどういうわけか「イスタンブール」という。

中嶋　「イスタンブル」……、いい勉強ができました。その後もほうぼうへでかけておられるのですが、ふしぎな運命の綾といいますか、あまり高い所へは登られずに、どちらかというと低い所ばかり、横に広がっていくというかたちで……。

梅棹　水平志向です。

中嶋　もともとが垂直志向で、やがて水平志向へ変わっていかれたのですね。皆さまは梅棹先生のことをどちらかというと探検のほうでご存じだと思いますが、その後も山を愛する気持ちは変わらないと良くおっしゃっていました。実際、山登りも何度か試みられたとうかがっております。

梅棹　一九六三年から六四年にかけて、アフリカのタンザニアで長期間仕事をしていました。その時にキリマンジャロ（五八九五メートル）に登っているんですけれども、頂上まで行けなかった。

中嶋　どうされたんですか。

梅棹　足を痛めまして、それでだめだったんです。最後の小屋まで行っておりますから、もうすこしのところだったんですが。

山の生物学

中嶋　さて、山岳科学フォーラムということですので、お話も山岳科学と徐々に関連づけていかなければならないかと思います。わたしどもが山の研究をするということになった場合、はたしてどういった切り口があるのかということを、先生のご体験にもとづいてお教えいただけますでしょうか。例えば生き物、生物についてはどういったことがあるか、少しお話いただけますか。

梅棹　さっき申し上げましたように、わたしはもともと昆虫少年でした。昆虫採集は高等学校までやっています。それで、最初の日本アルプス経験というのが遠山郷です。遠山郷の村で泊まったときに村はずれまで歩いて行ったら、傾斜地に畑が展開している。その丘のてっぺんに大きなエノキの木が何本かありました。そのエノキのまわりをオオムラサキが飛んでいるんです。オオムラサキはタテハチョウ科の最大のチョウです。みごとな紫色に輝いている。これが日本の国蝶なんです。わたしはそこで初めて野生のオオムラサキを採りました。もう大感激で、それ以後も、ずっと昆虫の採集は続きました。朝鮮半島の冠帽峰連山でもチョウの採集はしております。

中嶋　たくさん標本をつくられたのですね。

梅棹　はい。大興安嶺には、日本では大雪山あたりにしかいないウスバシロチョウという実に優美なチョウがいるんですけれども、そういうものが普通に飛んでいる。それから、おびただしいヒョウモンチョウの群れがいる。数だけではなく、種類が多い。それをたくさん採って標本にしております。チョウの標本は持って帰って、全部、上野の国立科学博物館に入っております。そのとき、わたしは散弾銃を持って歩いていましたので、鳥の標本を一〇〇種ぐらいつくっております。現地で毎日キャンプにつくと、撃ち落とした鳥の皮をくるくるっとむいて、岩塩をなすりつけておく。それを日本へ持って帰って専門家に本格的な標本に仕立て直してもらうのです。鳥の標本は今、京大の動物学教室にあるはずです。

中嶋　昆虫に鳥……。

梅棹　そのときにわたしが卒業論文としてやった仕事は、大興安嶺の黒竜江源流にすんでいる魚のコミュニティーの研究なんです。非常にたくさん、マス科の魚がいるんです。

中嶋　先生は、結構、魚釣りもなさるということで……。

梅棹　京都大学河川上流釣り組合というのがあったんです。

中嶋　組合ですか。大学に釣り組合があったんですか。

梅棹　大学の教官が加入しているんです。アマゴが目標なんです。

中嶋　アマゴというと関西の言いかたですね。

梅棹　関東ではヤマメと言います。上流へ行くとアマゴとイワナがいます。イワナはいくら釣ってもダメなんです。イワナはいくらでも釣れるんです。アマゴのほうはものすごく難しい。アマゴを一匹でも釣ったら、河川上流釣り組合で三級の免状が出るんです。

中嶋　免状がでるんですか。

梅棹　わたしはまずそこからスタートしました。それから今度は上級者と同じ谷に入って、腕を競うわけなんです。それで勝ったら二級に昇進できる。わたしは二級までいきました。一級は、毛針を使いこなすとなれるんです。わたしは毛針は使えなかったので二級止まり。アマゴはずいぶん釣りました。河川釣りですから、そうとう広く各地の川で釣っているんです。大興安嶺では、巨大な一メートルぐらいのマス科の魚がいるんですよ。イトウです。それと少し小型の三〇センチくらいのやら、もっと小さいのやら、いろんなマス科の魚がとれます。その魚の群集構造というのが、わたしの卒業論文なんです。

中嶋　拝見したことがございます。魚の話をすると止まらなくなるみたいですので、魚はこのくらいにして、魚以外、動物ではどういったものをご覧になりましたか。クマやカモシカなどいろいろなものをご覧になったそうですね。

梅棹　いろんなものに遭遇しております。大興安嶺には巨大なシカがいます。シカ一頭をしとめますと、一〇人ぐらいが一〇日間ほど食えるんです。ウマより大きいですからね。角《つの》がべたーっと広いシカで、エルクと言います。日本語ではヘラジカという名前が一番通るかもしれない。エルクとムースは、ヨーロッパとアメリカでは名まえが逆転していて、ちょっと厄介なんです。それからノロシカがたくさんいました。

地学と雪氷学

中嶋　動物や植物などの生物研究が、やはり山岳科学のメインの研究になっていくのでしょうか。

梅棹　はい。それと、話がまた遠山川に戻りますが、遠山川という線は、フォッサマグナの南、北は糸魚川です。フォッサマグナというのは日本列島がべりっと二つに割れた、大割れめです。これがまさに長野県信州の真ん中を南北に走っている。地帯構造線です。そういう日本列島の地帯構造というのも非常におもしろいテーマで、もし山で地学をおやりになったかたは、ぜひともこの地帯構造論をやっていただきたいとおもいます。

わたしの親友で、白頭山以来、大興安嶺もずっと一緒に行動してきた藤田和夫という人がいます。のちに大阪市立大学の教授になりました。この人は地帯構造論が専門で、最近でも阪神淡路大震災の理論的予言者です。あの大地震のときに、しばらく連絡がとれなかったんです。彼は、芦屋に住んでいるので心配していたわけなんですが、電話でやっと連絡がついた。彼の第一声は「おれの学説は完全に証明された」というものでした。わたしが「家はどうやった」と聞くと「家はつぶれた」と。わたしは彼の科学者魂に感動しました。

中嶋 見習わなければいけませんね。昨日もフォーラムの中で造山学とか、地学的なお話が随分あったのですが、そういったジオロジー以外の部分でも、大切な研究などございますか。

梅棹 地形学もおもしろいと思いますよ。わたしが最初に日本アルプスに踏み込んだときに感動したのは、カールの存在なんです。薬師岳から黒部五郎岳の東面です。おわんのようにえぐれている。あれを見て、本当に感動しました。日本には残念なことに氷河時代はなかった。本格的な氷河はなかった。しかし、カールは氷河の産物ですね。薬師岳のもっと北側、立山の方にもあります。立山の剱沢の万年雪は氷河の赤ちゃんでしょうな。しかし大きな氷河は日本ではついにできなかった。これは雪と氷の学問、雪氷学です。これも非常に大きな分野です。日本では名古屋大学に水圏物理学の研究所があります。そこに樋口敬二という人がいまして、かれは中《なか》谷《や》宇《う》吉《きち》郎《ろう》先生の弟子で、雪氷学をずっとやっている。

中嶋　実は梅棹先生のあとでお話をされる渡辺興亜《おきつぐ》先生も、昨日お話をうかがいましたらこの辺のところがご専門で、日本雪氷学会の副会長でいらっしゃるそうです。後ほどまたコメントをいただければと思います。

梅棹　雪氷学もたいへんおもしろい分野だと思います。

中嶋　日本には本格的な氷河がなかったというお話ですけれども、そうなると世界の氷河の研究をわれわれがやっていくべきだとお考えでしょうか。

梅棹　そうでしょうな。ヒマラヤに行ったら巨大な氷河がいくらでもありますから。とくにわたしがさっきいいました、カラコラム・ヒンズークシのヒンズークシのほうには氷河はありませんが、カラコラム、今の国でいうとパキスタンですね、あそこに巨大な氷河がのたうっています。あれはおもしろいと思いますよ。

中嶋　ごらんになられたのですか。

梅棹　わたしはヒンズークシ隊だったので見ておりません。カラコラムへは踏み込んでいないんです。アフガニスタンには氷河がない。しかし、もっと北のチベットでわたしは初めて氷河を見ました。氷河の末端まで行っております。それからずっと西の天山山脈のほうには氷河があります。パミールですね。雪氷学は山の学問としては、世界的にたいへんおもしろいテーマだと思います。

登山の歴史

中嶋　ここまでどちらかというと、理系のお話をずっとお聞きしてきました。先生はもとは理学部ご出身ですが、民族学さらに比較文明学へとどんどん専門を移してゆかれたわけです。山との関連で、文科系的な研究領域について少しお話いただけますでしょうか。

梅棹　ひとつは山岳史、山の歴史ですね。これはヨーロッパでは非常に盛んにやっております。ついでに、わたしの経歴の中から拾いだして申しあげますと、わたしの高等学校時代には、京大に山岳部はなかったんです。京大では旅行部と言っていました。

中嶋　ＡＡＣＫはあったけれども、山岳部はなかった。

梅棹　山岳部とは名のらなくて旅行部という名前でした。まるで温泉めぐりでもするような名前ですけれども、実は先鋭なる登山団体で、ここでヒマラヤ計画をやっていました。ここには山岳文献のすばらしいコレクションがあったんです。京大旅行部が山岳文献を集めるきっかけとなったのはドーント文庫でした。一九二八年のことだそうですが、神戸在住のイギリス人貿易商で登山家のドーントさんが日本をひきあげるに際して、その蔵書を処分したいという。この話を京大が聞いて実物を見にいったのですが、ずいぶんと値の高いものでで手がでなかったそうです。それでどうしようか迷っていたとき、幸いなことに秩父宮殿下が京大にこられた。そしてその話を聞いて、ぜひ買うべきだとおっしゃったのです。

中嶋　ツルの一声。

梅棹　それでいっぺんに話がまとまって、その蔵書が京大旅行部にきたんです。その後、ドーント文庫を核として、山岳文献の拡大・増加がはかられたのでした。京大旅行部のライブラリーはヨーロッパ登山史の宝庫でした。わたしは三高生だったんですが、京大旅行部の部室へ通ってむさぼりよんだものです。そのなかには本当にいろんなものがありました。例えばスイス山岳会、ドイツ山岳会の会報もありました。わたしは、このライブラリーでヨーロッパの登山史について、ひととおりの知識を身につけることができたのです。例えば、わたしが覚えているのは、J・グリブルという人の『ジ・アーリー・マウンテニアーズ』です（註）。内容はアルプス登山史の黎明期から入っている。ペトラルカが出てくるんですよ。いまはイギリスが主導権を持っていますけれども、ヨーロッパ人のアルプス開拓の歴史ですね。それを読みました。ヨーロッパは古くから山と関係があります。特に登山史というより、アルプスをどうやってヨーロッパ人が手なづけたかという歴史です。一番古いところでしたら、前三世紀のハンニバルです。ハンニバルがポエニ戦争で、ローマ攻めをやるわけです。ジブラルタルからスペインにあがるでしょ。ずーっときたらフランスとイタリアの国境はアルプスです。

中嶋　ハンニバルが越えたところは、だいたいわかっているのですか。

梅棹　推定はついています。それを綿密に論証している人がいるんです。

中嶋　ローマ時代からの歴史を、いわゆる登山史としてまとめたものですね。

梅棹　ハンニバルがゾウ軍をひきいてアルプスを越えてローマに殺到してくる。それをローマの将軍スキピオが迎え撃つというようなところから始まっている。こんな話が山の本にかかれているわけですよ。実におもしろいんです。

中嶋　まあ、アルピニズムの歴史っていいますか、そういったものと……。

梅棹　山岳史は、日本ではまだ未開拓なところがたくさんあります。例えば一六世紀に冬の立山越えをやった人物がいる。

中嶋　えっ、そうなんですか。

梅棹　佐々成政《さっさなりまさ》といって、のちに豊臣秀吉に仕えた武将です。

中嶋　その人物が立山を越えたのですか。

梅棹　時期は一一月の末だということになっている。最後は悲劇的な死を遂げた人ですけれど、とにかくこの人が部下をそうとう引き連れて、立山を越えたというんです。どこで越えたか。これは非常におもしろい。わたしは見当をつけていっているのですが、佐良《ざら》峠を越えた。

中嶋　佐良峠ですか。

梅棹　あそこ以外考えられない。佐良峠とちょっとコースが違うんですが、立山の東面に内蔵助平《くらのすけ》というところがありますね。山の中が小さな盆地になっている。内蔵助というのは佐々成政のことです。それとどうも関係があるかもしれない。それはとにかく、御前谷《ごぜん》を下りると黒部本流にあたる。黒部川をどのようにして渡ったのか。わたしはあの辺をよく知っておりますが、容易なことでは渡れませんよ。しかし、ひょっとしたら一一月なら渡れるかもしれない。もう氷結していますからね。川は流れています。わたしはあの黒部川の上流へ三月に行っているんです。三月ですと、両岸から雪崩がでて、いたるところにスノーブリッジがあるんです。だから、上流はなんとか渡れるんです。ところが、上の廊下の下流はたいへん渡りにくい。それをどうして渡ったのかは、よくわかりません。とにかく、これを渡ったとしましょう。そうなると針ノ木峠に出る。それを越えて大町へ出た。しかし、この話は同時代資料がまったくないので、本当かどうかわかりません。そういう歴史の話がたくさんあるんです。

中嶋　いわゆる登山史の中で、先生のお話では、明治以降の近代アルピニズムが確立するずっと以前から、山に登った人がたくさんいたというお話ですね。

梅棹　例えば明治以後、近代アルピニズムが始まってから剱岳を登ったら、剱岳の上に、錫杖《しゃくじょう》があったんですよ。

中嶋　錫杖というと、修験道の……、山伏が手にしているやつですね。ということは……。

梅棹　修験道の坊さんが、ずっと昔に剱岳に登っている。修験道というのは、山岳研究の中で非常におもしろいテーマになると思います。大峰山系は役行者《えんのぎょうじゃ》すなわち役小角《えんのおづぬ》が修験道の道場として開いたということになっています。そのとき従者として二匹の鬼を連れていたという。前鬼《ぜんき》と後鬼《こうき》です。のちに前鬼と後鬼が、それぞれ大峰山の山中に村を開いたと言われています。

中嶋　大峰山というと、奈良県の南の方ですね。

梅棹　大峰山系はだいたい標高が二〇〇〇メートルに満たないんですが、非常に険阻な山です。わたしは中学時代にそれを縦走しました。前鬼が開いた村は南の登山口にあって、山の中腹のちょっと広い所で、耕地も水田もありました。後鬼が開いた村は、北の登山口の洞川《どろがわ》です。そういう伝説がある。とにかく修験道は、各地にいろんな遺跡が残っているんです。山形県の羽黒山などもそうです。

（註）GRIBBLE　前掲書　三二ページ

山村生活の研究

中嶋　伝説、伝承というお話が出てまいりましたが、実は昨日も、香月洋一郎《かつきよういちろう》先生から民俗学的な立場での山岳研究のお話があったのですが、民俗学の観点からも研究すべきテーマが数多くあると思います。

梅棹　あるでしょうね。昨日、すでにお話が出たかもしれませんが、日本民俗学を開いた柳田国男先生の指導しておられたグループに、「山村生活の研究」というチームがあります。そこが全国の山村の総合調査をやったことがあるんです。ただ、その山村として選び出したのは、現代のわたしたちから見てちょっと納得しがたい点はあります。なぜ、これが山村の代表になるのか、疑わしい面もあります。

中嶋　日本全国の山村をセレクトして調査したということですか。

梅棹　代表的な山村と思われる村をいくつか選んで調べたのです。柳田さんという人はたいへんな所まで行っています。高野山の奥のほうに野迫川《のせがわ》村という山村がある。そこは平家の落ち武者伝説がある村なんですが、いろいろとおもしろい風習があるところです。一九五一年にわたしはそこへ調査に入ったことがある。その後、たまたま柳田先生に会う機会があって、「このごろは山奥までトラックが入るようになって、便利になりました」と言いましたら、「どこへ行った」ってたずねるんです。「奈良の野迫川です」と答えますと、「あ、あそこはな」ととうとうとやる。驚きました。ちゃんと行っているんですね。あの人は全国の山村をかなり歩いています。山村の研究もまだまだ未開拓でおもしろいと思いますよ。伝承や民具の研究など開拓の余地がある。例えば輪かんじきの研究などはずいぶんやっていますね。

中嶋　輪かんじき。かんじきですか。

梅棹　わたしたちは「輪かん」と言っています。輪かんは、全国でいろんなタイプがあるんです。信州は一つの大きなブロックをなしていて、おもしろいタイプのものがいっぱいあります。これをはじめ、山村の民具の研究など、まだまだやる余地があると思います。

中嶋　なるほど。山村生活といいますと、民具以外にも、衣食住全般に関わるものがあるかと思うんですが。

梅棹　衣食住は、ずいぶんおもしろい話が出てくるでしょうね。

中嶋　はい。確か国立民族学博物館に、秋山郷の家をそのまま移築した展示があったような気がするのですが……。

梅棹　家をそのまま持ってきました。

中嶋　やはり建築なども独特の様式だったわけですか。

梅棹　そうだと思います。いろいろなタイプのものがあるんです。衣食住の他に民間伝承、物語がたくさん残っておりますから。

オロロジーとオログラフィー

中嶋　ずいぶんと話が多岐にわたりましたが、文科系的なものと理科系的なものと、いろいろな立場から山岳科学研究ができるということなのですね。もう少し話を膨らませて、山岳科学全体についてお話をうかがいたいと思います。今回、先生にご講演のお願いをするときに、新しい学問領域として、山岳科学というものを信州大学でつくるというお話をいたしました。それで是非ご講演をと申しあげましたら、それはおこがましいとやんわり怒られました。要するに山岳科学が新しいというのはちょっとおこがましいやないかと。その辺りのお話なのですが、山岳を対象にした研究は今たくさんお話がありましたけれども、きちんとしたものはございますか。

梅棹　昔から、ヨーロッパ起源だとおもいますが山岳学というのがあります。

中嶋　山岳学？

梅棹　オロロジーです。

中嶋　オロロジー？　すみません、スペルは？

梅棹　OROLOGY。個別的に各山の個性を記述していくのがオログラフィーといいます。山岳誌です。実は明治以来、日本にも伝統があります。明治のおわりに、『日本山嶽志』という大きな本が出てるんです（註）。これを書いたのは高頭式《たかとうしょく》（仁兵衛）で、全国の山について、個別的に記載してあります。この人は新潟県の豪農で日本山岳会の二代会長です。

中嶋　日本でも明治以降、そういうオロロジーに類別されるような研究もあったわけですね。

梅棹　あったと思います。確かにまだまだやることはありますが、少なくとも明治時代からは、そういう伝統があったということを忘れないでいただきたい。

中嶋　はい、わかりました。肝に銘じます。

（註）高頭式（編）『日本山獄志』一九〇六年二月　博文館
この本にはつぎの復刻版がある。
高頭式（編）『日本山獄志』　日本山岳会（企画・編集）「日本山岳会創立七十周年記念出版
覆刻　日本の山岳名著」一九七五年一〇月　大修館書店

山の本

梅棹　日本は山の研究についても、そうとう伝統のある国なのです。こんど山岳研究の拠点をおつくりになるというのは、たいへんけっこうなことだと思います。そのときに、ぜひとも山岳図書の大コレクションをここにつくっていただきたい。全国に公開できるような形でですね。

中嶋　学長も会場におりますので、きっと特別予算で購入してくださると思います。

梅棹　そうしてください。さきほどお話しました京大旅行部の山岳文献コレクションは、ざんねんながら、戦後まもないころ火事で焼失してしまったのです。今、日本に山岳図書のコレクションで大きいものはありません。京都大学には多少あります。さきほど言いましたＡＡＣＫが努力して、いろいろな補助金をもらったりして、国際登山探検文献センターというのをこしらえたんです。それでずいぶん本を集めました。このライブラリーには旧制三高山岳部の蔵書もすべてふくまれています。これは現在は京大の図書館にはいっています。ＡＡＣＫは会員が持っている山の本を集めただけではなくて、新しく買いました。このためにロンドンまで買い出しに行ったんです。

中嶋　本をですか。

梅棹　やはり山の本を買うにはロンドンへいかないとだめなんです。ヒマラヤの本はカルカッタ（現在のコルカタ）です。カルカッタの古本屋へ行けばあるんです。しかし、京大には英語、ドイツ語の本はありますが、イタリア語やフランス語のものは多分ないと思います。まだまだ集める余地はあります。じつは、「日本山書《さんしょ》の会」というのがあるんです。全国で山の本の好きな人が集まって作っている会です。京都商工会議所の副会頭の小谷隆一《こたにりゅういち》という人がおりまして、この人はだいぶ古いですが、ここの旧制松本高校出身で、北杜夫と同級くらいだったと思います。

中嶋　じゃもう、商工会議所の方は退かれていますか。

梅棹　そうかもしれません。わたしよりすこし若い。その人が山書の会の有力メンバーで、ずいぶん本を集めているんです。この種の山岳書の拠点をぜひとも信州大学に作っていただきたい（註）。

中嶋　なるほど。いいご提案をいただきました。ぜひがんばって集めたいと思います。

梅棹　ついでに申し上げますが、古本屋に頼んでおけば、今ならまだ旧制高校や大学の山岳部の報告書が手に入るはずです。これを集めていただきたい。

中嶋　国際的な文献と別に、日本の登山史ですか。

梅棹　日本登山史というと、スポーツの話かとバカにされるかもしれませんが、これは日本文明史の大きなひとコマなんです。今、山岳部はどこもはやらない。アルピニズムは日本でも一九三〇年くらいから非常に盛んになりました。高校、大学の山岳部、登山団体です。それぞれ部報が出ています。これは本当に貴重なものなので、ぜひ今のうちに集めておいていただきたいのです。

中嶋　はい、がんばります。

梅棹　この山岳科学研究所で日本登山史をやっていただきたいんです。日本の登山史はおもしろい。さきほども言いましたが、修験道に引き続いての日本の近代アルピニズムの歴史、これはまさに日本の近代史の大きなひとコマですからね。

中嶋　いやたいへんな宿題をいただいてしまいました。

（註）信州大学はこのフォーラムのあと小谷隆一氏と連絡をとり、幾度かの会談をもった。その結果、小谷氏の膨大な山岳書コレクションは信州大学に移管されることになったという。

小谷氏には『山なみ帖』（一九八一年八月　茗溪堂）という著書がある。その続編をまさに出版しようと準備していたさなかに、かれは亡くなってしまった。その遺志をついで、のこされたご家族が『山なみ帖　その後』（二〇〇八年一一月　茗溪堂）という本をだされた。小谷氏は、惜しみながらも決心して信州大学に蔵書を寄贈したいきさつについて一文を書いておられたようで、それは「山の書物の楽しみ――小谷コレクションの展開と結末」として『山なみ帖　その後』に収録されている。

アース・サイエンスとしての山岳科学

中嶋　少し話が変わりますが、先生のご著作の中で、飛び抜けて有名なものに『文明の生態史観』がございます（註1）。一九五〇年代にお書きになったものですが、いまだにその学説をめぐって論評がなされます。今回ご講演いただくということで、それらに目を通しておりましたら、川勝平太先生との対談の中で、先生ご自身がおっしゃっていたあることばが目を引きました。「地球科学としての歴史」という壮大な……（註2）。

梅棹　アース・サイエンスです。

中嶋　そのときにハッと思ったんですけども、今回の山岳科学というのも、やはり梅棹先生のお考えになるアース・サイエンスの一部ではないかな、という気がするのですが、そのあたりはいかがですか。

梅棹　これはまさに地球科学です。地球規模で考えてゆくべき話なんです。

中嶋　先生がアース・サイエンスとおっしゃった時は、われわれがいう地球科学よりもっと広く、人文も人文科学からあらゆるものを含んだものをとおっしゃっていますね。

梅棹　そうです。単なる人文学ではなくて、わたしが文明学と称しているものです。文明の研究、アース・サイエンスです。地球上で人間がいかにそれぞれの環境に適応しつつ文明をつくりあげてきたかというのが文明史なんです。そういう観点でやるべきなのです。わたしの「文明の生態史観」は、生態、エコロジカルということばを使っておりますが、そういう意味なんです。

中嶋　はい、なるほど。

梅棹　文明というのは、けっして頭の中だけで、できたものではない。農業が基本ですから、そこで各地域の気候に応じていろんな文明が展開してゆく。それを地球的規模で見てゆこうということですね。

中嶋　ベースに気候学があるわけですか。

梅棹　気候学です。気候学というのは、それぞれの土地の気候の研究です。気象学とは違いますよ。気候学は二〇世紀前半でほぼ体系ができているんです。たいへん立派な研究がいくつもあります。それに基づいて文明を見なおしてゆこうということですね。

中嶋　そうしたお考えの中で山岳科学なども位置づけられるのかなと思ったのですが。

梅棹　はい、そうだと思います。

中嶋　一方には、最近、先生がおっしゃっている海洋学に対応するようなものと位置づけてよろしいんでしょうか。

梅棹　よろしいと思います。どちらも今は地球物理学の一分野として位置づけられている。しかし地球物理学に限定することはないんです。これはやはり、農業も含めた文明そのものの研究です。ただ海洋学のほうは、海に定住者はおりませんから文明という訳にはいかない。山は定住者がたくさんおりますから、文明学の一部になるかと思います。

中嶋　そういった意味では、まさに理科系的なアプローチと文科系的なアプローチ、両方融合するようなテーマになりうるということですね。

梅棹　両方の切り口があります。

（註1）『文明の生態史観』には、つぎの各版がある。

「中公叢書」一九六七年一月　中央公論社
「中公文庫」一九七四年九月　中央公論社
「中公クラシックス」（改版）一九九八年一月　中央公論社
「梅棹忠夫著作集」には第五巻『比較文明学研究』に収録。
（註2）梅棹忠夫（編）『文明の生態史観はいま』（中央叢書）九四―九七ページ　二〇〇一年三月
中央公論新社

共同研究の真髄

中嶋　時間もだいぶ迫ってまいりましたが、もうひとつ、是非お聞きしておかなければならないことがございます。先ほど申し上げました、文科系的なものと理科系的なものの融合という点です。国立民族学博物館ではいろいろな分野の方が一緒になって研究するのが当たり前でした。しかし学際研究は、口でいうのは易しいんですが、実際のマネージメントはたいへん難しいと思います。昨日もさまざまなお話があったんですが、こういったものを融合して、真の意味で理系でも文系でもない山岳科学というものをつくってゆこうとしたときに、われわれはどうすればよいのか、先生なりのお考えをご開陳いただけますか。

梅棹　難しいことですね。学者というものは、ほうっておいたらすぐに自分の周りに壁をつくります。違う領域の人との会話はできるだけ避けたいのでしょう。障壁をつくって、その壁の中に立てこもる。いわゆるコンパートメンタリズムというやつです。それで、できるだけ専門家という隠れみのの中に入ってしまうわけです。専門、専門と言いながら、要するにそれは他領域のことは知らないということです。いっさい他領域に口出しをしない。逆にいうと、自分の領域はよその人に口出しして欲しくないということなんです。それではだめです。こういう広範な領域のものをやろうとしたら、できるだけ違う専門の人と接触して、議論に議論を重ねてゆく必要があります。わたしはわかいときから、共同研究で本当に鍛えられてきました。これは桑原武夫先生の直伝なんです。

中嶋　京都大学の人文科学研究所におられたときの話ですね。

梅棹　皆、誤解がありましてね。ふつう共同研究というのは、ひとつの同じテーマをやっている人間が集まって議論するとおもうでしょう。

中嶋　専門が同じ人間が集まって議論する……。

梅棹　そう。これを一般には共同研究と称しているんです。桑原さんは全く正反対でね。専門を異にする、違う専門の人間が同じ学問的課題で集まって討論する。これが共同研究だというわけです。そのとおりだと思います。専門が違うからといって、周りに壁をつくっていたら全然、話にならない。わたしは若いときから共同研究をいっぱいやってきました。

中嶋　最初に先生が人文科学研究所で桑原先生のもとでされた共同研究というのが、確か百科全書でした。

梅棹　「フランス百科全書」の研究です。

中嶋　あのディドロとダランベールの「百科全書」ですね。その時、先生はどちらかというと理科系の立場で入られた。

梅棹　それは報告書も出ておりますが、そのときにわたしが書いた論文は「『フランス百科全書』における生物学」です（註）。

中嶋　生物学の部分をご担当されたということですね。

梅棹　ええ、周りに垣根を作っていたのでは、そんなことは全然できないんです。

だいたい「百科全書」そのものが、ディドロとダランベールという二人のリーダーによってできたものです。なかにいろんな人が入っているんです。あれは共同研究、文明研究の産物です。

中嶋　百科全書ですものね。ありとあらゆるものが入っている。

梅棹　あんなものがよくできましたなあ。大きな本ですよ。何十巻かありますけどね。

〔註〕今西錦司、梅棹忠夫、藤岡喜愛、牧康夫〈著〉「第8章　生物学」桑原武夫〈編〉『フランス百科全書の研究』二三七―二六三ページ　一九五四年六月　岩波書店〔『生態学研究』「著作集」第三巻に収録〕

知的腕力の重要性

中嶋　その後、梅棹先生ご自身もたくさん共同研究を主宰してこられました。ただわたしも頭では分かっているのですが、実際、分野の違う人間が集まって、ひとつの成果を出していくというのは、そうたやすいことではないと思います。やはりリーダーである桑原先生や梅棹先生ならでは、という気がするのですが。

梅棹　まさにそのリーダーが決め手です。共同研究で成果を上げるためには、だれか強力なリーダー、リーダーシップが必要なんです。だいたい学問全体がそうだと思うんです。リーダーがメンバーと議論しつつ、共同でひとつの仕事をまとめてゆく。個別化して個人研究だけではたいしたことはできません。

中嶋　耳が痛いです。そういったリーダーシップというのは、グングン引っ張ってゆくリーダーシップなのでしょうか。京大の人文研はたいへん和気あいあいとした雰囲気で研究をなさっていたという話をどこかで読んだのですが……。

梅棹　人文研はにぎやかな研究班でした。しかしわたしは、ある意味で、学問には知的腕力が必要だというふうに考えています。わたしが国立民族学博物館長をやっていたころは、よく冗談でそう言っていたんです。若いものをつかまえて議論をする。しばしば「おい、ちょっと廊下へ出ろ」っていって。

中嶋　「顔貸せ」ですか。

梅棹　それくらいの気迫がいるんですよ。生やさしいことではすみません。そういできません。

う知的腕力を備えた人を、次々と養成していく必要がある。やわなことでは学問は

中嶋　そういった知的腕力といったものをもった、リーダーシップが必要だとわかりました。もうひとつ、先生のご経歴をふりかえると、エクスペディション、学術調査というものもたいへん役立っているのではないでしょうか。

梅棹　わたしはずっと学問をやってきましたが、ひとつ大きな心張り棒といいますか、背骨になっているのは、やはり登山の体験、山へ行っていた体験です。登山は怖いですよ。生半可なことでは死にますからね。山へ行くときには本当にはっきりしたリーダーシップがいるんです。わたしは若いときからリーダーとしての訓練を受けました。これが学問に活きているんです。意見はいろいろ、皆違います。違う意見を聞いて、ひとつの行動へまとめあげてゆくのです。

中嶋　具体的なアクションへつなげていくということですね。

梅棹　アクションで結実していくわけですね。学問でいうと、アクションというのは、ひとつの具体的な形でいえば、研究の成果をまとめて本にするということです。

中嶋　ちゃんとアウトプットを出せと。

梅棹　それがなかなか出てこない。わたしもずいぶん経験がありますけれども、学者っていうのは、じつに怠惰なんです。なまけもので、アウトプットが出てこない。ひどい言いかたをしたら、この信州大学もそうですけど、国立大学でしょ。国家公務員です。その人達が国家の給料で何やってるんだ。これでアウトプットが出なければ、税金泥棒ですよ。

中嶋　あの、会場から拍手がわいているのですが……。

梅棹　そうでしょ。しかし本当にそれでは困るんですよ。

中嶋　なるほど。われわれがきちっと襟を正してがんばらなきゃいけないわけですね。

梅棹　そうだと思います。

中嶋　そのためにはアウトプットをしっかり出せと。

梅棹　それは国立大学に限りません。どこでも給料をもらって学問をやっているわけです。その成果が、出てこないとはどういうことですか。

山と学問

中嶋　わかりました。だんだん耳が痛い話になってきましたし、そろそろ時間も迫ってまいりましたが、本日のお話は「山と学問」ということですので、最後に先生の口から是非おうかがいしたいことがございます。それはわたしが今回のこの企画を通してずっと考えさせられてきたことであり、結局のところ「山と学問」という問題は、この一点に集約するのではと思う事柄です。先生は京都一中時代、三高時代とずっと山をやられて、その後も水平志向でいろいろな探検に出られました。そのご経験を踏まえて、ぜひお答えいただきたいのですが、どうして学問と山はこれほど近しいのか、つまりなにゆえ学者は山をいつくしみ、山は学者を育むのでしょうか。

梅棹　すべての学者が山をいつくしむことはありません。しかし、山は学者を育みます。育てます。それは、さきほど学問は知的腕力だなんていいましたけれど、学問というのは体力を伴うものです。全人格的、全人間的なものです。体、肉体の運動を伴うわけです。それを伴わない学問、そんなひ弱なものはだめなんです。

中嶋　たしかに、先生のタフなフィールド・ワークはつとに有名ですが、一方で、わたくしはよく存じ上げているのですが、先生はたいへんな読書家でもいらっしゃる。十分な文献渉猟の後ではじめてフィールドにむかわれる、そういう姿勢を常々いたく尊敬しておりました。やはり山岳科学では、フィールド・ワークも重要だけれども、文献的な裏付けもしっかりやるべきだとお考えでしょうか。

梅棹　そのとおりです。肉体的行動を伴わない学問というのはだめなんですが、同時に、文献を踏まえていない学問は、全くだめなんです。学問には両方いるんです。わたしはフィールド派として出てきた人間ですから、山というフィールドで学問をやってきた。京大の中でも、やはり二つの派がありました。フィールド派はどちらかというと新しいんです。学問といえば本を読むことだと心得ている人が実に多いんですが、そうではないんです。学問は、確かに本を読む必要がありますけれど、自分の足で歩いて、自分の目で見て、自分の頭で考える。そしてアウトプットを出す。これが一番大事なことです。新しいものが出てこなかったら、なんだってことになる。他人の言説を本で読んでそれを受け売りしたら、こんなものは何が学問ですか。それは「お勉強した」というだけのことです。

中嶋　ますます耳が痛くなってきました……。

梅棹　京大の中でもわたしたちを批判する人がいるんです。例えば、名指しで、講義のときにこういっていた。「あいつらは、足で学問をしている。学問は頭でするもんじゃ」。その人は、頭でするということは、要するに本を読むのが学問だと心得ているのです。本を読んでも、本以上のものはなかなか出ません。自分の体験が新しい本を生み出す。本を読んで、それを少し変えて出すのとは違う。オリジナルなものを出すということは、自分の足で歩き、自分の目で見て、自分の頭で考えて初めて出てくる。そうわたしは思っております。

中嶋　ありがとうございます。では、その言葉を胸にわれわれも日々精進いたします。最後にひと言、これから山岳科学総合研究所をつくり、山岳科学の拠点にしたいと考えているわたしども信州大学に対して、先生の方から何かメッセージをいただければと思います。

梅棹　山岳科学総合研究所というのはたいへんすばらしいお考えですから、ぜひとも立派なものをつくっていただきたいと思います。おおいにエールを送ります。

中嶋　ありがとうございます。

梅棹　途中でくじけたらだめですよ。本当にやらないと。

中嶋　学長、お聞きになられましたか。会場から拍手がわいておりますので、くじけずがんばりたいと思います。肝に銘じます。ありがとうございました。とうとう時間がまいりました。梅棹先生には、ほんとうに有意義なお話をたくさんしていただきました。今後は精いっぱい、わたしども山岳研究に邁進したいと思います。本日は長時間にわたり、誠にありがとうございました。

梅棹　失礼いたしました。中嶋さん、ありがとうございました。

中嶋　また会場の皆様も、最後までこのご講演におつき合いいただきまして、本当にありがとうございました。これで終了させていただきます。

山と文明

解説

国際山岳年日本委員会は国際山岳年を記念してさまざまな事業を展開したが、二〇〇二年一一月一六日に朝日新聞社との共催でおこなったシンポジウム「山との出あい――日本百名山が問いかけるもの」もそのひとつであった。このシンポジウムでは、江本嘉伸《えもとよしのぶ》氏（国際山岳年日本委員会事務局長）が話の引きだし役となり、かれの協力のもとで、わたしが「山と文明」と題した基調講演をおこなった。それにパネル・ディスカッションがつづいた。パネリストは田部井《たべい》淳子《じゅんこ》（登山家、エベレスト女性初登頂）、戸高雅史《とだかまさふみ》（登山家、K２無酸素単独登頂）、小林《こばやし》光《ひかり》（元環境庁自然環境局長）の諸氏で、司会は朝日新聞社の近藤幸夫《こんどうゆきお》氏（スポーツ部次長）であった。

シンポジウムの概要は二〇〇二年一一月二三日の『朝日新聞』に紹介されたほか、同年一二月一〇日発行の『朝日21関西スクエア会報』第四七号にも、シンポジウム開催の記事と基調講演の一部が掲載された。正式の報告書は二〇〇四年になってから出版された。わたしがおこなった基調講演の全文は、この報告書に載録されている（註）。

（註）梅棹忠夫（講演）／江本嘉伸（聞き手）「山と文明」国際山岳年日本委員会（編）『我ら皆、山の民――国際山岳年からYAMA NET JAPANへ』九四―一〇七ページ 二〇〇四年四月 国際山岳年日本委員会

ハチに襲撃された昆虫少年

江本 梅棹忠夫さんは一九五二年の二月に、日本で一番古い山の会である日本山岳会に入りまして、今年でちょうど半世紀になります。会員番号が三九六三番。二十数年会員でいるわたしは八六〇〇番台ですから、ほんとうに古顔のお一人で、一九九五年に名誉会員に推挙されました。普段はいろいろな文明論のお話が多い先生ですけれども、きょうは山にこだわってお話をしていただきます。では、先生、お願いします。

梅棹 梅棹でございます。こういう講演の場には、わたしは原則として完全原稿を

用意することにしておりましたが、十数年前に突然に失明をいたしまして、現在盲人でございます。それで、原稿やメモなどを書くことも読むこともできない。きょうは江本さんに「誘導尋問」をやっていただいて、それにお答えするという形でお話をさせていただきたいと思っております。江本さん、どうぞよろしくお願いします。

江本　では、そのようにさせていただきます。

はじめに、ぜひ、子ども時代の山とのつき合いについてお話しいただけますか。一番最初の山というのは、小学校のときだったんでしょうか。

梅棹　小学校のころは多少、山も歩いておりますけれど、当時、わたしはいわば昆虫少年でございまして、虫とりに熱中しておりました。ずいぶんとたくさんの昆虫標本を自分でつくって、補虫網を持って走り回っていたんです。実際に山へはいりだしたのは中学校へ行ってからです。中学校は京都府立京都第一中学校、京都一中です。今は洛北高校になっておりますが、その京都一中の博物同好会に入部して昆虫採集を続けていました。

そのうちに、京都の北山で博物同好会の合宿をやるというので、六、七人の中学生が京都北山で二泊でしたか、三日間合宿しているんです。それで山へ行きだした。これがきっかけで、帰ってから早速、わたしは山岳部にも入部しております。

江本　北山といい、実は、京都はけっこう山が深いんですね。

梅棹　深いですよ。京都の北のほうを見ますと山が続いております。右手に比叡山、左手に愛宕山、そのあいだにずっと北山連峰が並んでいます。その中に入っていきますと、日本海まで山また山の大山岳地帯です。

江本　先生たちが中学のころの登山というのは、秘境探検みたいな、どきどきするような山みたいですね。

梅棹　今でもそうですね。深いスギの木だち、森が続いております。賀茂川の源流、大堰川《おおいがわ》源流が網の目のように食い込んでいる。それから安曇《あど》川、つまり琵琶湖へ注ぐ川の源流が入ってきている。じつに複雑な水系で、峠から峠、山から山へと越えていくわけですが、京都から日本海側、つまり小浜《おばま》あたりへ出るのに一週間ぐらいかかる。そういうところです。

江本　博物同好会の最初の合宿が北山であったと言われましたが、そこに一中の小屋があるんですね。

梅棹　当時、北山小屋と称しておりました。小さい小屋ですけれども、一〇人ほどが寝泊まりできるようになっておりました。ちょうど雲ケ畑川の水源に当たります。

江本　そこで先生、中学生でも飯炊きはおやりになった……。

梅棹　もちろん全部自分でやるんです。小屋のすぐそばに谷川が流れておりまして、それで自分たちで炊事して、ご飯も炊いた。

江本　同好会のときの合宿だと思いますけれども、たしか一ど、ハチに刺されてひどい目に遭ったことがあると。

梅棹　これはひどいことでした。ちょうど北山の小屋へはいって、それから雲ケ畑へおりる途中でキイロスズメバチの巣にぶち当たったんです。そうしたらハチがどっと襲いかかってきまして、わたしは顔から左腕、体の左半分を何十となく刺された。スズメバチですから、きついですよ。たちまち紫色の斑点が全身に出て、ほんとうは、ちょっと危険な状態だったんじゃないかと思います。とにかく川の中へ飛びこんで水で冷やしたんですけれど、そのまま昏倒して、しばらく寝ておりました。

江本　たしかキイロスズメバチって、けっこう大きなやつでしたね。下手したら、命にかかわるんじゃないですか。

梅棹　かかわると思います。よう生きて帰ってきた。

江本　刺された部分が左半分麻痺のようになられたんですね。山なんか、もうこりごりだと思わなかったんですか。

梅棹　とんでもない（笑）。かえって病みつきになったんです。それから、せっせと山へ行っているんです。だいたい日曜日は山へ行くのが原則でして、一年のうち随分たくさん山へ入っているんです。

山城三十山とはじめての「本」

江本　二学期から山岳部に入られて、本格的に山にのめり込んでいかれた。中でもテーマとなったのが、あの山城三十山……。

梅棹　はい。それはわたしどもよりだいぶ前になるかと思いますが、京都一中では「山城三十山」といって、山城一国の中から登山の対象としておもしろそうな山を三〇選び出して、それを山岳部員たちの精進の目標にしていたんです。当初選定された「山城三十山」は、だいたい四〇〇メートルを越えますが、そう高い山はありません。選定にいろいろ制限がありまして、五万分の一地形図に山名が出ていること、三角点があることというような条件があったんです。それがわたしたちの時代に改訂されまして、地名、山名が五万分の一地形図に出ていなくてもよいということになった。それによって、大きい山が幾つも入ってきたんです。

例えば、その最高峰は皆子山《みなごやま》というんですが、これはちょうど安曇川と大堰川源流に当たりますが、九七一メートルです。二番目が九七〇メートルの峰床山《みねとこやま》です。そのすぐ横に八丁平《はっちょうだいら》というところがあります。そういう九〇〇メートルクラスの山がずっと並んでいた。これらを片っ端から登っているんです。

江本　今、百名山が日本では大変人気ですけれども、ひょっとすると当時の京都の中学生にとってはそんな感じですかね。

梅棹　ええ、そうですね。しかし、在学中に三十山を完登するというのはかなり難しいですよ。全部日帰りできることになっているんですけれど、そうとう無理して行かんならん。京都の北のほうからバスがありまして、バスでずっと北山の真ん中まで行って、それから山に取りかかる。

江本　皆子山についで二番目に高い峰床山が先生の三〇山目の山になったんですね。

梅棹　そうです。これが最後でした。

江本　それは何年がかり？　中学の間に登っちゃったんですか。

梅棹　登ってしまいました。峰床山は非常に登りにくい山なんです。一番奥であるということがありますし、ものすごいブッシュなんです。背の低いツゲがぎっしり生えていまして、頂上までなかなか行けない。いろいろ方法を考えると、これは積雪期登山しかないということで、ツゲのブッシュが雪で隠れている時期に登ったんです。

それで、中学生としてはずいぶん思い切ったことですが、できるかぎり車を使ったわけです。タクシーをチャーターしまして、京都から入れるところまで車で入った。そこで運転手は魚釣りをして待っている。その間、わたしどもは雪の峰床山に駆け上っておりてきたんです。ほんとうにぎりぎりのところで帰ってきました。

江本　多分、当時先生は十四、五歳でしたね。そういった少年たちが自分たちの力だけで、一〇〇〇メートルには満たないんだけれども、藪だとか、時には岩場もあるような山を全部登り切るというのは相当のことだと思います。今だったら親もちょっとやめとけよと言うかもしれないし、先生、さりげなくおっしゃるんだけれども、僕はそうとうすごい山登りをこの中学のときにしたんだなと思いました。

このときにもっとまた驚くのは、この山城三十山の記録を本にして残しているんですね（註）。これは梅棹さんの著作集にも収録されています。『山城三十山記』というのですが、これは、本ですよね。単にノートじゃなくて。

梅棹　ええ、本です。もっとも、活版刷りではない。当時、こういうものはだいたい謄写版刷りで出る、孔版ですね。これで出ました。ちゃんとした出版物です。

江本　このことも驚かされました。『上篇』『下篇』とあるんですけれども、『下篇』のほうは先生が編集責任者ですね。中学生の時代に一つ一つの山を紹介しているんですよね。今読んでも、実に正確です。ものを書くことも昔から好きだったんですね。

梅棹　はい、好きといいますか、わりに平気で文章は書いておりました。わたしの一級上の大橋秀一郎という人は、後に大阪商大の山岳部のリーダーになる人で、現在もつき合いがありますが、この人が『上篇』の編集をしております。当時、わたしは中学の三年生でした。翌年に『下篇』の編集がわたしのところへ回ってきたんです。部員が手分けして三〇山を登り、その山岳誌を自分たちで全部書いたんです。それを本にして出した。わたしは一五歳でしたが、これがわたしの出版したいろいろな印刷物の最初のものとなりました。

(註) 京都府立京都第一中学校山岳部　前掲書　二六ページ

修験道の先達だった父

江本　もうひとつ、先生、山城三十山だけじゃなくて、わたしは紀伊半島の山を踏破された記録を読んだことがあります。大峰山とか、全部つながりでやったんですよね、たしか。大台ケ原とか、幾つかの山をつなげて、一週間ぐらいで……。

梅棹　もっとかかったような気がします。わたしは、中学時代は日本アルプスに行かないという原則を持っていたんです。

江本　そうなんですか。

梅棹　はい。一番遠出をしたのが二年生のときで、伯耆大山に登っているんです。三年のときはもっぱら京都、北山におりましたが、四年生のときに三人の仲間とともに大和、つまり紀伊半島の山へ行っているんです。まず台高《だいこう》山脈。「台」は大台ケ原、「高」は高見山。高見山、国見山を通っていっぺん下りて、それから大台ケ原に登る。そこからまた下りて、今度は大峰山系に取りかかるんです。大峰山系といったら大きな深い山です。南から非常な急坂を登ると、中腹に前鬼という村があります。

江本　大峰山を開いた有名な役行者についていった前鬼、後鬼というのがいますね。

梅棹　そうそう、前鬼、後鬼といいますね。鬼は何匹と勘定してよいんでしょうか、二匹の鬼が前と後ろについているんです。大峰山系の一番南の中腹の狭いところを開いて、そこに前鬼という村が今あります。そこに泊まっているんです。

そこから、またひどい急な坂を登り詰めますと釈迦ケ岳。釈迦ケ岳から大峰山系を北へたどると、その途中、仏教ケ岳というのがあります。これが近畿で一番高いところです。それから弥山《みせん》を通り、稜線づたいに行きますと山上ケ岳に到達します。さらに真っすぐ北へおりまして、吉野へ出たんです。全部で一〇日ほどかかったと思います。中学生ばかりでわたしがリーダーでしたけれど、これは非常に楽しい山歩きでした。

江本　中学生だけでそういう山登りを企画して実行したというのは、すごいことですね。わたしは、梅棹さんがほかの分野で大きな成果を挙げてきたために、山にかけた情熱、そういう面が忘れられがちだった、という気がしているので、きょうは子どもから青年にかけての梅棹さんの山を、ぜひ皆さんに知ってもらいたいと思います。

先生、大台ケ原の上に、僕はまだ行ったことがないんですが、教会があるそうですね。

梅棹　大台教会というのがあります。あれは何教でしょうか。新興宗教だと思います。

江本　大峰山はもちろん、そうした役行者の伝説もあり、それから修行の山と知られていますが、お父様が大峰山の講をやっていらっしゃったんですか。

梅棹　はい。大峰山というものは実に不思議な存在でして、これが日本における山岳宗教で修験道の中心です。修験、験というのは一種の呪術みたいなものですが、それを修める。修験道という古代からある一種仏教と言ってよろしいんでしょうか。後に仏教の一派になりますけれども、もともとは日本古来の神信仰の山岳宗教です。これに天台、真言などいろいろな宗派のものが流れ込んで、修験道という実に不思議な山岳宗教ができたんです。これはちょっと世界にあまり例がないことだと思います。山がそういう修行の対象になり、そこで新宗教が発生した。そして、八世紀ぐらいから中世にかけて、たいへん大きなものになっていくんです。

これのひとつが現在でもちゃんと生きておりまして、本山派という派があります。京都の聖護院《しょうごいん》がその本部になる。それから、当山派というのは京都の醍醐寺です。これらが大峰山を中心に展開しているんです。

わたしの父はその聖護院派、本山派のいわゆる先達《せんだち》でした。先達というのは、今でいうリーダーですね。

山岳宗教と日本独特の市民登山

梅棹 何度か大峰山に行った経験を積むと、聖護院から先達という称号をもらうんです。先達は市民たちの登山団体を組織して引っ張っていく。わたしの父はこれをやっておりました。ちゃんと行者の装束をつけて、何年かにいっぺんは山へ行っておったのを覚えております。

江本 講とか組とか、名前がつくんですよね。

梅棹　ええ、講です。わたしの父は元鱗《もとうろこ》組という組で、それのリーダーでした。多分、江戸時代に始まったものだと思います。こういうかたちの登山は中世に始まっていると思うんですが、市民の中の登山団体なんです。こういうものは世界中にはあまり例がないですよ。

江本　確かに、そうですね。

梅棹　京都は当時すでに大都市ですから、その大都市の市民の組織した講があった。その講が大衆を連れて山へ行くわけです。

江本　ヨーロッパなんか、そういう意味ではアカデミックなというか、エリートが山に登ってきたことが多いですよね。

梅棹　これは世界的な傾向ですけれど、山に住んでいる人は山へ行かない。登山というのは必ず大都市で始まるんです。

例えばヨーロッパで、スイスの人は山へ行きません。ガイドはいますが、それはだれか雇う人があるからガイドが成立するのであって、スイス人自身は山へ行かないんです。ほとんど山に登った記録はありません。ヨーロッパ・アルプスを開拓したのは全部イギリス人です。ロンドンの人です。それがヨーロッパへ来て、スイス人を雇って山へ行くんです。
　日本も同じことです。だいたい信州の人は山へ行かない。今はだいぶ行っていますけれど、多くは京都の人です。京都から登山の開拓者、登山家が非常にたくさん出ましたが、その理由の一つは、やはり京都が古典的に大都会であるということですね。それで、そういう大衆的市民登山団体が成立していった。何世紀に成立しているのか、わかりませんけれども、おそらく一五世紀ぐらいには、すでにできていた。一六世紀には多分あると思います。そして、それが各講、今の講組になって登山組織を持っていたんです。
　わたしは、父がそういうことをやっておりましたので、中学時代から山へ行くことを多少大目に見てもらえたんだと思います。
江本　お父さんがそういうことをやったから山へ登ったのではなくて。
梅棹　違います。
江本　じゃなくて、自分で登った。だけども、大目に見てもらえたということですね。
梅棹　はい。そして何度か大峰山へ行くと先達になれる。ところが、奥駆《おくが》けというのがあるんです。

江本 ああ、奥駆け。

梅棹 今の大峰山から南へ前鬼に至るルート、それは南から入るのが順序なんです。これを「順の峰入り」、北から入るのを「逆の峰入り」と言うんです。奥駆けをいっぺんやりますと、大先達になるんです。

江本 大きな先達。

梅棹 わたしは実際、聖護院から認定をされておりませんけれど、一五歳にして奥駆けをやっているんですから大先達です。父よりわたしのほうが早かった。

江本 お父さんを上回ったわけですね（笑）。

梅棹 そうです。

江本 ご家族のことを聞きますけれども、履物屋さんでした？

梅棹 はい。

江本 それで、町のほんとうに自然なんかないようなところで育ったと書いておられますけれども、ご両親は梅棹さんのことをそういう点では、けっこう野放しだったんですか。

梅棹　山へ行くのは非常に心配しておりましたけれども、しようがないですわな。

江本　今だったら、もっと心配しそうな気がしますけどね。

梅棹　しかし、両親は心配しながら大目に見てくれたんだと思います。

江本　その話は、もしかしたらまた戻りますけれども、今言われた修験道というか、山岳宗教というか、日本独特のそういう流れが、例えば最近ブームといわれる百名山、これほどたくさんの人が行くようになりました。中高年が多いといい、とにかく日本人が山へ登る。あまり年齢の若い人は少ないようですけど、それはそうした伝統があってのことだと思われますか。それとはまた別ですか。

梅棹　ひとつはそれだと思います。大都市において、都市民のそういう登山団体が古くから成立していたということが、やはり潜在的なベースになっている。

三高時代と近代アルピニズム

梅棹　ただし、わたし自身は先ほど申しましたように、京都一中山岳部に入りましてからあとは近代アルピニズムの洗礼を受けて、完全にその伝統を身につけております。これはいちおう別のものです。日本の近代アルピニズムはどこから来たかというと、イギリス人のウエストンが導入したと聞いております。

江本　宣教師ですか。

梅棹　日本へ来ていた宣教師です。先ほども申しましたが、市民社会の中に既に存在した山へ行く市民、山岳市民というのがベースになっていたのでしょう。その上に近代アルピニズムが乗ってきたのです。

わたしは両方を継いでいるわけです。特に中学に行くころは、その近代アルピニズムを完全に身につけております。というのは、当時、わたしは京都一中から旧制高等学校の三高に入っているんです。三高山岳部で教科書としてみんなが読んだ本は、やはり英語でした。

江本　デントの本ですかね。

梅棹　C. T. Dentの『マウンテニアリング』という本でした（註1）。「バドミントン・ライブラリー」というスポーツのシリーズ本の一巻です。これが正統的な登山の教科書で、それで勉強した。

江本　先生、それ、皆さん英語で読んだんですね。

梅棹　当たり前ですわ、英語しかないですから（笑）。

江本　嫌ですね。

梅棹　わたしはほんとうにありがたかったと思います。中学校を出たぐらいで英語を読めるものじゃありません。とうてい歯が立たない。それが高等学校へ入った途端に、これを読めと言って英語の本を与えられた。栄養学の本でした。

江本　栄養学?!

梅棹　はい。山の食糧計画をこれで立てろというわけです。しようがない。それでわたしは英語が読めるようになった。そういう、そうとう手荒いしごきをやられたんです。そのときにウインスロップ・ヤングの山の教科書で勉強した（註2）。

江本　先ほどは中学校の話だったのですが、今、三高に入りました。三高には先生の、ある意味で登山の集大成みたいなものがまたあるんですね。

梅棹　ええ。

江本　長くいたんですね、出られなくて。

梅棹　ちょっと長い。

江本　二年生を何か三回やったんでしょう。

梅棹　はいはい（笑）。

江本　「松竹梅」と言っているんだけど、何のことですか。

梅棹　仮に二年生で落第しますと、普通は、最初の年を「二年の表」、落第してやりなおした年を「二年の裏」というんです。わたしは二年を三回やりましたので、表と裏じゃ足りなくなったので、「松竹梅」で、「二年の松」「二年の竹」「二年の梅」というわけです。

江本　先生、わたしも大学では山岳部で二年を二回ほどやりましたけど、先生の場合は試験があるんですか、試験に落ちるんですか。それとも初めからおまえはだめだと言われるんですか。

梅棹　いやいや、試験ですよ。試験をちゃんと受けているんです（笑）。受けているんですけど、成績が悪いですから落第するんです。当たり前ですよ、そんなもん。わたしはその当時、一年間に一〇〇日以上、山に入っているんですから。

山岳部の部室をルームと言いましたが、いわゆるボックスですね。その山岳部の部屋に大きな方眼紙が張ってあり、それに各部員の名前が書いてあって、一日山へ行くとその分グラフを伸ばしていくんですね。わたしは大体いつでもトップの成績でした（笑）。一年に一〇〇日、三分の一、山へ行っているんです。これでは落第しますわな。

（註1）DENT　（註2）YOUNG　いずれも前掲書　三二一ページ

「兎洞の川流れ」――山はすべての教室

江本　しかし、それだけ行っていて、でも学問も伸びてくるのだから、やっぱり先生、それは大事な肥やしになっていたんでしょうね。

梅棹　わたしは学校で習う学問より、はるかに大きなものを山から受け取っているんです。山はすべての教室です。わたしは後に科学者になるわけですが、科学の目はみんな山で養われたんです。

わたしは、大学は生物学、特に動物学をやったんです。動物を見る目、植物を見る目、自然を見る目は山へ行っていたころに培われたんですな。

さっき言いましたように、中学時代は日本アルプスには行かんぞという方針を持っておった。そのかわり、三高へ入った途端に日本アルプスに入っているんです。

例えば遠山川ですね。今の遠山川に入りまして、南アルプスの一番南は聖岳でしょう。聖岳の西側から取りついて稜線に達して兎岳です。それから北へずっと行きますと赤石でしょう。赤石岳から小河内岳、塩見岳まで行っているんです。それから一たんおりまして上高地へ入った。上高地からは北へ詰めて槍に登り、槍から黒部源流へおりたんです。黒部源流で黒部五郎、それから薬師を経由して有峰へ下っているんです。

つまり、高校の最初の年に南アルプスの南から北アルプスの北のほうへ全部突き抜けたというわけです。これがずいぶん役に立ちました。

江本　山の選び方が渋いですね。例えば今の南アルプスですけれども、どちらかといえば甲斐駒・仙丈とか北岳などの北部の山に最初に行きたいような気がするのに、最初から南部の聖岳山群、あるいは兎岳なんていう……。あ、先生、兎洞というところのどこかで落っこったと聞いています。

梅棹　兎洞というのは悪い沢でした。南アルプスの遠山川のほうは非常に沢が悪いです。いわゆる箱になっておりまして、岸壁をずっとへつっていくんです。滝また滝の連続でした。わたしはその途中、滝に沿うて岸壁を登り詰めているときに、滝つぼにジャボンと落ちたんです。そうすると大きなリュックを背負うているでしょう。そのリュックが浮き袋になってね。

江本 仰向けになるんですか。

梅棹 ぷかぷかと浮いて流れてしまう。後に山岳部の中で歌がずっと残っておりました。「兎洞で川流れ」という歌ができた。それはわたしのことです(笑)。

臨死体験――スキー登山の日々

江本 意地悪な質問ですけど。黒部をやったときに、やはり滑っているでしょう。

梅棹 これは翌年のことですが、今度は冬山です。三高へ入った年の冬から、わたしはみっちりとスキーを仕込まれた。わたしはスポーツはだいたいだめですけれど、スキーは本物だと思っております。今のゲレンデスキーと違いますよ。山スキーです。初めから山へ入るんです。シールをつけて、スキーは登る道具だとわたしたちは言っておりました。もちろん、森林滑降もやりました。そうとうひどい山を、ブナ林の中をすいすいとおりるんです。こうして山スキーをたたき込まれた。

これで最初にやったのが積雪期の黒部源流です。このときは夏とは逆で、有峰から今の薬師岳に入りました。薬師岳というのは冬山としてほんとうにすばらしかった。スキーがあれば頂上近くまでスキーで行けるんです。頂上近くになるとハイマツ帯になりますが、そこでスキーを脱いでアイゼンにかえる。八本爪のシュタイクアイゼンを足につけます。スキーは表向けに置いておくと流れますから、裏向けにハイマツの間に隠しておく。これで薬師に行って、帰りはスキーです。

あの辺一帯はスキーの天国です。わたしはこれで一ケ月以上雪の中で生活しておりました。軽量天幕で黒部源流を走りまわった。このときに三俣蓮華、それから……。

江本　水晶岳のあたり。

梅棹　水晶まで行っています。いわゆる黒岳です。水晶なんて、稜線ちかくまでスキーで行ったんです。あとはアイゼンで岩登りです。あそこは岩がごつごつしていますから、岩登りで頂上まで行って、そして鷲羽岳、三俣蓮華。黒部五郎は二八四〇メートルで高い山ですけれど、てっぺんまでスキーで行けました。このころはほんとうにスキーに乗っておりました。

江本　先生、そこで落ちた話を。

梅棹　あ、落ちた（笑）。

江本　逃げようとした、今（笑）。

梅棹　いや、あれは鷲羽岳の斜面だったと思います。ずっとトラバースして、水晶へ行って、登って帰ってくる途中に氷壁ですよ。ものすごい大斜面です。そこで滑落をやった。あっという間に滑って一〇〇メートルほど落ちましたかな。そのときに非常におもしろい体験をしました。いろいろな経験が走馬灯のように頭をかすめると言いますが、ほんとうですよ。ぱっと頭の中に過去のさまざまな場面が出てくる。それでいて非常に冷静なんです。下を見ると、斜面の下のほうに大きな岩が出ている。ああ、あれにぶつかるな、あれにぶつかったらしまいやなと思って、落ちていくんです。しかし、非常に幸いなことにわたしはピッケルをしっかり握っておった。ピッケルは、柄にリングがはまっていて、そこで手が滑らないようになっているんです。ピックを斜面にがっと差し込んで、それでとまった。そういう滑りどめの術というのは教えられてさんざんやっていますから、できるんです。とめたのはいいんですけど、もう後、さすがに足が震えて立って歩けないですね。しかし、これは非常におもしろい体験でした。

江本　走馬灯のようにとよく聞くんですけども、一種の臨死体験ですよね。

梅棹　臨死体験ですね。でも、わたしはそれだけじゃないんです。雪崩にいっぺんやられております。わたしはほとんど流されずに済んだのですが、わたしの前を歩いていた人は飛ばされた。さいわい助かりましたけどね。それから、いわゆる雪のリングワンダリングというのをやっています。

江本　真っすぐ行っているつもりが、ぐるぐる回ってしまうやつですよね。

梅棹　ある岩を目標にして、そこからスタートしたわけです。真っすぐ行っているつもりが、いつの間にか、さっきの岩が目の前にあるんですよ。どこかぐるっと回ってきたんですな。それがわからない。この種のおもしろい体験をなんべんもやっております。

江本　それは先生、リングワンダリングをやると、今度は大丈夫だというふうになりますかね。一ど体験しておくと。

梅棹　覚悟というか、度胸ができます。リングワンダリングのときは冬の雪中でビバークです。ツェルトザックを頭からかぶって、スキーを横に敷いて、その上へ腰掛けて居眠りするんです。吹雪の中を一晩それで過ごした。途中はっと気がついたら、数人おったのがみんな息がおかしいんです。ツェルトザックというのはもののすごい気密な布ですから、空気を完全に遮断している。みんな酸素不足になった。すぐに外気をいれて事なきを得たんですよね。

運命の白頭山

江本　リングワンダリングとまた違うんだけれども、大変な密林を横断するということをその後にされています。高校の最後の年に、梅棹さんにとってはずっと念願であった白頭山というエクスペディションを三人でやるんですね。

梅棹　そうです。

江本　先生、もともと白頭山について、中学のときに大事な出会いがあったのですね。

梅棹　京都一中の先輩で今西錦司先生というかたがおられたのですが、このかたが京大の山の総帥だったんですね。この人が創始者となったアカデーミッシャー・アルペン・クルップ・ツー・キオト、ＡＡＣＫというのがあります。ほんとうはドイツ語ですから、アー・アー・ツェー・カーと言うんでしょうが、わたしたちは普通、英語ふうにエー・エー・シー・ケー、アカデミック・アルパイン・クラブ・オブ・

キョウト、日本語名でのちに京都大学学士山岳会と呼んでおります。この団体が一九三一年に創立されておりますが、今西さんが隊長、後に南極探検で非常に有名になられる西堀栄三郎先生が副隊長となって最初の海外遠征隊をだした。海外というか国内遠征ですけれど、朝鮮半島の北、満州との国境にある白頭山という大きな山を目指して、冬季登山をされた。全員登頂して大成功でした。

それで、帰ってこられて京都一中で報告会があったんです。わたしもそれを聞きました。そのときに、あれは朝日新聞社の後援であったかと思いますが、朝日から記者がついていって映画を撮っておられた。その映画が上映されたんです。わたしの中学校でその映画を見ました。みんな大感動でした。白頭山の膨大な山の姿が、ぐっと目の前に来るわけです。そこでわたしははっきり、我が一生はこれでいこうと決心した。それが、わたしが探検というようなことをやり出したきっかけですよ。そんな体験があったのです。

それで、高等学校の最後の年の夏に、朝鮮半島を自由自在に歩き回ろうという計画で二人の隊員とともに出かけた。朝鮮半島のずっと北の冠帽峰《かんぼうほう》連山という大きな山を越えると豆満江上流です。豆満江上流から、さらに摩天嶺《まてんれい》山脈を越えると、鴨緑江源流に出る。鴨緑江源流をずっと詰めまして、白頭山に行くんです。

白頭山というのは、当時、匪賊、山賊がいるというので非常に危険視されて、普通は入山許可が出ないんです。大規模な登山警備隊を連れていかないと許可されない。われわれ三人に対して警備隊をつけてくれと言うわけにはいかないので、わたしが恵山鎮の警察まで行って署長に談判しました。それで黙認ということで行ったんです。幸いにして、そういう匪賊には出くわさずに、白頭山へ登ることができました。

そのときに白頭山のふもとで、森林伐採の道路工事をやっていました。そこの最前線の事務所で、不完全ながら現地の地図を見せてもらった。白頭山の北側は第二松花江の源流が、それこそ網の目のように入っている。その地図を見て、これなら行けるぞ、とわたしは思ったんです。だいたい山頂から三日頑張れば向こう側の警備隊の最前線にたどり着くだろうと、こう踏んだんですね。その地図を薄い紙に敷き写しにして持っていった。北へ突破しようという決心を密かにつけていたのです。

それで白頭山に登った。頂上へ着いて、白頭山は、高さは二七五〇メートルぐらいの山で大したことはないんですけど、大きな山です。周りが全部原始林に囲まれている。特に山頂から北を見たとき、全人間的な感動を覚えました。

江本　何です、そのすごい広々とした、あるいは解放されるような感じですか。

梅棹　いえいえ、見渡す限りの森林、原生林です。これこそ原始の自然です。それを見たときにわたしはもう勇気凛々、あんなに全身に勇気が湧き上がってきた経験は、その後もしたことがありません。やったるぞ、行くぞっというわけです。

江本　そのときはもう探検家のモードかな。

梅棹　探検の醍醐味ですよね。前人未到のところへ我が足を踏み入れる喜び、人類としてわたしが最初にこれをやるんだ、入っていくんだというような非常に大きな感動でした。ところが、三日歩けば北側の最前線に着くだろうと思ったら大間違いで、六日かかったですかな。

江本　道が全くないところへ行くわけでしょう。よく行きましたね。その方向を間違えたら、ほんとうにさっきのリングワンダリングどころじゃないかもしれないですね。

梅棹　そうです。しかも、敷き写ししていった地図というのはうそばかりですよ。全然だめ。日本陸軍の陸地測量部がつくった地図ですけど、全く間違いでした。川筋が一本間違うているんですよ。だから、わたしたちは偶然の結果ですけど、第二松花江の源流の確認者という、地理学上の栄誉を担うことになったのです。

江本　松花江は、満州をずっと流れている有名な大河ですね。

梅棹　そうです。やがてウスリー江になって、アムール川となる。第二松花江は満州側へ、南のほうへ入っている川です。これの源流を突きとめたわけです。それで、全く思いもかけず、わたしは、いわゆる今日の中国の東北地方、昔の満州のほうへ出てしまいました。満州へ出て、鉄道で新京、今の長春へ出て京都に帰ってきたんです。

垂直から水平へ——モンゴル行

江本　先生、白頭山のそのエクスペディションがひとつの水平への転機になるのでしょうか。

梅棹　そうです。山は、言うたら垂直志向、高いところへ登るという衝動でしょう。もうひとつは水平志向というのがありました。遠くへ、広い水平に伸びていこうという衝動です。わたしはどちらかというと水平志向のほうになってしもうたんですね。そして、結局は探検というような道をたどることになった。

江本　そうした話を聞いていますと、ものすごく二〇歳前後までにたいへんな燃焼をした時間を過ごされましたね、大自然の中で。

梅棹　そうですね。

江本　そういうことは、わたしどもも、ぜひ、できることならまねたいし、今の若い世代にもそういうことを伝えたいですね。

梅棹　しかし、探検の時代は、はっきり言ってもう終わりました。わたしでおしまいです。探検する場所はありません（笑）。その後の技術の進歩はすさまじいもので、今、とにかく自分の地球上の位置がぴしっとわかるんですから。計算で出てくる。GPSのような機械ができていますから、もう探検どころじゃない。世界じゅう、どこでも行けるわけですよ。

江本　そうですね。

梅棹　わたしどものときは、まだ一九四〇年代ではそんなものはありません。大興安嶺のときも天測、天体観測をやるんです。これで自分の位置を決定していく。ちょうど太平洋など大海を渡る船が天体観測で経緯度を決めるでしょう。推測航法、あの方法なんです。あれを山でやったんです。天体観測をやりながら、じりじりと大興安嶺を突破した。これが一九四二年、わたしが二二歳のときです。

江本　四二年からというか、もうそのころ既にだんだん日本はそれどころじゃなくなっていく時代になるわけですけれども、戦後、もう一つ、先生にとって転機だったというか、大きな試練だったと思うのは、結核になられましたね。

梅棹　はい。

江本　五二年に。

梅棹　わたしは四四年、四五年とモンゴルで遊牧民の研究をやっていた。ここはほんとうに大平原ですから、山がありません。冬のモンゴルというのはマイナス三五度の世界ですが、そこで暮らしていた。

戦後日本に帰ってきて、いよいよヒマラヤに取りかかるわけです。戦後は講和条約ができまして、さあヒマラヤだというので、ヒマラヤ計画が京都大学で持ち上がってきた。わたしはそのときのヒマラヤ計画の作戦本部の参謀将校です。計画立案をやっておった。

ところが、そのときに何たることか、わたし、肺結核になった。ストップですよ。これでわたしの登山家としての人生は挫折したんです。もう山へは行けないというので、わたしは二年間蟄居を命ぜられた。

江本　蟄居を？

梅棹　しようがないですわな。入院はしなくてもいいけど、軽い結核ですから、じっと家にいたんです。しかし、二年間全く動けない。結局、ヒマラヤ計画には、わたしは参加できなかった。ほんとうに悔しい思いをいたしました。

江本　先生、きょうは一度だけ、ずばり本心を聞きたいんですけれども、わたしももしそういう若いときに、先生、そのとき三二歳でしたけども、ヒマラヤ、まさに自分が行けるとき、そういうときにそうした宣告というか、二年も療養しなくちゃいけないというのは、今振り返ってもたいへんなショックだったんですか。

梅棹　それはそうですよ。人生の暗黒時代です。それで蟄居生活を命ぜられて療養に努めたわけです。そのおかげでレントゲンを撮ったらよくなってきた、というときに持ち上がった話が京都大学のカラコラム・ヒンズークシ計画です。

ヒンズークシ探検

江本　一九五五年でしたね。

梅棹　はい。これは大探検隊で、総勢十数名の科学者が参加しました。わたしはそれに思い切って志願した。医者は診断の結果、最後はあなたの覚悟の問題だというのです。そんなら行く、言うて。無謀といえば無謀だったんですけれど、思い切ってそれに人生をかけたわけですね。カラコラム・ヒンズークシの、わたしはヒンズークシ隊のほうでした。今のアフガニスタンです。半年間ずっとアフガニスタンの山奥にいたんですが、それが幸いしたんです。乾燥地帯ですから転地療養ですな（笑）。半年間現地にいて、帰ってきて検査したら結核が治っているというわけです。ありがたいことでした。

カラコラム・ヒンズークシ探検というのは、純粋の学術探検ですから登山ではありません。ヒンズークシ隊は西ヒンズークシの山岳地帯で活動しているんですが、大分高度が低い。三〇〇〇メートルから四〇〇〇メートルぐらいです。しかし、雪の山がずっと連なっているんです。大きな峠を何度か越えておりますが、登山というほどのことはやっていないです。

わたしはモゴール族という民族をさがしにいったのです。じつは一三世紀には、今のイランにイル・ハーン国というモンゴル人の帝国があったんです。そのイル・

ハーン国に辺境駐屯軍としてモンゴル人がかなり入っているんです。モンゴルはチンギス・ハーンの時代です。それがアフガニスタンの山の中に残っているというのです。偶然ですが、フィンランドの言語学者ラムステッドがそこの出身者というのにロシア領内で会っている。その民族をわたしはつきとめようとしたんです。

さきほども言いましたように、わたしは東アジアのモンゴル地方に二年おりましたので、モンゴル語がわかるんです。ヒンズークシ山中をさがして、ついにモンゴル語をしゃべっているという民族をみつけました。ここではモンゴルのことをモゴールと言っておりました。その人たちもモンゴル語はだいぶ忘れておりましたけど、少し覚えている人がいたのです。

江本　そうした自分の体を心配しながら、実はどんどん元気になっていくときは、先生、うれしかったでしょうね。

梅棹　ええ、これで生き返ったんです。それ以後は、わたしはまた、そういうかなり乱暴なやりかたで、世界じゅうの辺境の渡り歩きを続けました。登山家というよりも探検家になってしまったんですね。

江本　登山家と言っても探検家と言ってもいいような気がしますけれども、あわせ持っていても。
ただ、今振り返ってみれば、どうでしょうか。さっきお聞きしたような白頭山がひとつの転機になってくるんでしょうかね。

梅棹　そうです。それで、ついにこういう道に踏み込んでしまったたわけです。そのあと、アフガニスタンからカイバル峠を越えてパンジャブ平原におりて、インド亜大陸を東に横断してカルカッタに達しました。そこから飛行機で日本に帰ってきたんです。そのときにいろいろ考えさせられました。わたしはイスラームの世界にどっぷりとつかっていたわけでしょう。イスラームからヒンドゥー教地帯を通って帰ってきたわけです。イスラーム、ヒンドゥーという宗教の二大文明をくぐり抜けてきた。

その前にわたしは中国大陸で二年暮らしているわけですが、中国の社会というのをいちおう知っていて、これだけの経験、そして日本での体験を重ね合わせてみて、これらは全然違うものだということに気がついた。こうして文明論の世界に足を踏みいれたわけですね。比較文明論というものに興味を持って、それでいくつかの論文を書きました。

今日でも所属している学会からいいますと、日本民族学会にはもちろん入っておりますが、もうひとつ非常に大切なのは比較文明学会です。これは、国際組織としてもあります。

「おまえの専門は何か」と聞かれましたら、民族学、比較文明学と答えることにしております。日本とヨーロッパ、それからヒンドゥー文明とイスラーム文明の比較というのはわたしの研究テーマになっております。

ちょっと山から脱線しました。

「雪よ岩よ」——原点は、山

江本　でも、先生、そういうときに原点は山であったと、それはよろしいんですか。

梅棹　原点は山です。山の経験がなかったら、こんなことはとてもやれない。

江本　とてもよかったんじゃないですか、先生。もしヒマラヤだけでよりは。ヒマラヤはほかの人もできますからね。

梅棹　それはそうかもしれません。しかし、ヒマラヤへ行けなかったということは悔しかったですよ。今でもほんとうに悔しい思いをしております。

江本　でも、きょうのお話を聞いていますと、わたしがことさら興味を持ったせいもあるんですけど、やっぱり梅棹さんの子ども時代、それから中学、高校の展開の仕方というか、さっきの一五歳でつくった本だとか、そうしたことにとてもひかれます。いきなり大学者ができたんじゃないんだと。

それから、ものすごく行動力がおありになる。それはだから、結核になられたときはたいへん悲しかったたろうな、と勝手に想像もします。それでも先生、あのときは切手をたくさん集めたんですよね。

梅棹　蟄居生活でしょう。何もすることがない。できることがない。そのときに、何か気を紛らわさなしようがないのでやり出したのが切手集めです。切手を片っ端から集めました。買うんじゃないですよ、古い手紙類から切手をはがすんです。それで世界各国の切手をずっと並べていくと、これがまた非常にためになりました。切手というのはどこの国でも自国の風土と歴史を盛り込んでいるんです。それを見ているうちに、世界各国の歴史がわかってくる。わたしは世界史にたいへん強くなりました。

江本　切手は今でもお持ちですか。

梅棹　何万枚か持っています。このごろは切手がめちゃくちゃに出ますので、とても買い切れんそうですな。当時は、わたしは切手が出るたびに全部シートで何枚も買っておりました。

江本　切手のついでに、ご存じの方はご存じだと思うけれども、山の好きな方が多いので、三高の山岳部の歌の話を一度皆さんにお話ししてほしいんですけれども。

梅棹　「雪よ岩よ　われらがやどり」。

江本　そうですね。

梅棹　ダークダックスですか、コーラスの人が歌っていますな。あれは「雪山讃歌」という名で一般におこなわれておりますけれど、ほんとうは「雪よ岩よ」という名で、三高山岳部歌です。

あの歌は著作権が登録されておりまして、作詞者が西堀栄三郎ということになっております。権利は京大のさきほど言いましたＡＡＣＫ、京大学士山岳会に所属しているんです。だから、あの歌がラジオやテレビでいっぺん流れますと、一定の金額が京大学士山岳会に流れ込んでくる仕掛けになっております。

しかし、「雪山讃歌」という歌はかなりおかしいです。「雪よ岩よ」にはない歌詞が幾つもあって、われわれが歌ってきたものとはずいぶん改変されています。ちゃんと著作権があるわけですから、ああいうことをやってよいのかどうか。

江本　先生の中では「雪山讃歌」とは言わないんですね。

梅棹　もちろん、そんな名まえ、聞いたことない（笑）。

江本　ええ、それはどうもそうみたいですね。「いとしのクレメンタイン」というもとのメロディーがあるために……。

梅棹　あれはアメリカの民謡があって、それの節をとっている。しかし、歌詞は西堀栄三郎さんの時代に三高のスキー合宿で、みんなの合作でできたものだと聞いております。のちに著作権を登録する際に西堀さんが代表となったのです。

子どもたちを山にやってください

江本　きょうは実は、わたしはヒンズークシまでのお話を皆さんに聞いていただければいいかな、と密かに思っておりました。ほんとうはこの後、梅棹学が開けていくわけですけれども、そのことはいろんな本や先生のほかの講演で皆さんがお聞きになれると思うので、きょうは徹底的に「山」にこだわりたかったのです。今回、先生には国際山岳年日本委員会の特別顧問になっていただき、その立場で本日も来ていただきました。先生の思いが、ちょうどこの年にふさわしかったというか、冒頭に言いましたように、先生は日本山岳会の名誉会員であって、きょうも先生の今つけているこのネクタイは日本山岳会のネクタイです。そうですよね、先生。

梅棹　よう気がつかれましたな。これは日本山岳会のネクタイです。

江本　ええ、だと思います。時間がきてしまいましたが、最後に先生、一言お願いします。

梅棹　ぜひとも言いたいことがあります。先ほども言いましたように、わたしが科学者としての目を開かれ、実際の体験を積んだのは山です。登山を通じてできた。その同じような体験を昔からたくさんの人がやっているんですね。これは日本の自然科学のひとつのベースになっております。このことをぜひ、皆さん、忘れないでいただきたい。

江戸時代から日本は本草学、動物学、植物学が非常に発達した国です。このベースは山にあるんです。日本の江戸時代からたくさんの人が山へ入っている。先ほど言いました修験道はひとつの基礎になっている。山は自然の大きな教室なんです。

山という教室で自然を学んだ。これが日本の現代の自然科学を支えるひとつの基礎になっております。

自然科学というと、すぐに、物理学とか化学とか、実験室のことを皆さん思い浮かべますが、それはもともと一部にすぎない。日本の自然科学の大きな部分は野外科学、フィールド・サイエンスです。フィールドで山を見て、土地を見て、植物を見て、動物を見て、そして自然界というものを直接自分が体験することによって、自然認識が生まれてくるわけです。壮大な一種の地球学ですね。このことを忘れないでいただきたい。これによって、日本の自然科学の半分は支えられている。もちろん実験室科学もたいへん大事ですけど、同時に日本の自然科学の非常に大きな部分は野外科学なんです。

日本にたくさんの野外科学者が生まれました。そして、日本国内だけでなく、今日では世界中で日本の野外科学者が活躍しております。随分たくさんの業績が出ております。そのことを思うと、山が彼らのベースになっている。

それから、きょう、この会場にみえているのは中高年のかたが多いんじゃないですか。でしたら、みなさんに、ぜひとも申しあげたい。子どもたちを山へやってください。山は危険だからといってとめる人が多いのですが、体育の問題じゃないんです、日本の科学の問題なんです。日本の科学を支えているのは山ですから、それを忘れないでいただきたい。だから、子どもたちが山へ行きだしたら、奨励して、どんどん山へやってください。

山へ行くと、みんな、岩登りみたいなことをやりたがるんですね。わたしも昔からオールラウンドというやりかたで、山のあらゆる技術を修めました。しかし、岩登りというのは山の技術のほんの一部なのです。岩登り以外に山は非常に広いです。いろいろ動物や植物の経験をする。そういう広い目で山を見ていただきたい。そのためには、子どもを山へやるのが第一なのです。

ただ、確かに山は危険を伴います。それに対しては万全の手を打たんならんですけど、方法はいろいろあります。とにかく、子どもたちを山、自然に親しませるということですね。

江本　ありがとうございます。きょう、子どもの時代の先生の山の話を聞いて、わたしもほんとうにそう思いますね。それと、山へ行った人の話も聞いてあげたらいいと思います。

最後に、ひとつ。きょうだけ、皆さんに特別に見せてくださいとお願いして、門外不出の古い本をお借りしてきました。先ほどお話に出ました『山城三十山記』という上下二冊本です。内容は「梅棹忠夫著作集」第一六巻の『山と旅』に収録されていますけれども、もとは一九三四年と三五年に出版されました。ガリ版で、スケッチも入って、全部手書きですけれども、非常に内容がすぐれています。『下篇』の編集後記に梅棹さんが書かれた文章があります。梅棹さんの文章の一部分だけ、わたしが代読いたします。

「この『三十山記』をかくにあたって、図書館あるいはその他の書籍でしらべたものがたいへんおおいようであるが、山へゆくひとはこのような態度がほしいとおもいます。ただ単に山へ漫然とのぼり漫然とくだるのでは真の山のたのしみはわからぬ。このような学問的、研究的な態度であってこそ山のたのしみは、うんとよくわかるとおもいます」「じつに山は一大総合科学研究所であります。この研究所で、もっとうんとたがいに山を研究し、知識をまそうではありませんか」

前後まだあるのですけれども、この短い文章の中に、わたしたちが国際山岳年、山の年に言いたかったことが尽くされているので驚きました。この文章は昭和一〇年七月三日、筆者は片仮名で「ウメサオ」と書かれています。わたしですら生まれていないころで、一五歳ですよね。貴重な一文でしたので披露させていただきました。こういう本を中学生のときにおつくりになったということを最後に皆さんにお伝えしました。ありがとうございました。

梅棹　ありがとうございました。

わかき日の山をかたる

解説

大阪府の吹田市立博物館は二〇〇五年四月二三日から六月四日まで、特別展「足とはきもの」を開催した。この博物館の館長は国立民族学博物館名誉教授の小山修三氏で、かつてのわたしの同僚であり友人でもある。かれにたのまれてわたしは、わかいころの山ゆきについて話をした。講演会は五月一二日の午後二時から吹田市立博物館の講座室でおこなわれた。目の不自由なわたしのために小山氏が聞き手になってくれたが、途中から山にくわしい藤木高嶺氏も聞き手として参加された。この記録は同人誌『千里眼』第九一号に掲載された（註）。

登壇した人たちはみんな話ずきで、聴衆からも発言があったりして、講演会が講演会でないようになってしまったが、関係者の承諾をえて、ここに収録した。

（註）梅棹忠夫（話し手）／小山修三（聞き手）、藤木高嶺（ゲスト）「梅棹忠夫　若き日の山を語る」『千里眼』第九一号　五―四八ページ　二〇〇五年九月　財団法人千里文化財団

古い登山靴を手にして

小山　きょうはとくにお願いして、梅棹忠夫先生に来ていただきました。「足とはきもの」展の準備で調べていてわかったことは、いま残っている一番古いはきものは、ヨーロッパの氷河から見つかった五〇〇〇年前のアイスマンの靴でした。日本でいえば縄文時代、そんな昔には、たいした靴ははいていないだろうと思われるでしょうが、りっぱな登山靴をはいていた。それでふっと思い出したのが梅棹さん（笑）。

　若いころ、どういう登山靴をはいていたのか聞きにいったら、昔の登山靴は鋲が打ってあり、とても重かったという。そこで実物を探していたら、長野県の大町山岳博物館からお借りすることができました。

　これは重いですね。

梅棹　ほんま、重たいなあ。ようこんなもの、はいて歩いていた（笑）。

小山　革靴自体が重いのに、さらに鋲を打ってある。

梅棹　端に打ってある鋲がクリンカーです。

小山　ずっと並べて打つんですね。この平たい鋲は？

梅棹　ムッガーという。

小山　土踏まずのところにもありますね。

梅棹　トリコニー。三つコーンがあるから、トリ、コニー。

小山　今のビブラムとほとんど同じかたちですね。鋲は靴屋で打ってもらうのですか。

梅棹　京都には登山専門の靴屋さんがあった。そこで注文して打ってもらう。

小山　戦後の登山ブームのときに、みんな、着ているものはぼろぼろなのに、靴だけはいいのをはいていました。とても大事にしていたんですね。

梅棹　靴は別注ですからね。鋲の打ちかたなんかも、ひとりひとりの好みに応じて全部違うんです。

アルピニズムの伝統

小山　民博にはスイスの牧童の靴があります。鋲の打ちかたがこれとそっくりなんですね。スイスが登山の本家なんですか。

梅棹　アルピニズムの伝統はイギリスです。スイスとは違います。スイス人は山へ行かない。

小山　でも、イギリスにはろくな山がないでしょう？

梅棹　ない（笑）。しかし、本格的にアルプスを開拓したのはイギリス人です。アルプスへ行って、現地でスイス人を雇うんやね。スイス人自身は自発的に山を楽しんだりしない。日本の学生アルピニズムの伝統は明らかにイギリス的なものです。

小山　それは装備ですか、技術ですか。

梅棹　考えかたから技術まで、いっさいがイギリスふうです。われわれは、まったくの正統アルピニズムです。のちに、たとえばアルピニスモ・アクロバーティコとか、そういう変なものがいっぱい出てくるが、それは大陸でできたものです。

アクロバーティコというのは、曲芸みたいな岩登り。それはむしろ、スイス、イタリア、ドイツ、フランスなどの大陸のものです。イギリス人は、自分のところに山はないけれど、アルプスの正統登山をひらいたのです。それが日本へ入ってきた。われわれは岩もいちおう登りますけれど、オールラウンドの登山の伝統の上に立っています。

小山　装置系の問題として、正統アルピニズムのことをいろいろお話していただきたいのです。まず、山といえばロック・クライミング。さっきアクロバーティコで非難していましたけれど。

梅棹　岩登りはアクロバーティコばかりじゃないけれども、そういうのもある。われわれの学生時代でも、そういう一派、岩登り屋、クライマーというのがあった。われわれはクライマーではありません、マウンテニーアですから。

小山　でも、やっぱり岩が前にあったら……。

梅棹　登ります。わたしも一通りの岩登りの技術はちゃんと身につけている。それから、オールラウンドですから、沢歩き、ジャブジャブと谷を歩く、これもやります。

小山　ほかに？

梅棹　非常に大きいのが積雪期登山です。雪山、スキー。スキーも競技スキーと全然違います。われわれのやっている山スキーは、スキーを山へ登る道具として考えている。普通、みなさんは、スキーは滑る道具であると思っているでしょう。しかし、われわれにとっては登る道具なんです。場合によっては、下りはスキーを担いでおりてくる。

小山　全然、今のイメージと違いますね。

梅棹　もちろん下りにも使いますけれどね。わたしは学生時代に積雪期登山をみっちりやりました。

小山　学生時代というのは三高ですか。

梅棹　はい。入学して、最初の冬に信州でスキーをみっちり仕込まれた。

登山家の足もと

小山　山は登るんじゃなくて、スキーで歩きまわるんですか。

梅棹　雪山をいかにしてこなすか。もちろんスキーでは高いところへ行けない。二〇〇〇メートルをこえると、雪がカンカンに固まっていますから、アイゼンに替える。シュタイクアイゼンというものです。日本ではアイゼンテクニックなんて、ドイツ語と英語とごちゃまぜの言いかたをしているけれど（笑）、アイゼンテヒニークやな。それをみっちりやった。

アイゼンは爪が八本出ている。それを足につける。これは悪魔の発明品といわれ、おそろしいものですよ。八本爪の装備を足にくっつけ、紐でがっちり縛る。それで氷壁、固まった雪のところへ行く。高校へ入ったら、いきなりその年からやってます。

小山　重いんでしょうね。

梅棹　そうたいして重くない。

小山　アイゼンは危ないと言ってましたが。

梅棹　アイゼンはときどき、片方の足のアイゼンの爪をもう片方の足のズボンに引っかけるんです。すると転倒する。有名な大登山家で慶応の大島亮吉という人は、穂高の岩場で転落して死んだんやけれど、どうもそれやと言われている。それをやらないために、われわれは日常歩くときにも、まっすぐ歩くのに足を外に回して歩く。そういう癖をつけた。そうでないと、アイゼンを引っかけるというわけです。

小山　全然わからんけれど（笑）。そんなところ歩きたくもないし。

梅棹　これは危険ですよ。

小山　沢歩きのときも、こんな靴をはいたんですか。

梅棹　沢歩きに一番いいのは地下足袋ですね。じゃぶじゃぶ入っていくとき、地下足袋が一番いい。

小山　地下足袋ですか。

梅棹　われわれは地下足袋を愛用しました。登山靴の場合もありますけれど、いよいよ、きょうは沢歩きや、ということになったら、地下足袋の世界やな。

小山　ワラジをはいたって言いますけれど。

梅棹　わたしはワラジをはいた経験が全然ない。

小山　スキーのことをもっと聞かせてください。

梅棹　スキーはわれわれにとっては登る道具です。スキーにつきものなのは、シールです。みなさん、シールというのはご存じでしょうか。シールというのは、アザラシの毛皮をスキーの幅に切って、スキーの先端部分、シュピッツに引っかけるところがついていて、きちっと締め上げて、スキーに取り付ける。後ろ滑りをとめるわけや。

小山　それならば向きがありますね。

梅棹　もちろん向きがある。だから、登りにはシールを使って登り、だいたい二二〇〇から二三〇〇メートルあたりの森林限界、ハイマツ帯でシールをはずす。そこから下が滑る世界ですよ。

小山　ほかによく聞くのは、ワックス。蝋を塗るんですか。

梅棹　ワックスはいろいろあります。登るワックスもあるんですよ、滑らないように。しかし、普通はシールで登って、下りはよく滑るようにワックスをつける。

小山　滑るためにワックスをつける。梅棹さんの書いたもののなかに、「三高ワックス」というのがありましたけれど。

梅棹　そうそう、思い出した（笑）。ワックスを自分でこしらえるのです。毎年、冬になるといよいよスキー合宿が始まる。その前に「三高ワックス」という自家製のワックスをつくる。材料はもう忘れてしまったけれど、いろいろとパラフィンだとか何とか買い集めてきて、溶かして、それをタバコのバットとか、ああいう箱に入れて固めると四角いものができる。

小山　せっけんみたい。

梅棹　もちろん市販のものもありますが、われわれは自家用でつくった。

小山　調合は、ひょっとしたら三高の秘伝で、何か魔法の薬草を入れた（笑）。

梅棹　いやいや、けっきょく学生のことやから、まあ言うたら節約や。

露営——テントとツェルト

小山　露営、幕営について。テントは、今はナイロンなどで簡単なものがありますけれど、どんなものを？

梅棹　冬の重量幕営というのがありました。山へ行って、雪の中で山の木を切って組む。梁をわたして、重量天幕をつり下げる。

小山　天幕って、重いテント地ですか。

梅棹　そうです。重いテント地で、わたしたちは冬のスキー合宿というとそれを使った。

小山　たくさん入るんですか。

梅棹　一〇人ぐらい入る大きなのがあった。しかし、二、三人用のちいさいやつもあったね。

小山　重い布をかついで行ったのですか。

梅棹　一ど使ったら重たくなるんですよ。下りがたいへんなんやな。使った重たい天幕を担いでおろさんならん。天幕を担いでおりていて、途中でつんのめったら窒息しますよ。頭の上に重い天幕がどっとのってくるんやから。雪の中に首をつっこんだら、本当にこわい。しかし、軽量天幕もあったんです。わたしは最初、日本アルプスで積雪期にテントを使ったけれど、そのときは二人用の軽いものやった。

小山　生地は？

梅棹　絹です。二人用の携帯用のツェルト、ツェルトザックというのもあった。ツェルトは天幕とはちょっと違う。字引をひいたらツェルトは天幕と書いてあると思うけれど、われわれがいうツェルトというのはビバーク用です。天幕は、普通、ちゃんと泊まるようになっているけれど、ビバークというのはしょうがない露営やな。やむを得ず泊まらんならん。いよいよビバークってときはツェルトザックをひっぱりだして、ひっかぶって仮眠するんです。これはひじょうに軽いものです。ビバークは、ちゃんと天幕を張って寝るのと違って、雪で台をこしらえて、スキーを置いて、その上に座って居眠りするんやな。そのときにツェルトザックをひっかぶる。そうすると、ものすごく気密性の高いものですから、夜中にはっと気がつくと息が荒くなっているわけです。びっくりしてね。ツェルトにはちゃんと小さい窓があるんやけれど、その窓をあけてハアハア息をする。ツェルトでビバークというのは最悪の場合ですよ。わたしは何遍かやったことがあるけれど、ひどいもんや。

小山　わたしは山の素人なもので、きょうは特別ゲストとして藤木高嶺さんに応援に来ていただいています。どうぞこちらへ。藤木さんは、ずいぶんツェルトで寝たんじゃないですか。

藤木　ビバークは、日本語でいうと不時露営なんていってたけれど、急に天気が悪くなってテント場へ帰れないとき、あるいは岩に登るとき。大岩壁だったら一日で登れないでしょう。二日か三日かかる。たとえば穂高の屛風岩のようなところを登るときツェルトを持っていく。岩のちょっとしたテラスに、ツェルトをかぶって寝る。便利ですわ。ぼくはツェルトで助かったことが何回もあります。ツェルトを持っていなくて遭難して死ぬケースもあります。

スキーは登る道具

藤木　さきほど梅棹先生が「スキーは滑る道具じゃない、登る道具だ」といわれたでしょう。あれで忘れられない話がある。一九六三（昭和三八）年、ずいぶん昔だけれども、薬師岳で愛知大学の大遭難があったでしょ。あのときに朝日新聞社の記者だった本多勝一とわたしとのコンビで大特ダネをものにしたわけですよ。

梅棹　そやそや。

藤木　本多はえらいあつかましいの。ヘリコプターでいきなり太郎小屋へ突入するという。しかし天気が悪くてヘリが飛ばない。一〇日間ぐらい待ってたんですよ。わたしは、スキーにシールつけて、ガイド連れて、二人で薬師めざしていった。捜索隊は一〇〇人ぐらい、富山県警山岳警備隊、愛知大学OB、それに報道関係者がついていった。それが全部、輪かんじきで登っていくんです。ところが、一番深いところでラッセルが胸ぐらいまで。それがスキーだと腰なんです。輪かんじきで腰までだったら、スキーならば膝まで。輪かんじきで歩いて登るのが膝ぐらいだったら、スキーなら足首なんです。それだけラッセルに強い。

梅棹　強いですよ。

藤木　わたしは捜索隊より一日遅れて行ったのに、スキーやから捜索隊よりどんどん先へ行って、途中で愛知大学が残していったテントとか食糧、みな発見した。それが特ダネにつながったわけです。

スキーは本当に登る道具です。ラッセルに強い。下りるときは、スキーなんかはいて下りれまへんで。凍ったザイルやらテント、昔のザイルは凍りますねん。今のナイロンザイルとちがう。テントも布でしょ、帆布。濡れて凍って重とうて。そんなもん担いで、一旦ひっくり返ったら起きあがれまへんで（笑）。

梅棹　あの隊はスキーを使うてますか。

藤木　スキーは途中でデポして、置いて行っているんです。それも発見した。徹頭徹尾、あのときは朝日新聞の特ダネでした。ところがあと一日で太郎小屋へ突入するというときに、一〇日ぶりに晴れて、本多がヘリで強行着陸したんですよ。わたしはもう、あほらしなってね（笑）。ここで帰ろうと思ったら、帰れんようになるわけですわ。本多が上で、「太郎小屋に人影なし」って第一報を送ったけれど、当時の無線は、わたしのおる山岳帯がじゃまで富山までとどかない。だからわたしはそれからずっと一週間ぐらい、アンテナになりきって中継しただけでした。

梅棹　あの遭難は、よく覚えていますわ。

藤木　先生にはその時のことを書いていただきました。

梅棹　わたしは太郎小屋へは何度か行きました。はじめて雪の季節に太郎小屋へたどりついたときには、何もあらへん。よう探したら、氷の上にしゅっと棒が一本横たわっている。それが小屋の棟木ですよ。それくらい雪が積もっている。そこから穴を開けて、太郎の小屋へ潜り込んだ。

小山　話が本ものらしくなってきた。

梅棹　山へ行くのにスキーをこなせずに行く人が、その後ひじょうに多くなっている。大学山岳部では高校から大学へ入ると、いきなり冬山をやる。それではスキーをこなしているひまがない。だから、スキーを知らずに、スキーを使いこなせずに冬山をやる。ほんとうに怖い話です。われわれは、スキーをみっちりとやった。だから、自由自在や。その点は、わたしらはスキーをこなしている最後の世代かもしれんな。

小山　最近はスキーを使わないんですか。

藤木　スキーは滑る道具になって、ゲレンデで遊ぶもの。ときに、スキーツアーで山スキーをやるくらいです。

山に憑かれた日々

小山　梅棹さんは、中学校時代にものすごく山を歩いているんですね。

梅棹　中学、高校と、ほんとうに山に憑かれとった。

小山　よう高校通りましたな（笑）。

梅棹　そのかわり何遍も落第している（笑）。あんなに山へ行っていたら進級できるわけがない。

小山　落第していばってはる（笑）。

藤木　違いますやん、梅棹さんは飛び級や。飛び越えてまんねや（笑）。小学校で一年、中学で一年と、合計二年の貯金があったんです。

梅棹　一年間に一〇〇日山へ行っている。山岳部のルームの壁にグラフが貼ってあって、グラフの左端に部員の名前が書いてある。一日行くと、右に一こま伸ばすわけや。それが一〇〇日越える。一年のうち三分の一は山へ行っている。もっとも、正味というとちょっとインチキなんやけれどもね。たとえば土曜日の晩に出ていって、月曜日の朝に帰ってくると三日になるわけ。それでも一〇〇日というと、ちょっとしんどいですよ。

小山　一日一〇キロで、一〇〇〇キロですか。

梅棹　そんなに早く行けへんわな（笑）。

小山　オーストラリア大陸わたってしまう（笑）。それで、中学生のときは、わりあいおとなしく低山徘徊、といったらおこるけれど（笑）。

梅棹　中学生のときはもっぱら北山でした。北山といっても、鞍馬あたりからはじまって日本海まで、ずいぶん広いですし山も深い。それをほんとうによく歩いた。

小山　そこで足腰を鍛え、登山に対する準備ができて、三高に入ってもやまず、落第しはじめたんですね（笑）。

梅棹　そうや。

小山　一年一〇〇日というのは三高時代のことですか。

梅棹　そう。中学生でそんなことはできない。

小山　わたしの友人の栗田靖之さんも、山ばっかり行っていたらしい。「新学期に学費払ってすぐ山に行って、学期末に帰ってきたら、林やったところに新しい校舎が建っててびっくりしたで」って。そんな長いこと学校へ行かないほうが悪いですわな。それほど山はおもしろいもんなんですかね。

梅棹　わたしら三高のときは、自分の人生の生きかたとして、山岳至上主義ということをいうた。すべての価値は山にあるんや、山へ行くことが人生の価値である、というやや倒錯した考えかたやけれどね。めちゃくちゃですよ。

藤木　中学生ぐらいが山に一番夢中になるころですね。わたしも旧制中学の二年のときに、ロックガーデンの奥高座というところにテントを張って、そこから甲子園の甲陽中学校まで一ケ月通ってたんです（笑）。親の心配もほったらかして。親父は自分が教えた山やから怒られへんでしょ、あきらめた。母親は心配で、こっそり担任の先生のところに相談に行ったらしい。そんなことがあったんです。このあいだ、久しぶりに奥高座がどうなっているかなと思って、風吹岩のちょっと手前から高座川におりてみたら、ありました。だけど一九九五年の阪神・淡路大震災でテント場なんかなくなってしもうてた。岩場も、その当時あったキャッスルウォールとかイタリアンリーチという岩場が崩れてないんです。

梅棹　藤木さんの先代の藤木九三さんなどが、六甲をひらいた。六甲で主として岩場で、岩登りから始まった。だから関西でも阪神間の人は六甲で岩もやるんです。しかし京都の連中は、岩はあまりやっていない。いちおうできますよ。しかし、むしろ北山で山歩きをやっている。

小山　藤木さんの一ケ月も山のテントから学校へというのもどうかと思いますけれ

ど、梅棹さんもそんな感じですね。休みが待ちきれない。

クライマーとマウンテニーア

小山　何がそういう興奮を持ちこむのか、ふしぎですね。今は山に登るのは年寄りばっかりだと言いますが。

梅棹　そう。このごろ、老人ばかりが山に行っているらしいね。

藤木　一つは、遭難が多いから親が反対する。若い人は、荷物担いでしんどいのをなんでやるんやという。だから、大学の山岳部は、わたしたちが現役のときは三〇人以上いましたけれど、今はどこの大学でもつぶれかけていますよ。関西学院大学の山岳部も、あれほどの伝統があっても一時、部員は二人でした（笑）。

梅棹　このごろ、大学の山岳部はほとんど壊滅状態らしいですよ。

藤木　そうですね。相撲部も一人になってしまって、「一人相撲」と書かれたぐらいですわ（笑）。

小山　栄光ある京大山岳部はどうですか。これはすこしがんばってやってるんですか。

梅棹　ちょっと注釈というか、誤解がないようにいいますが、京大山岳部は新しいんですよ。わたしらのときは、そんなものなかった。京大はＡＡＣＫ（Academic Alpine Club of Kyoto）という。これは光栄ある団体で、一九三〇年ぐらいにできている。それからずっと純粋アルピニズムです。

藤木　一般に学士山岳会といっていますね。お高くとまってまんねん（笑）。

梅棹　いやいや。もともとはドイツ語で、「アカデーミッシャー・アルペン・クルップ・ツー・キオト」というのですが、学士というのは「アカデーミッシャー」の訳ですよ。はじめはなんというふしぎな名前だと思った。

小山　じゃあ、京大山岳部というのは誤訳ですか。

梅棹　京大山岳部は、戦後のものです。

小山　で、ＡＡＣＫとは別系列ですか。

梅棹　全然、系統が違う。わたしは、ＡＡＣＫの戦前派の最後の会員です。戦後になって、ＡＡＣＫの先輩から、「最近は山岳部みたいなものが京大にもできているらしい。それとちょっと接触してやってくれ」と言われたことがある。それでその連中と会った。その連中の言うことには、いちいち癇がたつ（笑）。

小山　なんでそんなに怒りはる？（笑）

梅棹　話にもなにもならん。第一、遠征計画を相談に来よった。戦後にはじめて海外遠征をやるから、わたしに戦前派のＡＡＣＫの最後の会員として相談にのってくれという。それで相談にのった。どこへ行くんや、というと、マッキンリーという。「ばかもん！」とわたしはものすごく腹がたった。マッキンリーは、すでに外国人が登ってるやないか。そんな人が登った山、何しに行くねん。わたしら、海外遠征といったら、当然、初登攀をねろうた。あたりまえやと思うやろ。ところが、だいぶん気風が違うんやな。戦後出てきた京大山岳部は、山岳部と称してつくりよったんやけれども、要するに岩登り屋や。クライマー。われわれはマウンテニーアです。クライマーとはわけがちがう。穂高のどこやらの岩に登ったなんて、そんなもの、いったい登山か。

小山　まずいとこに話がいったなあ（笑）。いやあ、そうですね、正統アルピニズム。

梅棹　正統アルピニズムというたら、ただ岩に登っただけやない。今でも岩登りだけの団体があるらしいけれど、ばかばかしい。何をしとるんや。

垂直志向から水平志向へ

小山　ちょっとまずくなってきたから、山から話題をはずしましょう。白頭山へ行ったのは三高のときですか。終局的にはヒマラヤを目指していた？

梅棹　当然ヒマラヤへ行くつもりやった。

小山　その前におもしろいことを言ってましたね。垂直志向から水平志向になったと。

梅棹　そういう言いかたもある。

小山　梅棹さんは蒙古へ行きましたね。登山家としての堕落がはじまったのは、あそこでウマに乗ったことではないかと、ぼくは思うんですけれど。

梅棹　ふしぎなことやけれど、あの当時はどういうわけか、山岳部の学生たちはいっせいに大陸へ向いていた。各大学、みんなモンゴルへ遠征を出した。

小山　モンゴルには、あまりいい山はないいんじゃないですか。

梅棹　山はないです。大平原、見渡すかぎりの草原、何日かかっても平原や。

小山　だからウマに乗る？

梅棹　もちろんウマです。ウマとラクダです。当時の記録を見たら、ふしぎなくらいたくさんの大学山岳部がモンゴルへ遠征隊を出してます。その当時、エクスペディションという言葉がでてくる。これは遠征と訳しているけれど、要するに海外に遠征隊を繰りだして、はじめは山へ行ってたけれど、それがだんだん平原に行くようになった。日本で遠征登山が始まるきっかけとなったのは千島ですね。大学山岳部が千島の山へ片っ端から登っている。

小山　それはいつごろですか。

梅棹　戦前の最後やな。

小山　おもしろいんですか、あそこは。

梅棹　おもしろいんです。北ですから山としては高山的なんやね。千島遠征から、しだいにほかの地域、朝鮮、モンゴルへの遠征登山が始まっている。それでいろいろおもしろいことがあった。たとえばカムチャツカをめざしたり、どこでもいい、とにかく山があったら山へ行けという。

小山　イヌぞりはカムチャツカとは関係ないのですか。

梅棹　イヌぞりは関係ないです。イヌぞりは、遠征登山の一種の延長線上にあるけれど、南極を考えていた。南極探検すなわちエクスペディションです。わたしらは本気になって南極大陸へ遠征隊をだそうと考えた。そのためにはイヌぞりを使わなくてはならない。イヌぞりの練習をせんならん。あんなもの、使える人、誰もおらんからな。

そのころ、京大に探検地理学会という先鋭な探検団体があって、会長は京大総長でしたし、有力教授もたくさん入っていた。そこが海外のエクスペディションを次から次へと企画した。その中心になったのはＡＡＣＫです。そういう探検的な隊を毎年繰りだしている。

藤木　本多勝一に聞いたんですけれど、京大のＡＡＣＫの梅棹先生から今西錦司先生、大勢の学者が、学者だから山の会なんだけれど、探検をやっておられるでしょ。それで彼が千葉大学出てからまた京大へ入って、山岳部へ入ったわけですよ。ところが一年で山岳部をやめて、探検部をつくった。これは日本の大学で最初の探検部です。

梅棹　そうです。

藤木　ＡＡＣＫの人がやってきたことは、探検部やと思ったらしい。ところが当時、探検部はなかった。本多には先輩が一人もいないでしょ、自分が一番先輩やから。

梅棹先生のところへ行ったりして、AACKの連中を探検部の先輩にしてしまいよった（笑）。だから名簿には、梅棹先生をはじめ、四手井綱英さんから、今西さんから全部入ってます。

梅棹　海外へ出て行って探検的なことをやろうという人たちが、一九二〇年代から出てくるんです。それはひとつの文化的伝統として、今日まで生きているわけです。

藤木　本多が一九五六年、五七年と二年続けてパンジャブ大学と合同でヒンズークシ探検をやっているでしょう。あれは梅棹先生なんかに刺激を受けて、山岳部でありながら、そういう探検をやったんですな。

梅棹　わたしらのアジテーションにのったわけや（笑）。わたしの果たした役割は、考えてみるとアジテーターやな（笑）。

藤木　本多が梅棹先生を探検部のOBにしてしまったけれど、山岳部のOBでもあるんですか。

梅棹　わたしは山岳部とは関係ありません（笑）。そんなどこのウマの骨かわからんのと一緒にやれるか。

小山　関係者がいたら、あばれだすかも。

梅棹　ほんとうにね。山岳部なんて軽蔑していた（笑）。

実証派と合理主義

小山　梅棹さんの京都一中、三高のとき、それから探検なども含めた行動をみていると、獰猛なまでの肉体と意志を感じるのですけれど。梅棹さんは肉体派ですか、知性派ですか。

梅棹　基本的に肉体派やと思う。よく誤解されるけれど、わたしはスポーツマンです。しかし同時に、山へ行くときは、ただぼんやりと歩いているわけやない。動物を見て、植物を見て、地質を見て、気象を見ている。そうして自然科学の基礎をわたしはフィールドで鍛えられた。フィールド・サイエンス、日本の野外科学はそういう伝統で育てられたのです。若い人たちが、明治の末ごろからみんな山へ行った。今、わたしがひじょうに心配するのは、老年ばかりが山へ行って、若い者が山へ行かなくなったことです。はたして、これで日本の自然科学の伝統が維持できるのか。日本の自然科学の伝統、野外科学の伝統は、明らかにそういう人たちによって育てられたのです。

小山　「行って見てこい」と。

梅棹　行って見てこないとあかん。だいたい、本を読んでるのが学問やと思ったら大間違いや。

小山　それはそうですね。実体験派なんです。中尾佐助先生によく言われました。「おまえ、見たのか」とか「食べたのか」とか。

梅棹　中尾はまた、実証派の大将やったからなぁ（笑）。とにかく徹底的に実証。自分で見たか、どんな深遠な学説でも、人の言うたことを繰り返したのでは学問にならん、という気風があります。それが今でも連綿として伝わっている。

小山　みんな強固な合理主義精神が芯にありますね。「すれっからしの合理主義者」。

梅棹　だから、みんな科学精神の精髄を身につけている。それでいて肉体派、スポーツと結びついている。わたしでもそうです。

小山　そこがわからん（笑）。ねばり強さなんですか、瞬発力なんですか。梅棹さんは、もうあきらめたかなと思っても、まだずーっとやってる。

梅棹　わたしは、日本の文化的伝統のなかで、山がひじょうに特徴のあるおもしろい役割を果たしたと見ている。これは二〇世紀初頭から連綿として伝わっている。

山を中心とする自然科学と結びついて、実証的で科学的で、そして身体的な文化複合をつくっている。

自然観察

小山　梅棹さんと話していたり本を読んでいたりすると、自然観察の鋭さを感じる。たとえば、飯田から遠山へぬけようとした道に大きなエノキがあって、そのまわりをオオムラサキが群れ飛んでいたとか。

梅棹　それはよく覚えています。飯田から小川路峠という大きな峠を越える。越えると遠山郷、下栗という村。その村の耕地のはしにエノキの大木が何本かあった。そのまわりを華麗なるチョウが舞っていた。それがオオムラサキです。オオムラサキが飛んでいるのを初めて見た。みごとなもんや。大きなチョウですよ。

小山　エノキなんですか。

梅棹　エノキです。あのチョウはエノキにしかつかない。

小山　河合雅雄さんが、そういうメチャ理論的なところがあって、エノキさえ植えればオオムラサキがくる、と言って、丹波の森公苑にエノキを植えた。ところが、土が悪くて全然生えん、チョウが来ないと嘆いていた（笑）。ほかにも北山で見たテングチョウとか、そういうのをよく見ていましたね。

梅棹　わたしは登山家だけれども、基本的に、スタートが自然科学者なんです。

藤木　梅棹先生の自然観察の鋭さというのは、読んでいつも感心していた。岡山大学におられた安江《やすえ》安宣《やすのぶ》先生がよく言っておられました。梅棹さんの見方には、ちょっと普通にはまねできない、観察の鋭さがあるとね。

梅棹　それを楽しんでます。

藤木　そりゃそうでしょうけれどね（笑）。亡くなられた安江さんみたいな本職が言ってましたからね。

梅棹　本は読みます。でも、それはどこまでも知識の補充やな。本を読まないことには、チョウチョの学名ひとつわからへん。しかし、本の知識というのは所詮それだけのものです。

小山　安江先生というのはお友達ですか。

梅棹　だいぶ先輩です。わたしが京都一中に入ったときに、もうすでに補習科にいたと思う。補習科というのは卒業生のいくところやけれど、「あれが安江先輩や」

と上級生に教えられたことがある。畏敬の念を持って見ていました。

安江さんは子どものときジャワにいたらしい。南洋をやるつもりで、ニューギニアに目標をさだめていたのですね。戦後にニューギニアに行けるかもしれないという話があって、加藤泰安らがニューギニアのカルステンツへ登るといったから、安江さんのことを思い出して、電話で「行くか」と声をかけたんです。すると安江さん、大きな声で「行くぞぉ！」て答えた（笑）。かれは昆虫学者です。のちに京大農学部昆虫学教室に所属していた。たいした人ですよ。一中の山岳部報告『嶺』に「エルモの火に就きて」というたいへんな論文を書いている（註）。中学生ですよ。

藤木　ニューギニアでご一緒だったんです。海岸でジャガイモ畑へ行きまして、そこへ椅子を持って行って、ジャガイモの前で一日座っておられるんです。何を見ているのかと思ったら、テントウムシなんですね。ジャガイモにとってはテントウムシが一番害虫なんです。わたしらやったら網をもって走り回って捕るでしょ。ところが、かれはじーっと観察しないと、本当のテントウムシの生態がわからないといって、一日椅子に座ってはる。テントウムシが飛んで来て、何して、どこへ行くかを一日観察しておられる。気が遠くなりますわ（笑）。

梅棹　じつに偉い人でした。

小山　梅棹さんは昆虫や植物だけでなく、地質学まで興味をもって、「稗田のぬけ」がフォッサマグナと関連していると書いていましたね。

梅棹　いや、地質はあまりわかりません。地学は本格的にやってない。むしろ山に行く人間として、一通り気象学をやっている。

小山　何でも一通りやらなあかんのかあ（笑）。

梅棹　そうやね、一通りやらなあかん。一通りやるということは、自然科学の王道ですよ。本読んで、何やらの狭い専門のことがわかるというだけでは、まともな学者とはとても思えない。

（註）安江安宣（著）「エルモの火に就きて」『嶺』第二号　五―一二ページ　一九三四年一月　京一中山岳部

歌を歌う

小山　すみません（笑）。これも梅棹さんと話していたり本を読んでいて印象的だったのは、山ではすごく楽しい夜を過ごすんですね。あの明るさは何なんでしょうね。夜、たき火して、友達と歌を歌ったりして。

梅棹　夜になったらみな、豪快なたき火をやったな。今は、勝手にたき火したらいけないのでしょう。われわれのときは平気でした。黒部源流なんて、どんなすばらしかったか。流木で大きなたき火をやった。それで一晩中、歌をうとうた。

藤木　だいたい山へ行く人は替え歌がうまいですよ。われわれは替え歌ばっかりつくって歌っていました。

小山　「雪山讃歌」も。

梅棹　あれは三高の山岳部歌や。わたしたちは「雪よ岩よ」と言っている。もとはアメリカの西部開拓のときの歌やろ。

小山　「いとしのクレメンタイン」ですね。

梅棹　あの替え歌は三高山岳部のスキー合宿でできたものやけれど、後にこれを西堀栄三郎さんが作詞者代表となって著作権登録したんや。一回演奏するといくらかお金になる。それが三高山岳部の財産をひきついだＡＡＣＫの収入になる。西堀さんが権利を寄付しておかれたんです。だから「雪山讃歌」がラジオなどで一遍演奏されると、いまだにＡＡＣＫにはいくらか入ってくる（笑）。

小山　藤木さんは、寒いから歌うんやと言われていますが。

藤木　冬山ではいったん吹雪いたら、一週間や一〇日動けないことがあるでしょう。することないですやん。

梅棹　すること、ないなあ。

藤木　歌を歌うことが一番いい運動なんですよ。雪洞やテントに閉じこめられて一週間や一〇日、冬やったらしょっちゅうです。することないから、食べて飲んで、あとは歌う。だから、いろんな替え歌をつくります。

梅棹　山だけやないんですよ。わたしが歌で思い出すのは、船の上やな。大学一年のときにミクロネシアをまわっているんです。船旅が長い。そのときにずいぶんうとうたな。

小山　人間、やることがないと、歌を歌うのかしら（笑）。

藤木　たとえば一九七三年秋のエベレスト南壁登山のとき、ベースキャンプから第六キャンプまで七つぐらいキャンプがあるでしょう。無線機で下のキャンプから上の第七キャンプまで歌の交換をやってます。そういうことをしょっちゅうやるでしょう、天気の悪いとき、することがないから。そのうち、島倉千代子ファンクラブとか、美空ひばりとか、いろいろ喧嘩するわけですよ（笑）。われわれのエベレストの時は橋本龍太郎が総隊長でしたが、島倉千代子のファンクラブが一位やった。そのことをわたしが『ああ南壁』に書きましたら（註）、帰ってきてテレビで、島倉千代子本人が出てきた。聞き役がその話を持ち出して、本人が出てきてびっくり仰天しましたで。わたしの歌、エベレストで歌ってくださってありがとうって（笑）。

小山　栗田靖之さんは、ヒマラヤから阪神タイガースに祝電を送ったらしい。

梅棹　へえ。

小山　あれ、優勝したときやったかな。

栗田　一九八五年に、わたしがマサコンというブータンの山に登ったとき、阪神タイガースがリーグ優勝したので麓まで使いを走らせた。またしばらくしたら日本シリーズでも優勝したので、もう一度やった。わたしは副隊長でひまでしたので、そんなことをしておりました。

小山　山登りには、ひまなおもしろいときもあるんですね（笑）。しかし、先輩とか友人の死とか、自分も死にかかった、遭難しかかったという話もいっぱいあるでしょうね。

梅棹　こわい話はたくさんありますす。あわやというのは、わたしも何遍も経験した。ようう、無事に切り抜けて今、生きているなあというもんや。

（註）藤木高嶺（著）『ああ南壁――第二次ＲＣＣエベレスト登攀記』一九七四年三月　朝日新聞社

山の精神

小山　最後に聞きたいのですが、そういう山に梅棹さんを駆り立て、山を愛させた、精神的風土の原点はどこにあるのでしょうか。

梅棹　自然科学の基本と同じやな。自然愛好心です。

小山　しかし、人間関係がずいぶん絡んでくるでしょう？　軍隊式登山部にはものすごく批判的ですね。

梅棹　それはそうや。われわれは軍隊式とはまったくちがう。その点で関東のはいかん。

小山　こんどは関東か（笑）。

梅棹　関東のそういう学生団体の上級生と下級生の関係は、京都とは全然違う。第一、わたしら三高やったけれど、三高山岳部においては、新入生からいきなり、先輩にいっさい敬称を使ってはいけない、敬語を使ってはいけない、「さん」づけもいかんと。全部呼び捨てです。北アルプスやら行くと、関東の山岳部の連中がやってくる。下級生が一番重い荷物を背負って歩いている。後ろからピッケル持った上級生が歩いてくる。ちょっと下級生が弱ってくると、後ろからピッケルで尻をたたく。軍隊のしごきみたいなもんです。この気風は少なくとも京都には全然ない。

小山　登山活動の衰退をきたした原因のひとつに、ワンゲルのしごきの問題があったような気がしますが。

梅棹　わたしがわからんのは、山へ行って、どうしてしごきが成り立つのか。登山は、一番、しごきから遠い世界やと思うんやけれど。

藤木　わたしも関学の山岳部の新人のころは、ピッケルで殴られたり、ものすごくしごかれましたよ。

梅棹　へえ。

藤木　そんなもんや、と思うから、つぎに後輩が入ってきたら、同じことをやるわけ（笑）。

小山　しごかれたから後輩に復讐して。

梅棹　わたしらはそういうのと全然無縁やな。

藤木　そんなんＡＡＣＫだけですよ。山にかぎらず、どこの運動部もみなそうですわ。運動部の伝統じゃないですか。今はないですけれど。

小山　わたしが驚いたのは、民博に入った時、梅棹さんが館長で、議論の時はみんな平等だ、助手でも教授でも同じだと言ったことです。そしてこの人がまた議論に強い。結果的にシゴキだった（笑）。本当に対等に議論するんです。ふつうは、お前ら駆け出しにわかるか、と押さえてくるんですが、このかたは一切そういうことがない。それが山の精神ですか（笑）。

梅棹　山の精神や。わたしらも学会で何人もそういうふうな学者と接した。すると威圧的に見える。権威を持って若い人の上にのしかかる。学者として、こんな恥ずかしいことはないと思った。くやしかったら議論せい、と。議論して負けたら、先輩といえども負けは負けや、あかん。

聴衆との対話

小山　あれは、日本としてはふしぎな世界でしたね。きょうは山の話でまとめようと思っても全然まとまらないんですが、みんな、いろいろ質問したいかたがいるんじゃないかと思います。何かありましたらどうぞ。

聴衆　今からどこかへ行けるとしたら、どちらに行かれたいですか。

梅棹　どこへ行きましょう（笑）。わたしはもともとモンゴルから始まりましたから、中央アジアに行きたいですなあ。中央アジアからヒマラヤにかけて、これはわが心のふるさとですよ。世界じゅう行きたいけれどね。

小山　中国はほとんどの省に行って、まだひとつ残していると。

梅棹　中国はほんとうによく歩いた。中国は今、何省あります？　三〇省ですか。そのうち一省を残して全部歩いた。一省というのは安徽省です。というのは、安徽省は山がないし、少数民族がいない。ただ耕作しているだけのべたーっとしたところやな。そんなところ興味がないので、西安からのかえりに、昼食を食べに省都の合肥に立ちよっただけで、ついに踏みこまなかった。あとは全部歩いています。

小山　この人、牧畜民ですからね。

梅棹　世界のうちで、わたしが足を踏み入れなかった大陸があるんです、それは南極大陸です。なぜかというと、南極大陸には人間がいない。だからついに、南極大陸には入っていない。しかし、行くつもりはしていた。さっき話に出たイヌぞりの練習を本気になってやったんやな。このイヌぞりをやった経験は、日本人としてはひじょうに珍しいです。本当にイヌぞりに乗って、イヌに鞭あてて走らせたんやからね。ついでに申しあげますと、イヌぞりというのはけっして快適なものと違うんですよ。サーッと雪の中を走ったりしない。ものすごくガタガタのものです。くたくたになる。それに寒い。

聴衆　『白頭山の青春』という本を藤田和夫さんと一緒にまとめられましたね（註）。先年読ませていただいたのですが、三高生の時に藤田さんと伴豊さんと三人で白頭山に登って、天池の湖畔で二晩すごして、当時の満州側へ下った。その時のことで、天池の色が真っ青で悪魔的だったという表現をされていましたが。

梅棹　いや、悪魔的という表現をしたのは、天池の色と違うんですよ。天池の周辺の岩壁の色です。すごい色をしている。

聴衆　昨年、あの本を読ませていただいて、あこがれの白頭山に、中国側からですから長白山ですが、今、車で登れるんです。登ったら季節が六月の末の寒い時期、何も見えずに残念でした。だから、できたらもう一度行きたいと思っているんです。本当は天池をもう一どみたいと思っています。

梅棹　あの岩壁はすごい色してますよ。

小山　水じゃなくて岩の色ですか。

梅棹　それが水に映えている。あの経験は本当に忘れがたいですね。白頭山の頂上に立って北を見たら、見わたす限り大森林、樹海です。その樹海をつっきって降りていったんや。

小山　あれ、彷徨でしょ、道に迷った。

梅棹　道に迷ったって、道、あらへんやん（笑）。天池の水が滝になって落ちている。それをたどっていったんや。ときどき横にそれるから、それで迷うというか、問題が起こる。ちょっと時間がかかりましたけれどね。

小山　それでも一時、三高生が行方不明になったとか、そういうニュースさえ出まわった。一週間ぐらいかかったのですか。

梅棹　それぐらいかかったと思うな。とにかく大樹海を無事つっきって、満州側の警備隊にたどりついた。若かったんやな。

聴衆　たしか、一九四〇年となっていました。

梅棹　二〇歳です。

小山　リングワンダリングをしたとか。

梅棹　白頭山では、そんなん全然ない。

小山　他のところででしたかね。

梅棹　白馬乗鞍の中腹どころに広い雪原があるんです。リングワンダリングはそこでやった。吹雪のつづくなか、その晩はツェルトでビバークしてるんです。あれはひとつ間違ったら遭難ものやな。しかし無事きりぬけて、帰ってきた。さっきの話の続きになりますが、何といってもわたしたちは山で、森林のなかでやるスキーをこなしていた。その点は恐ろしいことはなかったんです。特に妙高の外輪山一帯は、一種のホームグラウンドやった。ブナ林のなかを自由自在につっきって降りるのがどんなに楽しかったか。

小山　ブナ林の下は、ササが生えてるんじゃないですか。

梅棹　そんなもの何もあらへんがな。全部雪や。ほんとうにわれわれはスキーの世代です。今の人はどうか知らんけれど、若い山岳部員なんかは、あれだけのスキーはこなせていないんじゃないかな。そのかわり、競技スキーとは全然違いますから、速さを競うたら話にならん。

藤木　以前は、ゲレンデに遊びに行ったときなんか、ケーブルやリフトに乗るために行列しないと行けないから、朝早く起きて行ったでしょう。今は、どこへ行っても、出てくるのは昼からですよ。みんな、前の晩、ディスコや麻雀で遊んでるから、朝早く行ってリフトに乗るために行列するとか、番号券もらうなんてしません。今の若い連中は、昼ごろまで寝てますわ（笑）。

梅棹　わたしは、スキーのリフトというものに乗ったことがない（笑）。

小山　アイスマンですな。

梅棹　そうです、前世代の遺物や（笑）。リフトというもの、全然知らん。

広瀬　ちょっと補足させてもらいますと、梅棹さんの一番のお得意はテレマークです。これは深い雪のときにでもすいすいと行く。きわめてクラシックなスキーです。

藤木　ころばないんやね、あれ。

聴衆　三高山岳部の部員だった広瀬幸治《ゆきはる》さんは、梅棹さんのテレマークを見ている。

梅棹　わたしのテレマークを知っている人がいるとは、うれしいですな（笑）。当時でもテレマークをやる人はごく少なかったんや。

小山　テレマークって何ですか。

梅棹　テレマークというのはアルプス系のアールベルクスキー術とちがって、北欧系の回転技術の一種です。右スキーと左スキーを前後に大きくずらして、膝を深く曲げて鋭角的に曲がる。

藤木　荷物を担いでも滑りやすいんですね。

梅棹　ひじょうに安定しているんです。

広瀬　ゆっくり回れる。いくら雪が深くてもできるんです。

小山　きょうはやはり、すごい人が来てましたね。梅棹さんのテレマークを覚えていた。しかも、ほめたっていうからすごい（笑）。

時間もきましたので、これで終わります。本日はありがとうございました。

（註）梅棹忠夫、藤田和夫（編）『白頭山の青春』一九九五年一月　朝日新聞社

第3章　山の仲間たち——山をめぐる交遊録

粋な釣り師　今西錦司さんの横顔

解説

今西錦司というひとは、登山家としてきわめて有名であるが、生涯、渓流のアマゴ釣り師であったことはあまり知られていない。このひとが河川上流の渓流づりに熱中したのは、おそらくは、その専門の昆虫生態学と関係があったにちがいない。このひとの出身は京都大学農学部農林生物学科の昆虫学であるが、ながく同大学の理学部動物学の講師であった。その担当教授は、陸水生物学の川村多実二教授であったが、今西さんの河川づりもそれとつながりがあったのであろう。川村教授は日本における陸水生物学の開拓者であり、大成者であった。

ここに掲載した一文は、財団法人リバーフロント整備センターが発行する月刊雑誌『FRONT』に寄稿したものである（註）。この雑誌は一九八八年から二〇〇七年の第二二二号まで発行された河川に関する専門誌である。写真をふんだんに使用して、水にかかわる話題を、一般人にも読みやすく紹介している。

（註）梅棹忠夫（著）「渓流釣り――粋な釣り師の横顔」『FRONT』六月号　第五巻第九号　通巻第五七号　二〇―二一ページ　一九九三年六月　財団法人リバーフロント整備センター

今西錦司の渓流づりがどのような動機ではじまったのか、わたしはしらない。青年時代、かれは山地渓流にすむカゲロウの幼虫の生態を研究テーマとしていた。学位論文もその主題をとりあつかったものだった。かれの渓流づりはそのことと関係があるにちがいない。山地渓流にすむマス科の魚の主要な食物は、カゲロウなどの昆虫の幼虫だからである。

今西の渓流づりの目的は、陸封されたマス科の魚に集中していた。これらの魚は河川の上流にだけすんでいて、海にくだることはないのである。そのなかでも今西の興味はアマゴにかぎられていた。関東でいうヤマメである。かれは全国の渓流を丹念に釣りあるいて、それらの魚の分布をしらべていた。日本の河川の上流にはアマゴのほかにイワナがいるが、イワナはいっそう水温のひくいところにあらわれる。したがって、各河川の最上流にはイワナがすむのがふつうである。今西はどの川すじの、どのへんまでさかのぼるとイワナがでてくるかということを正確にしらべていた。ひとつひとつの谷すじを、自分で釣りのぼってたしかめたのである。

大興安嶺での巨大魚釣り

わたしが今西錦司の釣り師ぶりをはじめて目のあたりにしたのは、しかし日本の渓流においてではなかった。それは中国東北地区の最北部、大興安嶺の山中においてであった。一九四二年のことである。わたしたちは今西を隊長とする探検隊を組織して、この地球上にのこされた、数すくない未探検地域に出かけたのであった。

そこには黒竜江の最源流を形づくる渓流があった。しかし、日本の山の繊細ながれとはちがって、水量のゆたかな急流がおおかった。雄大な自然のなかでの魚釣りも、また豪快きわまりないものであった。

釣り師今西の指示にしたがって、われわれは継ぎ竿や釣り針、リールなども用意していたのだが、この大興安嶺での渓流づりは日本内地の渓流における釣りのような、なまやさしいものではなかった。そこにはやはり陸封されたマス科の魚、タイメンやレノックなどがいた。タイメンというのは日本語ではイトウとよばれる大型の魚で、ときには一メートルちかくになる。レノックはコクチマスとよばれる魚で、これもかなりおおきい。

これらの大型の魚を相手にしては、日本からもっていった釣り針や釣り糸などは、たちまち食いきられてしまった。

さいわい、探検隊の馬方として同行していたコサックたちが、じょうぶな釣り具をもっていたので、それをわけてもらった。釣り糸は電気器具のコードのようにふとかった。先には金属製のちいさな靴ベラのような擬餌がついていた。リールでまきあげると、その擬餌が水中でひらひらとうごく。それをめがけてイトウがくいつくのである。イトウは完全な魚食性の魚である。

コサックのなかにグラモフスキーという男がいた。かれはトンマでしばしばしくじりをやって、隊長から罵声をあびせられるのである。ところが、そのかれが今西隊長の信任をえたのである。それはかれがまことにすぐれた釣り師であったからである。とくにかれは豊富な釣り道具をもっていて、それを今西隊長に提供したのであった。グラモフスキーの擬餌針で大物を釣りあげたときの今西隊長の顔には、会心の表情がみられた。

わたし自身はそれまで釣りをしたことがなかったが、このときはじめて今西について釣りをまなんだ。わたしはまだ学生であったが、卒業論文はこの大興安嶺の魚類の生態をテーマとした(註)。

(註) 梅棹忠夫(著)「黒竜江上流の魚類群集の構造」『生態学研究』「梅棹忠夫著作集」第三巻 四一一六一ページ 一九九一年四月 中央公論社

つかれをしらぬ一級釣り師

わたしが本格的に今西を師として渓流づりをはじめたのは、戦後のことである。わたしは今西につれられて釣り道具屋にゆき、継ぎ竿、てぐす、針、しず、びく、餌箱など、ひととおりの道具を買いととのえた。それらをもって山へでかけるのである。最初の釣り場は京都北山の大堰川源流であったように記憶する。

渓流づりは孤独なスポーツである。数人がならんで釣ることはない。ひとりひとりがべつべつの支流の谷すじにはいって、釣りのぼるのである。きまった時間に谷をおりて仲間にあう。そして成果をくらべるのである。わたしも回をかさねるにつれて、しだいに腕が上達した。

当時、京都大学の教官のなかに「京都大学河川上流釣り組合」というのが結成されていた。教授連中のなかに、無類の釣りずきが幾人もおられたのである。今西はその有力メンバーのひとりだった。わたしもその組合に加入をゆるされた。

釣り師としての技能を認定するために、組合では「級」をさだめていた。渓流にはいって、一匹でもアマゴを釣りあげると、三級に認定される。イワナは何匹釣りあげても、認定の対象にはならない。上級者とともに、おなじ川すじにはいり、べつの枝谷を釣りのぼり成果をきそう。なんどか上級者をしのぐ成果をあげると、昇級がみとめられる。わたしは今西とたびたび行をともにして、ようやく二級に進級した。

今西はといえば、かれははやくから一級であった。一級釣り師の条件は毛針をつかいこなすことである。餌は、ふつうはほそいミミズかスズコをつかうのだが、じょうずなひとは毛針をつかう。一種の擬餌である。そのころ、京大の河川上流釣り組合では一級のひとはすくなかったように記憶する。わたしはついに毛針をつかうことができずに、二級にとどまった。

今西は当時、五〇歳前後であったとおもうが、山での身のこなしかたは軽快そのもので、その肉体には強靭なバネがしかけられてあるような感じであった。一日がかりでおおきな渓谷をのぼりおりしても、このひとはつかれをしらないようであった。夜に村で民宿をとると、かならず酒をのんだ。村で手にいれる地酒のほかに、かれは水筒にウイスキーをつめてもっていた。谷をすりのぼりながら、ひとやすみしては口にふくんでいたのである。

けっきょく、今西錦司にとって渓流づりとはなんであったのか。自然をこよなく愛したこのひとにとっては、それはくりかえし山にはいるためのきっかけをあたえるものであった。かれは青年時代から一貫して先鋭なアルピニズムの実践者であり、ヒマラヤ登山の開拓者でもあった。そのかれが中年のある時期に渓流づりに没頭したのは、その繊細さのせいではなかったかと、わたしは推測している。その行動の豪放さにも似ず、かれは一面できわめて繊細な精神の持ちぬしであった。渓流づりは繊細さを必要とする。かれはアマゴのすばやいうごきに釣り糸をあわせるその一瞬の微妙さに、自然との融合を感じとっていたのではなかったかとおもわれる。

中尾佐助君との交遊

た。

解説

中尾佐助は野外科学者としてきわめてすぐれた人物であった。その学識において、わたしはわが生涯にめぐりあった、もっともすぐれた人間のひとりとして、わすれることができない。かれの突然の死は、わたしにとってはおおきなショックであった。

中尾は生前に書いたものも比較的すくなく、著作集をのこすこともなく、論壇で活躍することもなかった。そのせいであろうか、かれの突然の死のあと、そのすぐれた学識をたたえる文章もいっこうにあらわれることはなかった。このすぐれた学者のことを書きのこしておくことは、親交のあったわたしの役わりであるとおもって、わたしはかれとの交遊をしるして同人雑誌『千里眼』に寄稿した（註）。ここに載録したのがそれである。

ところが中尾は、かなりの資料類と著作物をのこしていたのである。それらを整理して、大阪府立大学には「中尾佐助コレクション」のコーナーが設置され、いっぽうで「中尾佐助著作集」（全六巻）も刊行された。

今回、「中尾佐助との交遊」を本書に収録するにあたっては、「追記」として、そのコレクションと著作集のことについて、あらためて書きくわえた。

（註）梅棹忠夫（著）「中尾佐助との交遊」『千里眼』第四七号　一九九―二二二ページ　一九九四年九月　財団法人千里文化財団

突然の死

一九九三年一一月二〇日、大阪府立大学名誉教授の中尾佐助氏がなくなった。わたしにそのしらせをもたらしたのは、国立民族学博物館（通称　民博）のあたらしい館長の佐々木高明君であった。電話で中尾氏の死をきいて、わたしはまったく信じられない気もちだった。かれが健康を多少そこねているということはきいていた。腎臓がわるく人工透析をうけているという。しかし、まさか死ぬなどとはまったく予想していなかった。死因をきくと、急性心不全とのことだった。

夫人の和子さんがなくなったのは一九七四年の春だったと記憶する。それ以来、かれはずっとひとりぐらしであった。朝は自分で紅茶をいれ、トーストの朝食をとっていたらしい。隣家には長女の百合子さん一家がすんでおられ、裏庭は中尾邸とひとつづきになっていたはずである。百合子さんはときどき裏庭から中尾邸のようすをみておられたという。二〇日の朝、紅茶の茶碗をおとす音がきこえたので見にゆくと、かれはいすに腰かけたまま事きれていたそうだ。

葬儀は翌々日の二二日におこなわれた。わたしは大阪の千里からタクシーでいったが、名神高速道路がたいへんな渋滞で、ずいぶんと時間がかかった。京都紫野の中尾氏宅に到着したのは出棺まぎわだった。わたしは棺がおおわれるまえに、花を一輪なげいれた。そして中尾家の門のまえに立って出棺をみおくった。

わたしはこの家にはなんどか来たことがある。戦後まもないことであったようにおもう。かれは結婚して、この家をたててすんでいた。当時はわたしも京都にすんでいたので、おたがいに家を訪問しあっていたのである。わたしが国立民族学博物館長をつとめるようになって千里にうつってからは、おたがいにたずねあうことはたえた。しかし、かれに大学共同利用機関としての民博の評議員をつとめてもらっていたので、年に数回は千里の万博公園のなかにある民博まで足をはこんでもらった。晩年のかれはすこし足がよわっていて、老人くさいあるきかたになっていた。

かれ自身はそれを気にしていて、あまりその姿をひとに見られるのをこのんでいなかった。それに白内障があって、「まるで他人の目でものをみているようだ」とこぼしていた。

このように、多少はからだのおとろえがあったようだが、年のせいだぐらいにかるくかんがえていたので、かれの死の知らせをきいて、わたしはほんとうにおどろいたのであった。

出あい

中尾氏は一九一六年のうまれであるから、わたしより四歳年長である。かれとの交遊は一九三九年にはじまる。そのときわたしは旧制三高の学生だった。かれは旧制八高の出身だが、そのときはすでに京都大学農学部の学生だった。かれとの交遊は、それ以来、五〇年以上にわたってつづいている。ここまで「中尾氏」などと、よそよそしい呼びかたをしてきたが、日常的には「中尾君」、または「中尾」と呼びすてにしていた。むこうもわたしに対しておなじ呼びかただった。この文章もここからは「氏」はやめて、呼びすてにさせてもらおう。

中尾とはじめて出あったのは、さきにのべたとおり一九三九年のことである。当時、京都大学には旅行部という団体があって、かれはそれに属していた。この名称からは温泉めぐりでもするような印象をうけるが、これはたいへん先鋭なクラブで、学生の登山家と探検家の集団だった。

一九三九年には、かれはこの旅行部員として中国東北部の小興安嶺に遠征している。そのころ京都大学には京都探検地理学会という団体があった。羽田亨総長が会長で、各学部の有力教授が会員に名をつらねていた。学生会員もあって、中尾もその一員だった。大学以外の三高の学生も参加をゆるされていて、わたしもそれにくわえてもらっていた。近衛通《このえどおり》の楽友《らくゆう》会館で毎月例会がひらかれて、各地の探検旅行の報告などがおこなわれていた。ここで旅行部の小興安嶺の報告会もひらかれたのであった。そのとき中尾の報告をきいたのが、かれとの最初の出あいであったように記憶する。かれの報告は詳細な自然観察にみちていて、生物学に興味をもっていたわたしにはたいそうおもしろいものだった。かれはそのとき、小興安嶺にみられる植物のリストをおおきな模造紙いっぱいに書きつらねたものをはりだした。かれはまだ農学部の一学生にすぎないのだが、わたしはその学識のゆたかさに驚嘆した。

かれはまた、北部朝鮮の山をあるいている。これは小興安嶺の翌年であったかと記憶する。そのときはひとりの同行者とともに、狼林山脈のなかで焼畑農耕をいとなむ火田民《かでんみん》の調査をおこなっている。わたし自身もおなじ年に北部朝鮮の山やまをあるいたが、それは冠帽峰、摩天峰、白頭山方面であって、かれの足跡とはかさなっていない。帰国後、情報の交換をおこなったが、このときも、わたしはかれのふかい学識に感心したことを記憶している。

北に南に

一九四〇年の年末から翌年の一月にかけて、わたしはかれと探検行をともにすることになった。京都探検地理学会が厳寒期の樺太において、イヌぞりの走行テストをおこなうという。隊員は学会の学生会員六名であった。そのなかには中尾のほかに、のちにヒマラヤのマナスル初登頂で名をあげる今西寿雄君もいた。中尾はそのとき京大の三回生であった。わたしは三高の三年生であったが、とくにその隊員にくわえてもらったのであった。

当時日本領であった南樺太の敷香《シスカ》を起点として、先住民のウイルタ族とニブヒ族のイヌぞりをやとい、日本人行商人の二台のそりをくわえて全部で四台のそりで出発した。ホロナイ川をわたり、タライカ湖を横断して、樺太東北山脈の奥ふかくまでイヌぞりをはしらせた。これは将来、南極探検をおこなうときの準備というつもりであった。

わたしがかれと行をともにしたのは、これがはじめてだった。敷香までの汽車と連絡船のながい旅ののち、さらにイヌぞりで旅行をつづけるあいだに、わたしはかれからさまざまなことをおしえられた。

一九四一年の夏、わたしはふたたびかれと探検行をともにすることになる。こんどは一転して南だった。当時、日本の委任統治領だったミクロネシアの島じまをめぐり、なかでもポナペ島にいちばんながくいた。ポナペ島はかなりおおきな火山島で、島の中央部にはナナラウト山（七八七メートル）という山がそびえている。わたしたちはその山にも登頂した。

このミクロネシア旅行は今西錦司先生を隊長に、学生たちに学術探検の実地訓練をほどこすという目的でおこなわれたものである。中尾はこのときすでに一人前の植物学者としての学識をそなえていたし、じっさいそのようにふるまっていた。わたしはここでもかれの学識のふかさとひろさに感嘆したのであった。

この年、一九四一年の春にかれは京都大学農学部農林生物学科を卒業している。木原均教授のもとで植物育種学をおさめたはずである。わたしたちがポナペ島から帰国してからまもなく、太平洋戦争がはじまった。かれは翌年の一月には召集をうけて入隊したが、結核のためにすぐに陸軍病院に入院させられた。退院とともに召集解除になって、かれは京都大学にかえってきた。

その後しばらく、かれはわたしたちのまえにほとんど姿をみせなかった。あとできくと、入院や通院はしないで下宿でじっと寝ていたのだという。そのあいだは医者にもかかっていなかったのではないかとおもう。

一九四二年夏には、わたしたち仲間はやはり今西錦司先生を隊長に、北部大興安嶺の探検を実行した。本来なら当然中尾も参加するはずなのだが、かれはこれにはくわわっていない。それはこの病気のためである。当時多数の若者たちが結核でたおれ、結核は不治の病気とおそれられていた。かれはひたすらに静養につとめて、いわば自力で病気を克服してしまったのである。わたしはその精神力に感動した。

冬のモンゴル

一九四四年の春にはかれも体力を回復して、ふたたび探検の戦列にくわわった。今西錦司先生は、中国の張家口市に新設された西北研究所の所長として赴任されることとなった。中尾もその正所員としてそこに赴任した。わたしは大学院在学中だったが、嘱託としてその研究所にゆくことになった。こうしてまた、かれとの共同作業がはじまったのである。

この研究所に赴任するにあたって、かれの判断の卓抜さをものがたるひとつのエピソードがある。新設の研究所であるから、研究用の装備類も内地で新調しておくらねばならなかった。そのなかには試験管などのガラス製品もかなりあった。これをどのようにしてはこぶか。わたしたちは常識的にひとつひとつていねいに紙でつつむことをかんがえたが、これはたいへんな作業だった。ところが中尾の判断はちがっていた。こんなものは、すべてそのまま柳行李《やなぎごうり》にいれておくればよいという。それでは、こなごなに割れるではないか。ところがかれに言わせると、こわれるのはせいぜい数パーセントだという。わたしたちは半信半疑だったが、かれの提言にしたがって、そのままおくった。

現地について柳行李をあけると、ガラス器具はほとんどこわれていなかった。かれの主張はただしかったのである。かれはしばしばこの種の意表をつく発想でひとをおどろかせたが、それはおどろくべき程度に実際的な経験に裏うちされていたのである。かれはゆたかな学識とともに、きわめて常識に富むひとでもあったのである。

張家口の研究所では、おなじ宿舎のなかにそれぞれの部屋をもっていた。食事は漢人のボーイによる共同炊事だった。中尾は現地での野菜の種類や値段などにもよく通じていて、わたしたちはずいぶんおしえられた。

一九四四年の九月から翌年の二月まで、わたしたちは冬のモンゴル草原の調査旅行にでかけた。厳冬期のモンゴルはさむかった。西北風が真正面から吹きつけるなかをラクダですすむのである。気温はしばしば零下三〇度以下にもなった。

この調査旅行については、かれは研究らしいことはなにもしなかったと後年かたっているが、じっさいは、やはり冷静な目で草原の植生を緻密に観察しているのである。わたしなどは植物にうといので気がつかなかったのだが、かれからは種類のちがいや生態について、こまかいところまでおしえられたのである。

二月にはいって、積雪期の調査旅行もおわりにちかづいたころ、かれがひとりで雪の荒野をさまようというできごとがおこった。そのときは乗馬だったが、かれは植物の観察に夢中になっていたのであろうか、一行からはぐれてしまった。夜がふけてくると、雪の原はしんしんとさむくなる。さきにキャンプにかえりついていたわたしたちは、かれの身を気づかってたき火をおこして、もちもののなかから燃やせるものを全部火のなかに投げこんだ。火はかなりおおきく燃えあがった。この作戦は成功であった。中尾ははるかな地平線にこの火を発見してウマにまたがって、ようやくキャンプ地にたどりついたのであった。あとできくと、雪原のなかにレンガ塀のくずれたのをみつけて、それを風よけにして野宿するつもりだったという。かれの沈着な判断は、かれを凍死からすくったのである。

召集と引き揚げ

張家口にかえってまもなく、かれに二ど目の召集令状がきた。かれは荷物をそのままにして出ていった。そして山西省で軍務についたのであった。その年の八月一五日に終戦になったのだが、張家口の日本人たちは八月二一日、二二日の二日間で、全員が北京・天津方面に脱出した。そのあいだ、モンゴル草原の南縁では駐蒙軍が侵攻してくるソ連・外モンゴル軍を迎撃して、ささえていたのである。

わたしは中尾の部屋へいって、最後のあとかたづけをした。そのときかれは、すでに身辺をよくかたづけていたが、かれがひとしお執着をもっていた一束のエンバクがのこされているのをみつけた。現地で莜麦《ゆうまい》と呼ばれている植物である。わたしはそれを一足の靴下のなかにていねいに押しこんで持ちだした。

わたしは天津に脱出したが、その秋に原因不明の発熱で病院にほうりこまれた。腸チフスらしいというのである。さいわい病気はただの黄疸だった。

ある夜、わたしの病室に中尾がころげこんできた。「やられた」といった。あちこちにけがをしている。かれは山西省で現地召集解除になって天津までおちのびてきたのだが、天津駅頭で暴漢の一群におそわれて、なぐるけるの暴行をうけ、持ちものを全部とられたという。やっとのことで、わたしがこの病院にいるのをたずねあててきたのである。かれはわたしの横のベッドで一晩じゅううなっていたが、致命的な傷はなく、数日で元気を回復した。

わたしは例の莜麦の束をこの病院でかれにわたした。かれはおどろきに目をかがやかせて、これをうけとった。まもなくかれは、現地召集解除組の兵隊たちといっしょに米軍の上陸用舟艇につめこまれて、内地にかえった。そして大学に復帰した。わたしは翌年の五月に帰国した。

あとできくと、かれはこの莜麦を大学の農場で栽培したうえで、ひとつの論文をかきあげた。これが有名な「莜麦文化圏」という論文であった。これは当時、自然史学会から発行されていた『自然と文化』という雑誌に掲載された（註）。

山西省でのかれの軍隊生活は平穏なものであったようである。戦闘があるわけでもなく、農村に駐屯して警備にあたっていたという。かれはもちろん一兵卒であったから責任もなく、毎日村びとの生活を観察してくらしていたらしい。例によって現地の人たちがどういう作物をつくり、なにをどのように料理しているかなどということを詳細に観察していた。

（註）中尾佐助（著）「莜麦文化圏——穀類の品種群から見た東北アジアに於ける新しい一つの文化類型」自然史学会（編）『自然と文化』第一号　一六三—一八六ページ　一九五〇年五月

歌より田

それにしても中尾の博識、とくに自然についての知識は、どこで蓄積されたものなのだろうか。かれは農学部農林生物学科の出身だが、そこで獲得した知識ではなさそうである。むしろすでに、その種の知識の蓄積があったからこそ、この学科をえらんだのであろう。

わたしは、かれの植物の知識はもっぱら少年時代にたくわえられたものであろうとかんがえている。後年、かれがかたったところでも、そのことはうかがえる。家にあった植物図鑑をくりかえしながめたという。ほかに、かれは小鳥のことにくわしかった。これも、かれが少年時代にいろいろな小鳥を飼っていたからであろう。

かれは自分のおいたちや家庭の事情について、ほとんどひとにかたることがなかった。わたしもながくつきあいながら、かれの生家がなにをしていたのかも知らない。ただ、おかしいことには、わたしは愛知県豊川のかれの実家にいったことがある。かれの友人のなかでも、これはめずらしい例であろう。それは豊川市内のおおきなしもた屋であった。なぜ、かれの実家をおとずれたのかは記憶がはっきりしないが、たしか中央アルプスのどこかの山ゆきの帰途であったようにおもう。

このとき、わたしはかれの実家の家族の人たちにあった記憶はない。しかしなんとなく、かれには商家の出を感じさせるものがあった。佐助という名もしめしているように、どうみても武家の出ではない。

かれはおそろしく実際的で、ときには実利的な発想をするひとだった。植物などの自然についてはつよい関心をもっていたが、文芸や絵画などの芸術についてはなんの関心もなかった。むしろその種のいとなみを、心底から軽蔑していたようにわたしはおもう。かれから聞いた格言で「歌をつくるより田をつくれ」というのがあった。かれは生家のひとからこのことをおしえられたというが、あるいはこれは、かれの家の家訓であったのかもしれない。わたしはこの句のもつ率直できびしい倫理性に驚嘆したものである。まことに、かれの生きかたに似つかわしいことばであったかもしれない。

和歌や俳句などという、いわば非実利的な高級文化を、かれは頭からばかにしていた。かれのこの種の反文化主義ないしは反教養主義をつたえるエピソードがある。桑原武夫先生が有名な「第二芸術論」を発表されたときである（註）。桑原先生は俳句を老人の菊づくりにたとえて、まともな芸術ではないという評価をしめされた。それに対して、中尾は「冗談じゃない」といった。菊の栽培は巨大な産業であって、日本に莫大な利益をもたらしていることを数字をあげて論証し、「俳句などという、つまらぬものとくらべられてたまるか」といった。これには桑原先生もひとことも反論できなかった。

もうひとつ、かれの強烈な反文化主義におどろかされた経験がある。それはのちに、わたしたちが京都大学のカラコラム・ヒンズークシ学術探検隊に参加したときのことである。わたしたちはパキスタンのカラチに集結して、いくつかの支隊にわかれて行動するために荷物の仕わけをしていた。わたしは自己流ながらお茶をたしなむので、抹茶茶碗や茶筅《ちゃせん》をもっていた。中尾はそれをみつけると、やにわに抹茶茶碗をとりあげて「なんだ、こんなもの」といって、地面にたたきつけた。茶碗はわれた。荷物の仕わけ場は戦場のようなさわぎで、かれも多少いらいらしていたのかもしれないが、わたしはそのはげしさと、いわゆる高級文化に対するむきだしの敵意を感じて、おどろいてしまった。わたしは茶碗の破片をひろいあつめて接着剤でくっつけて、荷物のなかにしまいこんだ。

（註）桑原武夫（著）「第二芸術——現代俳句について」『世界』一一月号　第一一号　五五—六三ページ　一九四六年一一月　岩波書店
これはつぎの書物におさめられている。
桑原武夫（著）『第二芸術』（講談社学術文庫）一九七六年六月　講談社

「へへん」

人づきあいという点では、かれは粗野でもなく無作法でもなかった。むしろ、ときにはくそていねいという感もなくはなかった。しかし人あしらいという点では、いっぷう変わった印象をあたえた。他人の意見に対して、しばしば「へへん」と鼻でせせらわらうのである。初対面でこれをやられて、気をわるくしたひとがすくなくなかったであろう。なれてしまえばなんということもないのだが、はじめてのひとは面くらうのではないか。

かれは、京大人文科学研究所でわたしが主宰していた研究会にいつも出席していたが、議論のときに、しばしばこの「へへん」をやるのである。かれは、ほかのメンバーの議論に対して痛烈な批判をやった。かれはおどろくべき実証主義者で、自分の目でみたことしか信用しないのである。この気風は今西錦司先生の門下生には共通のものであるが、中尾に本でよんだ知識などをふりまわすと、たちまちやっつけられるのである。「君はそれを自分でみたのか」とやられて、「だれそれの本に書いてあった」というと、そこで「へへん」とやられるのである。

他人に対する対応では、かれはしばしば、はなはだそっけなかった。ジャーナリストなどでかれに執筆依頼にいって、言下に「だめだね」とやられたひとはすくなくないだろう。しばしば木で鼻をくくったような返事しかしないのである。あれだけの知識をもちながら、書いたものが意外にすくないのは、ひとつにはこのせいかもしれない。

中尾は他人の言説に対して辛辣な批評家だった。たとえば、和辻哲郎氏の『風土』は、一般にはしばしば名著といわれているが、中尾にいわせると、まったく一顧の価値もないものだった（註1）。「どうしてあんなまちがいをやってしまったんだろう」というのである。わたし自身もこの本についてはきわめて批判的なのだが、中尾の批評はいっそう辛辣をきわめていた。

たしかに、和辻哲郎氏には自然および人間の生活の認識において、おおきなまちがいがあった。辛辣な批評をするだけあって、中尾には自然と人間に対して、はっきりした認識があったのである。それが端的に表明されたのは、かれの著書『栽培植物と農耕の起源』である（註2）。わたしは、この本のほうが『風土』よりもずっと名著の名にあたいするとおもう。『風土』を日本の名著として外国に紹介したいという話をきくが、わたしは中尾のこの本こそ、日本の名著として外国に出してはずかしくないものとかんがえている。

わかいときのかれの文章はしばしば稚拙で、もうすこしうまい表現がありそうなものだとおもわせることがおおかった。それがいつのまにか、りっぱな文章をかくようになった。さきの『栽培植物と農耕の起源』などは、なかなかのものである。

（註1）和辻哲郎（著）『風土――人間学的考察』一九三五年九月　岩波書店

（註2）中尾佐助（著）『栽培植物と農耕の起源』（岩波新書）一九六六年一月　岩波書店

ブータンと照葉樹林文化論

戦後しばらく、かれは農学部の木原均教授の研究室にいたが、大阪府立の浪速大学が新設されると、そこの助教授になった。この大学はのちに大阪府立大学と改称される。おなじころ、わたしは大阪市立大学に就職した。府立大学も市立大学も大阪の南部にあるが、通勤のときにかれと出あったことはない。

戦後のかれの活躍ぶりには、めざましいものがあった。平和の回復とともにAACKすなわち京都大学学士山岳会が再建され、戦前の旅行部以来の念願であったヒマラヤ遠征の計画を始動させた。目標としてマナスル（八一六三メートル）がえらばれた。計画は日本山岳会に全面的に委譲されたが、その第一回の遠征は踏査隊で、一九五二年に今西錦司氏らの主として京都大学学士山岳会のメンバーによっておこなわれた。そして中尾と川喜田二郎のふたりが、第一次マナスル登山隊の科学班として参加した。わたしもかれらといっしょにヒマラヤへゆくつもりであったが、病気のため参加することができなかった。中尾たちはマナスル周辺で学術的調査をおこない、おおくの成果をあげてかえってきた。

一九五五年には京都大学カラコラム・ヒンズークシ学術探検隊が組織されて、パキスタン、アフガニスタン方面で学術探検を実施した。これには中尾もわたしも参加することができた。わたしは木原均博士を隊長とするヒンズークシ隊に属していた。中尾は今西錦司博士を隊長とするカラコラム支隊に属していた。そして、かれはカラコラムの大氷河地帯の学術探検をおこなった。こうして中尾とわたしは、おなじ探検隊に参加していたのだが、べつべつの班に属していたので、わたしはかれの現地における具体的な活躍ぶりをしらない。

その後、京都大学学士山岳会のヒマラヤ遠征への努力はたえまなくつづけられ、かずかずの登山隊、あるいは学術探検隊をおくりだした。

そのようなヒマラヤ工作の一環として、ヒマラヤの王国ブータンへの接触がはかられた。その王妃がおしのびで日本にこられたとき、京都では主として中尾が接待に力をつくした。それが縁となって、一九五八年には、かれはブータン王国への入国を許可された。日本人として、はじめてのブータンいりであった。そのブータン紀行は、かれの著書『秘境ブータン』にくわしい（註）。

これらのヒマラヤ地域におけるかれの観察は、やがて照葉樹林文化論という独創的な学説となって実をむすんだ。ヒマラヤ山麓一帯から雲南省をへて、中国南部から西日本にまで照葉樹林帯とよばれる森林帯がのびている。その樹林帯のなかにすむ諸民族の文化には、いくつもの共通する文化要素が散在することを指摘したのである。それは一般に照葉樹林文化論とよばれ、今日の学界においてはほぼ定着するにいたっている。

かれはこの学説を対談や座談会などでしばしばかたっているが、ついに『照葉樹林文化論』というような本を書かなかったので、その創唱者としてのかれの名は見うしなわれがちである。あるとき、わたしは哲学者の谷川徹三先生にお会いした。先生は照葉樹林文化論のことをよく知っておられたが、「これをいいだしたのは、いったいだれなのか」と質問された。わたしは「中尾佐助ですよ」ともうしあげた。先生は中尾の名をしっておられたが、先生の頭のなかでは、それと照葉樹林文化論とはくっついていなかったようであった。

（註）中尾佐助（著）『秘境ブータン』一九五九年一一月　毎日新聞社

発想の妙

かれは、まったくひとのおもいもよらぬ発想をするひとであった。わたしたちはかれの奇想天外さにしばしばおどろかされたものである。

あるときかれは、「女房の値段」ということをいいだした。月づきいくらあれば、女房なしで暮らせるかという計算である。女房というものの全存在を貨幣価値でおきかえるというのである。じっさいにかれはそれを計算してみせた。のちにわたしは「妻無用論」という論文を発表することになるが（註1）、その発端になったのは中尾とのこの議論であった。

晩年のかれの著書『分類の発想』は、まことにかれらしい独創的な着想にみちた本である（註2）。そのかずかずの奇抜な着想がこの著書のなかにもりこまれている。そのひとつに「まだら人間論」というのがある。ウシやウマにはまだらのものがたくさんいるのに、人間にはなぜ、まだら人間が出現しないのか。かれによれば、人間の場合は人種間の混血が、まだじゅうぶんにおこなわれていないからだろうという。そして、あと一〇〇年もたてば、カリブ海あたりで、そのようなまだら人間が出現する可能性があるという、大胆な予言さえおこなっているのである。

おなじ『分類の発想』のなかで、かれはいろいろな現象を分類してみせている。そのなかに「宗教の分類」というのがある。世界じゅうの宗教をその特徴によって分類してみせたのである。おもしろいことには、そのなかにマルキシズムとエコロジー運動というのが宗教としてかぞえられているのである。そのふたつは、いわば擬似科学的宗教というようなあつかいになっている。ある種の真実をいいあてているのかもしれない。

意表をついた発想とそっけない人あしらいで、かれはしばしば変人あつかいされていたようである。他人に対して辛辣きわまる人物評をくだすこともおおかった。それで多少敬遠されたむきもあったかもしれない。しかし、わたしの知っているかぎりでは、ほんとうはまことに心やさしきひとであった。ふかいおもいやりもあるのだが、表現はけっしてじょうずとは言えないので、誤解されるのである。

（註1）梅棹忠夫（著）「妻無用論」『婦人公論』六月号　第四四巻第七号　第五〇八号　五六―六二ページ　一九五九年六月　中央公論社

この文章は、のちにつぎの書物のなかにおさめられた。

梅棹忠夫（著）『女と文明』（中公叢書）一九八八年一一月　中央公論社〔「著作集」第九巻『女性と文明』所収〕

（註2）中尾佐助（著）『分類の発想――思考のルールをつくる』（朝日選書）一九九〇年九月　朝日新聞社

未整理の著作

一九八〇年、かれは停年で大阪府立大学を退職した。そして、それと同時に鹿児島大学教授となった。かれは青年時代から京都・大阪で生活していたのに、鹿児島とはずいぶんとおくへ行ったものだとおどろいて感想をきくと、鹿児島大学があんまりおおきな大学なのでびっくりしたと言った。かれがずっとつとめていた大阪府立大学は学部三つだけで小ぢんまりした大学であった。それにくらべると、鹿児島大学は八学部の巨大大学である。

その鹿児島大学がかれを教授にむかえたのは、有力教授によってあたらしい研究所をつくろうとしていたからである。かれはこのあたらしい任地での役わりをよくこころえていて努力した。こうしてできたのが、鹿児島大学南方地域総合研究センターである。その年の九月に、わたしはその創立記念講演会に講演を依頼されて鹿児島へいった。このセンターはのちに南方海域研究センターと改称された。中尾は一九八二年に鹿児島大学を退官するまで、そのセンター長をつとめていた。

かれは照葉樹林文化論というきわめて独創的な学説をうちだしながら、それを体系的な著書にまとめるということをしなかった。ただ、『照葉樹林文化と日本』という著書がある（註）。カラー写真を豊富にもりこんだ大冊である。この本は佐々木高明氏との共著になっている。

かれはわかいころから、あまり文章をかくことがすきでなかったような印象をわたしはもっている。しかしかれの死後、その著書類を点検してみると、けっこうたくさんあるのに感心した。まとまった著書のほかに、あちこちの雑誌などに小文をいっぱい書いているはずなのだが、かれは自分の業績にはほとんど無頓着であったようで、どこにどんなものをかいていたのかさえ、まったくわからない。整理してのこしておいてくれたら、遺稿集にまとめて出版できたであろう。そうすれば、この独創的な科学者の全貌をうかびあがらせることができたのに、まことにざんねんなことである。

（註）中尾佐助、佐々木高明（著）『照葉樹林文化と日本』一九九二年四月　くもん出版

最後の受賞

かれはどちらかといえば地味な学者であったといってよいであろう。ジャーナリズムに活躍するということもほとんどなかった。しかし、独創的な科学者としてジャーナリストのあいだでは評価がたかかった。

かれはその著作物によって、いくつもの賞をうけている。一九六〇年には『秘境ブータン』によって日本エッセイスト・クラブ賞を受賞した。その新鮮な体験が読むものの心をつよくとらえたのである。

一九八七年には『花と木の文化史』で毎日出版文化賞をうけた（註）。これもひ

じょうに魅力のある本である。

また、一九九〇年の第二六回秩父宮記念学術賞を受賞した。受賞理由は「栽培植物と農耕の起源に関する文化複合の民族植物学的研究」となっている。かれの永年の業績が正当に評価されたものというべきであろう。

一九九〇年の夏、大阪の鶴見緑地で国際花と緑の博覧会が開催された。いわゆる「花の万博」で、この開催にあたって、かれはかずかずの助言をおこなってきた。かれの栽培植物に関する該博で豊富な知識は、おおいにこの博覧会のために役だったはずである。

花の万博閉幕後には国際花と緑の博覧会記念協会が発足した。その協会のほかに、松下幸之助花の万博記念財団が設立された。後者は博覧会に国際陳列館を出展した団体である。その財団がこの花の万博を記念して、松下幸之助花と緑の博覧会記念賞を創設した。毎年記念賞が二名と奨励賞が二名におくられる。一九九二年の第一回の記念賞には、植物学の最長老の北村四郎氏と塚本洋太郎氏がえらばれた。第二回の審査委員会では全会一致で記念賞に中尾の受賞がきまったのであった。ところが受賞者が発表される直前に、かれは急逝したのである。規約によれば、受賞者は

「生存者にかぎる」とある。財団はやむなく受賞者一名を空席のまま発表したのであった。そして、贈呈式ではこのいきさつが紹介され、かれの栄誉がたたえられたのである。

（註）中尾佐助（著）『花と木の文化史』（岩波新書）一九八六年一一月　岩波書店

追記1――中尾佐助コレクション

本文中にもしるしたように、中尾は著作物もすくなく、かれの思想や経歴をあきらかにするような遺品類もすくないとわたしはおもっていた。ところがかれがなくなってから、その遺品類を確認したところ、わたしなどが知らなかった学術的資料がおびただしくのこされていることがわかった。その種類は、図書、雑誌のほか、かれの業績、スライド、スクラップブック、アルバム、フィールド・ノート、地図などで、数にして一万点をこえるという。それらは、かれの遺族で大阪府立大学総合科学部教授の平木康平氏からのもうしでにより、大阪府立大学に寄贈され、学内の総合情報センター（現在の学術情報センター）で整理・保管されることとなった。

ちょうど一周忌のころ、中尾佐助コレクションのうち、自筆原稿などオリジナル資料二五〇点を展示した展覧会「照葉樹林文化論の原風景」が総合情報センターにおいてひらかれた。開催期間は一九九四年一一月三〇日から一二月七日までというみじかいものであったが、新聞などでもたびたび報道され、おおくの見学者をあつめたという。展覧会の最終日には、学術交流会館の多目的ホールにて公開講演会「中尾佐助と照葉樹林文化論」が開催された。同センターの所長で教授の金子務氏の依頼をうけて、わたしもそれに参加した。さきに同大農学部教授の保田淑郎《やすだとしろう》氏が講演をおこない、つづいてわたしが保田氏の質問にこたえるかたちで中尾の人となりをかたった。

中尾の資料は保田氏らの協力によって整理がすすみ、のちに『中尾佐助文献・資料総目』が発行された（註1）。それは学会関係者や関係諸機関に配布されたという。わたしが書いた「中尾佐助との交遊」もそこに転載されている。

中尾の死後かなりの時間がたってから、かれに関する論説があらわれはじめた。一九九九年にはリバーフロント整備センターから、機関誌『FRONT』で中尾の特集をくみたいという依頼があった。わたしの「中尾佐助との交遊」もそこに転載させてほしいという。わたしは快諾した（註2）。特集は「中尾佐助――栽培植物から文明論へ」という題で、かれの履歴、業績、人がらなどが随想や書評などで紹介されている。特集は五ページから三五ページにわたり、同誌の半分ちかくをしめている。

（註1）大阪府立大学総合情報センター（編）『中尾佐助文献・資料総目――照葉樹林文化論の源流』一九九七年三月　大阪府立大学総合情報センター

（註2）梅棹忠夫（著）「中尾佐助との交遊」『FRONT』一二月号　第一二巻第三号　通巻第一三五号　一一――一六ページ　一九九九年一二月　財団法人リバーフロント整備センター

追記2――「中尾佐助著作集」の刊行

中尾の没後一〇年をへたころ、大阪府立大学総合情報センターの中尾コレクションを活用して、かれの著作集をだそうという話がおこった。同大学の金子務、平木康平、保田淑郎、山口裕文の四氏が編集委員となって北海道大学図書刊行会（のちの北海道大学出版会）が二〇〇四年一一月から刊行を開始するという。その内容は、第一巻『農耕の起源と栽培植物』、第二巻『料理の起源と食文化』、第三巻『探検博物学』、第四巻『景観と花文化』、第五巻『分類の発想』、第六巻『照葉樹林文化論』となっている。わたしは出版社から依頼をうけて、「中尾佐助著作集」の内容見本に推薦文をかいた（註1）。「中尾佐助との交遊」は第一回配本の第三巻『探検博物学』の「月報」に転載された（註2）。

わたしが国立民族学博物館の館長をしていたときに、広報普及誌『月刊みんぱく』の巻頭で館長対談をおこなっていたが、中尾にもゲストとして出てもらい、雲南の照葉樹林文化について対談をしたことがある（註3）。その対談はのちに中国の少数民族をテーマにしたわたしの単行本に収録された（註4）。これはかれの著作集の第六巻『照葉樹林文化論』にもおさめられた（註5）。

二〇〇六年二月、「中尾佐助著作集」全六巻が完結した。各巻とも八〇〇から九〇〇ページにのぼる大冊であった。このすぐれた学者が、ともすれば世間からわすれさられるのではないかと、ひそかにおそれていたわたしは、かれの全業績の集大成を目のあたりにして、このうえなくうれしくおもった。

（註1）梅棹忠夫（著）「無表題」『中尾佐助著作集（内容見本）』一ページ　二〇〇四年一〇月　北海道大学図書刊行会

（註2）梅棹忠夫（著）「中尾佐助との交遊」『中尾佐助著作集　月報1』中尾佐助（著）『探検博物学』「中尾佐助著作集」第三巻　一―一四ページ　二〇〇四年一二月　北海道大学図書刊行会

（註3）中尾佐助、梅棹忠夫（著）「雲南に照葉樹林をたずねて」国立民族学博物館（編集）『月刊みんぱく』三月号　二―七ページ　一九八五年三月　財団法人千里文化財団

（註4）梅棹忠夫（編）『中国の少数民族を語る――梅棹忠夫対談集』一九八七年一二月　筑摩書房

（註5）中尾佐助、梅棹忠夫（著）「雲南に照葉樹林をたずねて」中尾佐助（著）『照葉樹林文化論』「中尾佐助著作集」第六巻　五八一―六〇〇ページ　二〇〇六年二月　北海道大学出版会

安江安宣氏をいたむ

解説

日本山岳会には『山岳』という年報がある。そのなかの「追悼」のページには、前年に亡くなった会員について、そのひとのことをよく知っている会員が追悼文をかくことになっているようである。一九九八年一二月に亡くなった安江安宣は、ずいぶんとふるい会員でもあることから、なかなか適任者がみつからなかったという。京都支部の関係者から推薦されたといって、追悼欄の担当者から執筆の依頼がわたしのところにきた。そこで書いたのがつぎの文章である（註）。

（註）梅棹忠夫（著）「追悼　安江安宣氏（一九一四〜一九九八）」『山岳』第九四年　通巻一五二号　二〇三―二〇五ページ　一九九九年一二月　日本山岳会

安江安宣。これはなんと読むのだろう。ヤスエはわかるが、名が読めない。わたしたちはみんなアンセンと呼んでいた。わたしの研究室にかれから「安江です」と電話がかかってきた。秘書が「安江アンセン先生ですか？」と聞いたところ、のちにかれが「なれなれしい口のききかたをする」と不満をもらしていたそうだ。なれなれしいもなにも、ありはしない。だれもアンセン以外の読みかたを知らないのだから。ほんとうはヤスノブと読むのだそうだ。

かれは一九一四年のうまれで、わたしの出身中学校の京都府立一中の先輩にあたる。京都一中山岳部には『嶺』という部報があった。孔版ずりの堂々たる雑誌で、新入生のわたしは、中学校というものはたいしたところだと感嘆したものである。その第二号に「エルモの火に就きて」という長編の論文がのっていた（註1）。各種の文献を引用しつつ、それがいわゆるセント・エルモの火であることを論じた重厚な学術論文であった。その筆者が安江安宣だったのである。

そのとき、かれはまだ中学校に在学中だったはずである。しばらくして、わたしは「あれが安江さんだ」と山岳部の上級生からおしえられたことがあった。かれはまったく老成した顔つきで、下級生のわたしなどから見れば、まるでおじさんのようにおもえた。その後、かれは京都高等蚕糸学校に進学した。

わたしが旧制三高に在学中に、かれは高等蚕糸学校を卒業して京都大学農学部の昆虫学科に進学した。高等蚕糸学校はなるほど昆虫学の学校であるから、この進学は当然のコースであったのだ。このころ、わたしはすでに、安江さんとしたしい関係になっていたのだが、それは、たぶん、今西錦司先生のお宅などで、たびたびあう機会があったからであろう。

安江さんは大学在学中に、ずいぶんひろく日本の山をあるいていたようである。それは主として、専門の昆虫学の研究と関係があったのであろう。ところが、一九四〇年には、南海の孤島、硫黄島にいくという。三高山岳部からは川喜田二郎をつれていった。硫黄島は北、中、南の三島からなり、南硫黄島はまったくの無人島で、周囲を絶壁にかこまれた九百十数メートルの岩峰である。川喜田の回想によると、けっきょくこの島には上陸できなかった。そのかわりに北硫黄島の、これも八〇四メートルの岩峰に登頂したという。

大学をでてから、安江さんはしばらく東京大学のデンケンすなわち伝染病研究所の助手をしていたことがある。昆虫学者がなぜ伝研に就職したのかは、わたしは知らない。数年のちにかれは岡山大学に職をえて、そちらにうつった。そのあいだに全国の山で観察した昆虫の分布と変異に関する論文をつぎつぎと発表した。

わかいころから、かれは外国のふたつの山群に注意を集中していたようである。ひとつは中国の黄河源流にそびえるアムネ・マチン連峰である。これは、あるいはエベレストよりたかいのではないかと言われていた山である。もうひとつは、ニューギニアの中央山地のカルステンツを中心とするナッソウ山脈である。このふたつの山岳誌に関する言及がぞくぞくと印刷されてわたしの手もとにきたのをおぼえている。かれはもともと、幼少のころ、インドネシアでそだったので、南の島じまの山にはつよい関心をもっていたのである。

一九六三年、京都大学から西イリアンのスカルノ・ピークすなわちカルステンツに遠征隊がでることになった。わたしはかれがまだ、ニューギニアに関心をもちつづけているかどうかわからなかったが、念のために、かれに行く気があるかどうかを電話で問いあわせた。かれは大声で「いくぞーッ」とどなった。遠征隊は加藤泰安を隊長に、安江さんはその学術隊長として、ぶじスカルノ・ピークに登頂した。この遠征隊の正式報告書は、一九七七年になってから朝日新聞社から刊行されたが(註2)、そのまえに、同行の朝日新聞記者、本多勝一と藤木高嶺による『ニューギニア高地人』が出版されて、おおくの読者をえた(註3)。

安江さんは、その後は岡山大学の教授として停年までそこにいたが、全国の山やまをあるき、とくに昆虫と陸封マス科魚類の分布と変異について詳細な研究をおこなっていたようである。大学退官後は東京にうつり、しずかな晩年をおくっていると聞いていたが、突然の訃報に接しておどろいた。それもわたしたちが知ったのは、新聞の訃報欄ではなくて、社会面の記事からだった。記事によると、「自宅で焼死、ストーブから引火か」とあった。碩学のいたましい最期である。八四歳であった。

（註1）安江安宣　前掲書　一三三一ページ
（註2）京都大学生物誌研究会（編）『ニューギニア中央高地――京都大学西イリアン学術探検隊報告　一九六三―一九六四』　一九七七年五月　朝日新聞社
（註3）本多勝一、藤本高嶺（著）『ニューギニア高地人』　一九六四年一一月　朝日新聞社

山仲間の主治医　斎藤惇生君

解説

『日本経済新聞』の朝刊の文化欄に「交遊抄」という欄がある。二〇〇二年の一二月になって東京本社からインタビュー形式での取材依頼があった。わたしはインタビューではなく、がんばって、その年にとくに世話になった山仲間の斎藤惇生氏のことを書いた（註）。

（註）梅棹忠夫（著）「山仲間の主治医」「交遊抄」『日本経済新聞』二〇〇三年一月一日

新年は一七会《いちなな》からはじまる。毎年一月七日の夜に、京都大学学士山岳会（AACK）のシニア・メンバー十数人が祇園のお茶屋にあつまり、酒を酌みかわしながら最近の山行の報告など情報交換をおこなうのである。京大にはもともと山岳部はなくて、このAACKがヒマラヤ計画をつぎつぎとたてて実行にうつしてきた。会員たちの連帯意識はつよく、「自分たちは秘密結社だ」などと言っている。

一七会で毎年あう斎藤惇生《あつお》氏は、この山の仲間の主治医である。かれはすぐれた登山家で、日本山岳会の会長をつとめたこともある。わたしも去年はかれにずいぶん世話になった。夏に入院して手術をうけたのであるが、かれ自身がメスをにぎってくれた。

手術はかんたんにすんだが、退院まで退屈きわまりない時間をすごさねばならなかった。かれはわたしの病室にきて診察や処置などをしたあと、はなし相手になってくれたり、ＡＡＣＫをはじめ、ふるい山仲間に指令をだして見舞客の手配をしてくれたりした。けっきょく六週間入院したのだが、なつかしい人たちから毎日のように山の話がきけて、わたしはおおいにすくわれたのであった。

平井一正君の『初登頂——花嫁の峰から天帝の峰へ』によせて

解説

本文中にもあるように、平井一正君は、AACKにおけるわたしのわかい友人である。

かれは大学を退官してから、かれのヒマラヤ行の本をまとめた。わたしに序文をかいてほしいというので、書いたのがつぎの文章である（註）。

（註）梅棹忠夫（著）「平井一正君の著書によせて」平井一正（著）『初登頂——花嫁の峰から天帝の峰へ』一—三ページ　一九九六年三月　ナカニシヤ出版

奇妙におもわれるかもしれないが、京都大学には戦前は山岳部がなかった。そのかわりに旅行部というのがあった。これは名まえに似あわず先鋭な登山団体で、海外遠征とくにヒマラヤをめざしていたが、ヒマラヤ遠征などとは学生にあるまじき行為というので、当局から戦時中に解散を命じられてしまった。しかし、京都大学の登山の伝統は、シニアたちの団体ＡＡＣＫ（Akademischer Alpen Club zu Kioto）——のちの京都大学学士山岳会——の会員たちによって生きつづけていた。わたしはその戦前に入会した最後の会員である。

戦後、京大では学生団体としてはスキー山岳部がいちはやくつくられたようだが、それから山岳部が独立するのは一九四七年のことである。ＡＡＣＫは戦時中はほとんど活動を停止していたが、一九五二年には再建された。すでに活発に活動をはじめていた山岳部の諸君がＡＡＣＫに接触をもとめてきたのは、そのすこしまえであったと記憶する。戦前のＡＡＣＫの最後の会員として、わたしはその接続点に立つことになり、山岳部の諸君との連絡に一役かうことになった。

平井一正君が京都大学山岳部にはいってきたのは一九五〇年のことであったので、当初からわたしはかれの存在を知っていた。かれは高校時代には山岳歴はなく、大学に入学してから登山をはじめたのだった。どちらかというと小柄できゃしゃな感じだったので、ほんとうにこの男が登山家としてものになるのかどうか心配したひともいたようだ。それがのちにたいへんな大登山家に成長したのである。

ＡＡＣＫのヒマラヤ攻略は一九五二年にはじまった。マナスルが目標にえらばれ

たが、この計画は日本山岳会に委譲され、一九五六年にＡＡＣＫ会員の今西寿雄氏によって初登頂がなしとげられた
それ以後、ＡＡＣＫによって、主としてカラコラム山群において七〇〇〇メートル級の高峰がつぎつぎと登頂された。すなわちチョゴリザ、ノシャック、サルトロ・カンリの三座である。平井君はそのうちのチョゴリザとサルトロ・カンリに参加し、さらにのちにはシェルピ・カンリと中国側のヒマラヤの高峰クーラ・カンリをくわえて、全部で四回の登山隊にくわわっているのである。そのひとつでは初登頂者であり、そのうちのふたつでは隊長または総隊長をつとめた。しかも、かれのくわわった登山では、ひとりも犠牲者をだしていないのである。かれの卓越したリーダーシップがうかがえるであろう。
一九六〇年代から、わたしは日をきめて京都北白川の自宅を開放して、わかい諸君と酒をくみかわしながら、かたりあうつどいをつづけてきた。平井君はその会にしばしば顔をみせた。のちにかれは神戸大学の工学部の教授となり、制御工学を専攻した。そして、その大学においても、たちまちにして花形教授となったようである。また大学の国際交流の推進者としておおいに活躍したと聞いている。

その平井一正君もことしは停年をむかえ、大学を退官したという。あのわかわかしかった平井君がはやくも停年とはおどろいた次第である。しかし、かれは、いまなお、わかわかしくて活動的であるからたのもしい。わたしは登山と学問の両面におけるこのすぐれた後輩をもって、まことにうれしいとおもっている。こんど、かれがそのかがやかしいヒマラヤ・カラコラムでの業績をおもな内容とする著書を刊行するという。かれのはなばなしい活動の全貌がここに提示されるであろう。全巻をよむのがたのしみである。

珠玉の山の詩文集――荒賀憲雄氏の『落日の山』によせて

解説

登山家で詩人の荒賀憲雄《あらがのりお》さんが詩文集をだすという。一九九七年一〇月のはじめ、荒賀さんから出版社を介して、その序文を執筆してほしいとの依頼がきた。本文中にもあるように、わたしもかつては詩の同人グループに属していて、そのころのことなどをなつかしくおもいおこしながら、つぎの文章をかいた（註）。

この文章は「序文」という標題で掲載されたが、その一部がオビにもつかわれている。本書では、オビにある題「珠玉の山の詩文集」を序文の題としてかかげた。

（註）梅棹忠夫（著）「序文」荒賀憲雄『落日の山』一―二ページ　一九九八年三月　ナカニシヤ出版

荒賀憲雄さんは詩人である。わたしは荒賀さんとは、それほどふるくからの交遊はないが、最初にかわした会話は、詩の同人に関することであったように記憶する。わたしは戦後、依田義賢《よだよしかた》氏が主宰する『骨』という詩人のグループに属していた。

その『骨』の同人に天野忠氏がおられて、荒賀さんはその天野氏に師事されていたという。天野氏を介して、わたしが『骨』の同人であったことを荒賀さんは知っておられたのである。

荒賀さんは本物の詩人であるが、わたしはといえば『骨』の詩人たちと交遊関係をむすんでいたというだけで、詩をつくったことは一どもない。いまでは『骨』の同人たちも大半は世をさり、そのような詩の雑誌があったことを記憶するひともすくなくなった。それでもわたしは、記念のためにバックナンバーをたいせつに保存していたのだが、若干の欠本があった。それを荒賀さんのお世話で、ほぼそろえることができたのであった。

荒賀さんはまた登山家である。こちらのほうは詩人の場合とちがって、わたしもわかいときは本物の登山家である。荒賀さんの登山歴をみると、まさに本物の登山家であって、どうどうたるものである。しかも、山にはいって山がみえない岩のぼり屋などとはちがって、北山そだちのオールラウンドの正統派登山家である。その点では、わたしはかれと学校歴も職業歴もまったくことなっているにもかかわらず、体験を共有する点がすくなくない。かれの山のおもいでには、わたしもいちいち共感するのである。

荒賀さんは、このように詩人にして登山家である。かれの書く山に関するエッセイは、詩情にあふれている。ひとつひとつのことばがえらびぬかれ、みがきぬかれたものだからである。とくに、各地の山の描写は色彩と陰影に富んでいて、読むものを著者の体験のなかに引きずりこまないではおかない。

この荒賀憲雄さんが山岳詩文集をまとめられたというので、その原稿をよませてもらった。かれとわたしは、年齢的に一世代ほどちがうのだが、そのあゆんできた道は、かなりの程度に共通しているようである。かれも、いまや老年の域に達しようとしている。山の紀行にしても、青年のような客気《かっき》やいきりたちは、すでに影をひそめている。しずかなこころよい感傷が行間にあふれているのである。

わたし自身は、現在は視力をうしなって、もはや、ふたたび山の世界にかえることはできないであろう。できることならば、このすぐれた友人とともに、もう一ど山をあるき、おしゃべりをたのしむ機会をもちたかったとおもう。

荒賀さんはまだまだお元気である。存分に山をたのしみ、第二、第三の山岳詩文集をだしていただくことをねがっている。

ＡＡＣＫの山のぼり

解説

わたしが第三高等学校を卒業して京都帝国大学にはいったのは一九四一年春のことである。そのころ京大にはまだ山岳部はなかった。かつては旅行部という名の山岳クラブもあったが、大学当局から解散させられていたので、わたしの入学時にはそれもなかった。学術探検や海外遠征に興味をもつわかものたちは、京都探検地理学会という学術団体の学生会員になっていたのである。

わたしも三高生でありながら、その学生会員としてカラフト遠征に参加し、大学入学後はミクロネシアのポナペ島で学術探検の基礎訓練をうけた。また、京都探検地理学会が組織したものではないが、北部大興安嶺探検にも参加している。そのような活動が評価されたのであろうか、大学を卒業した一九四三年秋に、わたしはＡＣＫ（京都大学学士山岳会）に入会をゆるされた。

ＡＡＣＫは、一九三一年に創立された由緒ある学術登山団体である。戦前から終始ヒマラヤをめざし、多数のエクスペディションをおくりだしてきた。わたしはＡ

ＡＣＫの戦後のヒマラヤ計画には参画したが、健康上の理由もあって実際にくわわることはなかった。カカボ・ラジ計画もビルマ政府の許可が出ずに露と消えた。それ以後、現在にいたるまで、わたしはＡＡＣＫの活動を、つねにちかいところから見まもってきた。

パイオニーア精神をモットーとしてきたＡＡＣＫは、これからなにをめざすのか。なにができるのか。そのメンバーから、斎藤惇生、平井一正、岩坪五郎の三氏に参加していただいて、ＡＡＣＫの歴史をふりかえり、今後の活動についてかたりあった。これによって、ＡＡＣＫの会員だけでなく、おおくの人びとが未知への興味をかきたてられればさいわいである。

（二〇〇八年一二月一八日、国立民族学博物館にて収録）

日本流正統アルピニズム

斎藤　今日はいろいろ先生のお話をお聞きしたいと思ってやってまいりました。

梅棹　こんにちは。お久しぶり。

斎藤　たしか先生と初めてお会いしたのは、わたしらが現役の山岳部員のころだったと思います。わたしは五高で、平井は新制になってからですから旧制三高ではありません。ですから、お会いする前は、三高出身の山口克《まさる》や広瀬幸治《ゆきはる》からお名前を聞くだけでした。

梅棹　懐かしいな、みんな。

斎藤　大興安嶺とか白頭山の話はいろいろ聞いていました。実際にわたしがお会いしたのは、アンナプルナⅣ峰の遠征の準備をしているときです。ちょうどあのころ、先生はまだ結核の治療中だったんですね。

梅棹　そうやね。

斎藤　夕方、準備をしているところにふっと入ってこられて。先生はサングラスをかけていたんですね。わたしは、こんな夕方になんでサングラスをかけてはんのかなと思ったんです。そのとき、先生から、なにか妖気というのか、あやしげな凄みを感じたのをおぼえています。それが最初の印象でした。

梅棹　そうか（笑）。

平井　わたしは一九五〇年の入学なんですけれども、五一年春に当時のリーダーが、AACKをはじめ、旅行部の先輩すべてに、新しくできた山岳部のほうからごあいさつをしたいということで、百万遍のちょっと横にあった和菓子店の二階にお呼びしたんです。そのとき、「われわれ山岳部では、山で気象通報を聞いてちゃんと天気図をとってます」というたら、梅棹さんが「そんなことは、わしら三高時代からすでにやっとるわい」と、えらい怒られました。

梅棹　そのとおりや。天気図を読むのは、みっちりとやられた。三高入って最初に、「これ読め」って読まされたのが、栄養学の入門書で英語の本やった。「これを読んで、この次の山ゆきの食糧計画をたてろ」って、いきなりこれをやられた。

平井　そのときのリーダーは鈴木信さんですか。

梅棹　鈴木信や。それと中村恒雄。

平井　先生が三高に入られたのは、その前年に、鹿島槍でひとり遭難し、さらに御岳でふたりが行方不明になって、三高山岳部としては大打撃だったときですね。

梅棹　壊滅状態でした。それを再建するんだと鈴木ががんばった。その再建要員が四方《よも》治五郎《はるごろう》とわたしです。四方というのは、わたしの同級生だったけど、四方の親分って呼んでいた（笑）。

平井　先生に白羽の矢がたてられたわけですね。それで鈴木信さんがいきなり、梅棹先生を南アルプスとか北アルプスに連れて行かれた。

梅棹　あれはひどい。わたしは、それまで日本アルプスなんて行ったことない。それが、いきなり南アルプスの南の遠山郷から入って、兎洞をやって、それから赤石、小河内、塩見へ行って、いったん下りて松本で一泊して、今度は北アルプスです。上高地から槍、三俣蓮華、それから黒部五郎、薬師、太郎から有峰へ下りた。南の端から北の端までいっぺんにです。わたしはまだ一六歳でしたが身体が割合に丈夫やったから、そういうのにも耐えられたんやな。

平井　夏にやったあと、それから、春にまた黒部五郎へ行ったんですよね。

梅棹　積雪期にまた、黒部源流へ引っぱり込まれた。夏に黒部源流へ入ったのは、あれは偵察やったんですな。こんどはスキーで行った。わたしは割にスキーができて、スイスイと滑った。たちでしょうか。わたしは、はじめから非常にスキーになじんでた。

平井　わたしらは先生のスキーを見たことがないですけど、蕨平で見たものが、「梅棹さん、スキーうまいで」と言うてました。

梅棹　どこでも行けると思って滑ってました。スキーを習ったその冬に、わたしはいきなり小蓮華まで行って、ほとんどスキーで登頂した。むちゃくちゃしたもんです。

平井　それは全部、鈴木信が引っぱっていったんですか。

梅棹　鈴木信がリーダーでした。鈴木信はえらい。

斎藤　渋い顔してましたけどね（笑）。

梅棹　大リーダーです。

斎藤　京大山岳部は、戦後になって藤平正夫、伊藤洋平、林一彦、舟橋明賢あたりで創部されましたが、梅棹先生たち戦前世代とのつながりというのが、最初はなかなかスムーズでなかったというふうに聞いてます。

梅棹　非常にぎくしゃくしてた。

斎藤　それは、これまでの先生たちと違うような山ゆきをやるんじゃないかとか、そういうふうなことで見られたわけですか。

梅棹　戦後に入ってきた連中は、実際、岩登り屋やったな。わたしはAACKの正統派の伝統を背負うてるという自負があった。わたしら山へ行くというたら、ひたすらにピークを目ざすというより山全体を見るわけです。村をぬけて、沢をあるき、岩壁が出てきたらそれに取りついて頂上にのぼる。もちろん積雪期には、スキーやアイゼンをはいた山行きもやる。そういうふうに、山全体をだきかかえるようなことなんです。巨大な山群に取りついて、自由なるワンダリングをやる。そのために多種多様な登山技術を身につける。オールラウンドです。それに対して新しく入ってきた連中は、どこの馬の骨かわからん。そんな連中になんでわたしらが、なにかをいわんならんかね。だから、非常に反発があった。まあ、わたしらとしては、日本流の正統アルピニズムの伝統を守りたいという気持ちがあったんです。

斎藤　その伊藤がマッキンリーの計画を立ててきた。

梅棹　それで伊藤と大激突したんです。「なにをいうとるか、マッキンリーなんてとっくの昔に登られておるわい」と、わたしはそのとき激怒したということになっている。

平井　机を叩いて、と聞いています。

梅棹　そんな乱暴な話じゃなかったように思うけれども、とにかく腹をたてた。

平井　山口や広瀬は三高の伝統を引く山岳部をもうひとつ、つくろうと思っとったようです。だけど、鈴木信が「やめとけ」というたそうです。「やっぱり大同団結して、いっしょにやりませんか」と。ちょうどそのときですよね、AACKでヒマラヤの話が出たのは。それで、ヒマラヤへ向けて、ベクトルの向きが一致したわけです。

梅棹　わたしらは、はじめからヒマラヤやった。ヒマラヤをやるべしと。そうなると伊藤たちはさすがに、ぜひヒマラヤをやりたいって、ヒマラヤ派に転向しよった。

平井　伊藤洋平のマッキンリーの話を先生がつぶされたというのは、そのあとのAACKの山登りにとって非常に大きかったですね。早稲田はヒマラヤへ行く前にアコンカグアへ行きました。先生があのとき、方向転換させたことで、京大はそういう回り道はしなかった。

梅棹　わたしらは、まっしぐらにヒマラヤを向いていた。それで、大興安嶺をやって、その次は、とにかく内陸をずっとたどって、裏側からヒマラヤに取りついてやろうというつもりやった。

斎藤　AACKの戦前の計画ですが、一九三一年に最初にカブルーの計画があって、次に三七年のK2。これは伊藤愿《すなお》さんが交渉に行ったと思うんですが、そのあたりの計画についてはいかがでしょうか。

梅棹　それはよく知らんけど、わたしは、戦前派のAACKの最後の会員です。わたしを会員に引っぱりこんだのは、その伊藤愿で、「お前はここに入れ」と。わたしはそのとき、たいへん光栄に思って、「はい」って、入れてもらったんです。

平井　そうですか、はじめて聞きました。そのころに、伊藤愿さんはバウアーの『ヒマラヤに挑戦して』という本を翻訳していますよね（註）。先生はそういうものも全部読んでいましたか。

梅棹　読んでた。

平井　そうすると、先生は当時、どこにどういう山があるかなどと、ヒマラヤをずいぶんと研究されていたんですね。

梅棹　かなりやってました。地図もよう見てた。ジ・アルパイン・クラブの正統的伝統という気分が強かったからね。ヨーロッパでもイタリアなんかの大陸派とは違う。わたしはやっぱりイギリス派やからな。AACKにもイギリスの伝統、ウェストンの伝統が非常に強く入っていると思う。というのは、わたしらは非常に英語の本がよく読めた。三高山岳部のルームには、エベレストの第五次までの報告書が全部あって、それなんかは全部読んだ。ジ・アルパイン・クラブの正統派は、ここにありまっせという、そんな意気込みでした。

平井　そのときは、ドイツのヒマラヤというのはどうでしたか。

梅棹　ドイツは問題にならん。ドイツやイタリアのは、岩登り屋やないかと。当時のイタリア映画で、『アルピニスト岩壁に登る』っていうのがあった。あれはクライマーや。わたしらのはそんなんのとえらい違う。そんなのも、一種の文化史の流れとして見たらおもしろい。日本には、そういうイギリスのアルピニズムの本領があった。わたしは、その道で一生暮らそうと思ったんです。

斎藤　その道といいますと。

梅棹　ヒマラヤや。それで戦前に、中央アジア、裏側からヒマラヤへ行こうと思って、まず大興安嶺やって、寧夏やって、それからチベットをやって……と考えてた。

平井　前に、鈴木信が隊長で蒙古の方へ遠征を出しましたね。京大旅行部から。

梅棹　そやそや。

斎藤　今西寿雄とかみんな行ったんですけど、あのとき、先生は参加されなかったのですか。

梅棹　参加していない。

平井　あのときは今西錦司、加藤泰安も蒙古に遠征を出した。

梅棹　加藤泰安は、中央アジア探検もやりたくて、東ウジムチンのエーデルワイスの咲きみだれる草原につっぷして、その土を握ってぽろぽろと泣いたという話もある。加藤泰安という人は、まあ、いうたら、わたしの兄貴分みたいな人やったな。一〇歳くらいは違うけど。

平井　泰安さんが、ひとりで内蒙古に行ったのは、K2計画が消滅した直後でしたね。ヒマラヤに行けない、その痛手をいやそうと内蒙古へ行ったんですよね。

梅棹　戦前、蒙古自治邦という半独立国があった。その首都の張家口に非常にアカデミックな研究所ができるということで、今西錦司さんがその所長に推薦された。そのとき加藤泰安は、内陸側からヒマラヤへ接近するということを考えて、いっしょについていく決心をしたんです。

（註）パウル・バウワー（著）伊藤愿（訳）『ヒマラヤに挑戦して』一九三一年一二月　黒百合社
この本には文庫版がある。
パウル・バウワー（著）伊藤愿（訳）『ヒマラヤに挑戦して』（中公文庫）一九九二年三月　中央公論社

マナスル登頂計画

斎藤　そして戦後になって、西堀栄三郎先生がマナスルの許可を取りに行ったわけですが、梅棹先生はマナスルの計画がＡＡＣＫでおこったとき、どのようなかかわりだったのですか。

梅棹　わたしは京大のなかでも参謀本部詰めの情報将校みたいな役でした。八〇〇〇メートルを超えるジャイアンツが一四座ありますが、全部未登峰でした。それらのなかから、イギリスなど各国が手をつけはじめた山ははずす。そんなのはうちが登るわけにはいかん。それではどこをやるかといって、山を並べていったときに、ほんのひとつか、ふたつかしかない。でも、そこにマナスルが入っていない。マナスルはインド陸軍の航空写真や、それまでの情報では、山の形もわからんし、ルートもなんにもわからんから、候補からはずしていた。それを、今西さんは、「これはなんにもわからん。だから、これをやるんや」って言うた。そうとう偉い人やな。

斎藤　ところが、この計画は日本山岳会に委譲されましたよね。

梅棹　それは、こういうことです。インドでインド科学会議という学術会議があったんです。そこで、西堀さんがインドに行ってネルー首相に交渉して、日印合同のエクスペディションをやろうと持ちかけた。そうしたら、ネルーさんは、やっぱり政治家や。「時期尚早」と断ってきた。西堀さんは悔しがって、それで次に、ネパール人の服装を一式そろえて、ネパールに乗り込んだ。日本人としてはじめてで、えらい人気やったそうです。そこで西堀さんは直接に日本ネパール合同登山隊を提案した。しかし、ちゃんと正式にＡＡＣＫから提携を申し込んでいるのに、いっこうに返事がこない。どうもこれは、日本の一大学のＯＢ団体であるくらいのことでは相手が動かんのかな、やはり、一国を代表する山岳団体でないといかんのやないか、ということが、西堀さんや今西さんの判断だった。それで、これは一国の代表である山岳団体の日本山岳会に計画を委譲しようと決めたのです。

平井　先生は、そのとき、日本山岳会に委譲するという会議におられたんですか。

梅棹　いや、その場にはいない。そんな経緯があって委譲する話が進んだのです。あのとき、日本山岳会の会長をしておられた槇有恒さんのところに話をしに行ったら、そこは槇さんも政治家やね。「無条件ですね」と念を押されたそうです。そうしたら、委譲を決めたあとになってから電報がきた。それが、許可するという電報やった。それもＡＡＣＫに。こんなことやったら、ＡＡＣＫでやったらよかった。ほんまに悔しがったけど、しょうがない、あとの祭りやった。

斎藤　委譲しようというふうに決められたのは、やはり今西錦司先生の意見が強かったんですか。

梅棹　今西、西堀やな。あの人らにも焦りがあったんやな。

斎藤　そうして隊が動き出して、偵察隊が出て、第一次で加藤泰安さん、そして、中尾佐助さんと川喜田二郎さんが学術班で行かれたのですが、先生はそのときに、参加しようというお気持ちはお持ちだったんですか。

梅棹　当然行くつもりでした。もちろん自分自身も第一候補のつもりやった。日本山岳会に委譲したんやから、わたしも、日本山岳会の会員になっておかないと具合悪いやろうということで、そのときに日本山岳会に入会した。ところが、肺病になって、結核やいうことやった。ドクターストップや。それまで、ずっと山へ行ってきたけど、わたしは、そこで山をぴたりとやめた。しかし、京大からは科学班を出す。ＡＡＣＫはアカデミック・アルパイン・クラブだから学術もやると。科学班というが、実際は、あれは本流のつもりやった。それで誰が行くかということになって、川喜田、中尾が行ったんです。

平井　先生はその後、一九五五年のカラコラム・ヒンズークシ学術探検隊に参加されるわけですね。

梅棹　五五年まで待ったんです。

平井　そのころは、山へ登る体力とか、そういうのは、どの程度戻ってたんですか。

梅棹　まあ、山を歩くことぐらいはできた。でも、あの探検隊に参加したお陰で病気が治ったんです。カラコラム・ヒンズークシは乾燥地帯で、転地療法みたいなものでしたから。

平井　マナスルの計画のときには、先生、登る気満々やったっていってましたね。

梅棹　はい。そのときに比べたら、治ったとはいえ、戦闘的な山登りはできない。カラコラム・ヒンズークシは、のんびりした旅行でした。だいたいが、ウマに乗ってゆく。

斎藤　当時、ＡＡＣＫのなかで南北朝問題っていうのが起こったのは、先生ご存じですか。

梅棹　知っています。四手井《しでい》綱彦さんが後醍醐天皇で、鈴木信さんが楠木正成。北朝の親分、つまり足利尊氏が今西さんでした。最初からある問題やけど、高きをめざすか、遠きをめざすかという問題や。高さだけで行こうという考えに対し、わたしらは、遠きをめざすということで闘うたんです。高きをめざすというのが、あのマッキンリーに代表される考え方で、それに対して、わたしらは未知への憧れ、デジデリアム・インコグニチ。これが探検の原動力です。それがたまたま、高さと結びついてやってきた。高ければよいというのではなかった。未知ということが大事なんです。その考えは、古くからのAACKの歴史に流れている。わたしは北朝の実動部隊長でした。南朝はアルピニズムで、北朝は、エクスペディションからエクスプロレーション。のちにそうなっていった。

カカボ・ラジ登山とアジアの探検

斎藤　カラコラム・ヒンズークシの後に、東南アジアをまわられてますよね。

梅棹　エクスペディションというものは、その組織と運営をおぼえないといかん。それでわたしは、大阪市大で独自のエクスペディションを組織したのです。それが東南アジア学術調査隊です。

斎藤　チョゴリザの後、ノシャックに岩坪五郎と酒井敏明が登りまして、ちょうどその直後ですね、わたしらAACKの若手に招集がかかり、梅棹先生がカカボ・ラジの計画を出して、行くものいないかといわれたんです。あれは六〇年の秋ですか。

梅棹　あのとき、まだわたしは自分でやる気でした。カカボ・ラジはヒマラヤに連なる、うんと東の高峰群のひとつです。

斎藤　AACKとの合同ということを考えられたのは、カカボ・ラジの登山班のほうをAACKにと思っていたからですか。

梅棹　そうです。

斎藤　あのときまだAACKは、サルトロ・カンリの交渉をしていた。そこで、先生が「誰かカカボ・ラジに行くものはいないか」といわれたとき、わたしは、つい手を挙げてしまった。それほど先生の計画は魅力的だった。そうしたら、先生がなにかほっとしたような顔をされたのをおぼえています。

梅棹　そうやったか。

斎藤　で、酒井と荻野和彦が続いて手を挙げた。カカボ・ラジでは登山と探検と両方をやろうということだったんですね。

梅棹　両方やろうと思ってました。登山班と学術班の両方とも、わたしが指揮をとるつもりやったんやけど、甘い考えやったな。ビルマ政府から断りの電報がきた。カカボ・ラジに行っていたらどうなってたやろな。

斎藤　おもしろかったと思うんですよね、あれは。

梅棹　しかしビルマ政府にぴしゃっと断られた。中国との国境線が未確定やったんやな。ほんまに悔しかった。しかたがない。わたしは大阪市大の学術探検隊にもぐり込んで、タイへ行って、途中からひとりでバングラデシュ、インド、そしてネパールへ入った。傷心の旅です。カカボ・ラジへ行けなかった、傷ついた心をいやすためのひとり旅でした。ひとりですから山へは登れない。だから、そのときは山を見る旅でした。

斎藤　カカボ・ラジはやはり、登山家としての思い入れも大きかったわけですね。

梅棹　あったと思います。自分も登ってやろうと思っていましたから。

斎藤　山として、あそこは非常に未知の地帯であったということですよね。

梅棹　こんな話をしてると、悔しい思いがいっぱい出てくる。

斎藤　先生にそんなことといわれると、ちょっとびっくりするんです。わたしも計画に参加してましたけど、先生がそこまで思い込んでおられたというのは、今日はじめて知りました。わたしらは、まだ若かったですから、それがつぶれてもまた次に計画が出ていたので、いつかは、ヒマラヤに行けると思っていたんです。実際、その後サルトロ・カンリにも行かせてもらいました。

平井 しかし、梅棹先生はその後、華々しく活躍されている。アフリカ探検、京大の人文研に移られてヨーロッパ探検もやっている。

梅棹 わたしは、一生を山で貫こうと思うてたんや。

平井 やっぱり先生は、登山家としてなにかやりたかった。

梅棹 登山家としてか、なにか知らんけど。

平井 探検家としては、先生は大きなことをたくさんやってこられました。

梅棹 それはどちらでもおんなじや。

斎藤 梅里雪山については、いかがでしょうか。AACKは、その梅里雪山で遭難事故を起してしまった。

梅棹 大遭難でした。しかし、遭難はしたけど、あれは、まったくの正統派の登山でした。

斎藤　そうですね。中国四川省の、あの一帯は未知の地帯で、梅里雪山は未知の山だったわけですね。

梅棹　前にもいったけど、わたしらむかし、南側はイギリスの植民地だったので、内陸周りで北からヒマラヤへアプローチしようと思ってた。張家口の西北研究所ができるときは、ほんとうにそういう議論をした。加藤泰安は、それで西北研究所に赴任する決心をしたのです。しかし、それも戦争でだめになった。戦後は中国に入国することすらできなくなった。中国が開かれるのは、七〇年代の終わりです。そのあとすぐ、わたしもまっさきに中国へ行った。成都、四川省やな。それからのちにラサまで入っている。飛行機でですけど。

平井　そのころだったと思いますが、先生に「成都から飛んだとき、すぐ右に見える白い大きな山はなにか」って聞かれました。「ミニヤ・コンカとちがいますか」と、いうたのをおぼえてます。

梅棹　するどい山やったな。

斎藤　先生は、中国の全部の省へ行っておられるんですよね。

梅棹　全部歩きました。もっとも、安徽省は省都の合肥で昼飯を食べただけですが……（笑）。

斎藤　ＡＡＣＫも中国の山をずいぶんやりました。しかし、梅里雪山での遭難事故以後、ちょっと力が弱りました。

梅棹　わたしもがっくりきましたな。

斎藤　この前のチョゴリザ登頂五〇周年の会では、ＡＡＣＫの将来の問題に答えは出ませんでした。

平井　事故の後遺症は大きい。ただ、それでもう登る山がないというのはちがうと思うんです。梅棹先生は、意気消沈している若いものをけしかけるために、「地球上に登るべき山がないのなら宇宙へ行け」とおっしゃいましたが、そこへ行く前に、まだまだ地球上に登るべき山はあると思うんですが。

梅棹　いま、中央アジアにずいぶん楽に行けるようになっている。もっと行ったらどうでしょうね。中央アジアの山やまや中国の奥地にはまだだいぶあるんじゃないですか。

斎藤　わたしもそう思います。いくらでもある。

梅棹　話をもどしますけど、カラコラム・ヒンズークシ学術探検隊は京大の総力を挙げた探検隊として結成されたけど、実際に動いたのはＡＡＣＫです。そういう意味から考えると、だいたいＡＡＣＫという団体は、ヒマラヤというか、中央アジアに関する日本の参謀本部ですよ。

未知への限りない情熱

平井　ＡＡＣＫはいままで、いろいろな未知の領域を探求してきている。いまでも未知の領域というのは非常にあるわけです。違いますか、先生。知的な未知の領域にＡＡＣＫが行くというのは、どうですか。

梅棹　それは結構ですな。わたし自身はそういう道を選んだのです。わたしの登山というのは、まず、未知への限りない渇望、情熱があってはじまった。それで、やはり学術と両立するというのが基本になった。それは、そのままＡＡＣＫの根幹でした。

平井　わたしは五回ヒマラヤへ行ってるんです。ただし、わたしは専門がシステム工学ですから、学術の面から考えると、まったくヒマラヤと関係ないんです。ヒマラヤ登山と自分の学問はなんにも結びつかない。計画のたびに非常に苦しい言いわけをしながら行ったんですけど。なにか理由をつけないと文部省は許してくれませんからね。

梅棹　よく理屈が立ったな。えらいもんや。

平井　ＡＡＣＫでも、水平志向と垂直志向というふたつの流れがありますね。で、実際、会員のなかには、ふたつやってるものも非常に多いんですよ。たとえば、ヤルン・カンに行った上田豊《あげた》は、南極の調査も行ってるわけですから、まさに垂直と水平です。それから松沢哲郎。チンパンジーのアイちゃんの研究で有名になった彼も、カンチェンジュンガに登ってるし、アフリカでは、チンパンジーの研究もしている。ですからＡＡＣＫは、垂直志向であり、水平志向であったと言えます。

梅棹　両方です。

平井　とはいえ、京大の学生は山岳部と探検部に分かれていきました。

梅棹　しかしＡＡＣＫのなかは、登山派と探検派とで分裂していない。登山と学術、山と学問というものを結束させたというのも、ＡＡＣＫの伝統や。昔からそうでした。そういう秘密結社（笑）。で、人情は紙よりも薄く、団結は鉄よりも固し、や。

岩坪　それと、伝統的にＡＡＣＫの人たちは文章を書くのが上手ですよね。

梅棹　うまい。これも伝統です。

岩坪　上手に書かなかったらね、ボロカスにいわれるんですよ。

斎藤　わたしは、わかりやすい文章でというのを、梅棹先生から直接、間接に聞いた。

梅棹　文章はわかるように書かなあかん。難しい文章を書く人はあかんわ。

斎藤　先生はチョゴリザの報告書でも座談会の司会をやられましたね（註）。

平井　ありましたね。あれは非常におもしろい座談会。速記者を入れて、それであの本にされたんですけど。あのときにわたしは先生のお宅での梅棹サロンというのに、たびたびおじゃましました。そこで、いろんなお話を聞きました。いろんな連中が集まり、ひとしきり話に花が咲いたあと、やおら「そしたら原稿の整理をしよか」いうて、速記されたものを先生が編集しはじめたんですよ。先生にはだいぶ教えてもらいました。要するに、文章を短くせい、長ながと書いたらあかん、短くして点、丸を打てと。それでやったら、確かに先生のおっしゃるように、文章が生きてきます。

梅棹　あれは成功したたな。

斎藤　むかしは、外貨の持ち出しもたいへんだったとお聞きしています。その意味ですと、海外へ出るには、学術という名目が必要だったんですか。
梅棹　いや、そんなことない。特に必要ない。
斎藤　では、学術登山隊というのは、あくまでも学問と登山を両立させるんだということであって、許可が取りやすいとか、外貨を獲得しやすいという理由ではない。
梅棹　必ずしも、ない。
岩坪　われわれ大学に職をえたもんは、学術とつけへんかったら飯食えへん。
梅棹　そうやな。
斎藤　身分をそのままにしてみんな行けたわけですね。
梅棹　しかし、京大も、わたしらに対してはかなり冷たかった（笑）。教授で、非常に露骨に敵意を持ってる人がかなりいた。ＡＡＣＫというのは、遊びの団体やないかと、ずいぶん冷たい目で見られてました。
岩坪　わたしはパキスタンへ行くのに、大学へは「土壌の研究に行きます」っていいました。パキスタンは、森林はあらへんですからね。森林調査では格好つかんので、「土壌調査に行きます」いうたんですよ。そしたら新聞に、「雪と氷だけ、どこに土壌があるのですか」みたいに書かれて、京大の事務の人にえらい怒られました。

そのときは「下の方にあんのや」いうた（笑）。

梅棹　わたしらでも、その点はずいぶん苦しんだな。

岩坪　ヒマラヤ登山に、なんで行くかがわからん人がいるんですよ。なにかあるんですか。極端にいうたら、そんなふうな。

梅棹　それは非常に多いな。学術というのを上手に使うと、それだけ募金がしやすかったのはたしかです。単にスポーツだけでは、お金は集まりにくい。京大の教授のなかでも、その下にいる教官や学生から隊員を出してくれと頼みに行くと、露骨に敵意を見せる人がいた。そんなスポーツの団体のために、大事なお弟子を出せるかいうて。

斎藤　探検大学といわれながらも、京大のなかでも、登山に対しての理解というのはあまりなかったのですか。

梅棹　なかった。やっぱりその点は、開拓者として今西さんの功績ですね。今西さんが京大の中心部を、総長はじめ大物教授を全部、シンパにしてしまったんです。それまで、わたしらに対する京大の風あたりは相当きつかった。露骨に名ざしでいわれた。「あいつらは、足で学問をしてる。学問は頭でするもんや」って。ところが、ＡＡＣＫは非常に用意周到に、京大の首脳部を取り込んで文句をいえんようにした。

岩坪　親切な先生もいましたけどね。

梅棹　いたな。

岩坪　これでもか、これでもかと募金のために大会社に紹介状を書いてくれました。ひと晩、多いときで二〇通くらい紹介状をもらって、「おたく、なんぼ」「おたく、なんぼ」「おたく、なんぼ」っていうて回ったら、ちゃんとくれはる。そういうこともありました。

梅棹　紹介状を持って大阪の町を回る。一九六〇年代ですが、『女が階段を上るとき』っていう映画があった。募金も企業の階段を上ってお金をもらいに行くでしょう。そのドキドキワクワクした気持ち（笑）。それを映画のタイトルから引いて「男が階段を上るとき」といってた。しかし、それでわたしは財界人との顔がつながって、あとあと非常に助かった。

岩坪　同じ大学教官でも、協力しない人はたくさんおった。そういう人なんや、山に理解を示さんかったのは。

梅棹　やっぱり、なんていうても、「学問は遊びではない」というのが非常に強かった。だから、登山みたいなスポーツは遊びやと。でも、未踏の地で、未発見のものを発見するのやから、山は学問と同じことです。とくにわたしは、山を通じて学問をしたのです。わたしの学問は紙の上とちがいますよ。机の上の学問とちがいます。要するに、未知への渇望。デジデリアム・インコグニチ、「未知への渇望」です。抽象的な科学においても同じです。

平井　そうですね。先生はそういう意味では、非常にたくさんの未知の領域を開拓されたわけですからね。

斎藤　未知の憧れというのは、京大に入ってから、わたしらは骨の髄までたたき込まれました。これはたいへんありがたいことだったと思います。

梅棹　わたしらの時代にくらべて、いまはどこへでも行けるし、活動できる範囲が非常に広くなっている。幸せな時代になっていると思う。それなのに出ていかない連中がたくさんいるらしい。信じられませんな。

斎藤　そうですね。若い人の山離れというのも信じられない思いです。

梅棹　人間が生きていくうえで、どういう道を選ぶか。立身出世の道を選ぶ人もあろうし、お金儲けを選ぶ人もあろうが、わたしは、そんなんはできない。けっきょく、こういう道ならできる、おもしろいと思う。それをやっていった結果やな。こういう人生があってもいいでしょう。

平井　ＡＡＣＫにはそんな人が多いですね。

梅棹　ＡＡＣＫは、世界の登山探検史の本流にのっていためずらしい日本の組織です。日本という国は非常に難しい立場にいた。地理的にはアジアにありながら、登山や探検については、日本だけ飛び抜けてやってきた。登山家は韓国やら中国にもいるけど、ＡＡＣＫみたいな団体はありません。これはおもしろい現象です。日本という国が、歴史的にはヨーロッパ的な国だという証明でもある。ＡＡＣＫを中心に日本の登山探検史を文明史の一面としてとらえてみると、非常におもしろい。いままで誰も語っていない日本の側面が見えるかもしれません。

（註）京都大学学士山岳会（編著）『チョゴリザ』　一九五九年一〇月　朝日新聞社

第4章　山と探検——探検をめぐる発言集

今西探検隊の成立

解説

今西錦司先生がなくなったのは一九九二年の六月のことであった。それからほぼ一年たって、日本山岳会の年報『山岳』の編集委員会から、今西さんの追悼文の依頼があった。本文にもあるように、わたしは今西さんといっしょに山へのぼったのはごくわずかで、戦後でも、一九四九年の宮之浦岳（一九三六メートル）、一九五七年の三瓶山（一一二六メートル）と一九六三年のキリマンジャロ（五八九五メートル）しかおもいだせない。

それにくらべて、探検家としての今西さんについては、かたることもおおい。編集部の了解をえて、つぎの文章をかいた（註）。

（註）梅棹忠夫（著）「追悼　今西錦司氏（一九〇二～一九九二）――今西探検隊の成立」『山岳』第八八年　通巻一四六号　一八三―一八五ページ　一九九三年一二月　日本山岳会

ベンゼン核

今西錦司の登山家としての事績については、わたしにはかたる資格がない。たしかに、わたしは今西の推薦で日本山岳会およびＡＡＣＫ（京都大学学士山岳会）に入会したのだが、今西の登山に同行したことはまれである。晩年の有名な一五〇〇山についても、いっしょにのぼった山は、ほんのすこしにとどまる。

今西についてわたしがかたることができるのは、登山家としてよりも探検家としての側面である。わたしは今西を隊長とする探検隊になんども参加して、その隊長ぶりをわが目でみているからである。

今西が登山の垂直志向から出発して、探検の水平志向にうつっていったのはいつごろからであろうか。一九三二年の樺太東北山脈の踏査や一九三八年の内蒙古学術調査旅行、一九三九年の内蒙古調査など、その探検旅行は一九三〇年代にはじまっている。また一九三九年には京都探検地理学会を創立しているので、そのころからはっきりと探検志向にふみきっていることはたしかである。しかし、その探検家としての活動が本格的になるについては、わたしたちの世代との遭遇がおおきな契機になったようにおもわれる。

一九四一年春、わたしは旧制の第三高等学校を卒業した。その山岳部の仲間のなかに探検をこころざす六人の同志がいて、「ベンゼン核」というグループをつくっていた。有機化学でいうベンゼン核の構造式のなかでは、炭素原子六個が環状に緊密にむすびあわされている。それになぞらえたのである。この六人は『ジオグラフィカル・ジャーナル』などを読みふけり、世界の未開地の探検を夢みていた。太平洋戦争の勃発のまえで、現実に行動をおこしうる地域はごくかぎられていたのだが、それでも、この青年たちの意気は、はなはださかんであった。六人というのは吉良竜夫、川喜田二郎、藤田和夫、伴豊、和崎洋一とわたしであった。しかし、いかに意気さかんであっても、高校をでたばかりの青年たちの力では、なにごともなしえないことはあきらかであった。わたしたちは強力なリーダーを必要としていたのである。

リーダーとしていただくにたるのは、今西錦司をおいてほかにはないことをわたしたちは確信していた。わたしたちは今西のひっぱりだしにかかった。京都大学農学部の近所にあるおしるこ屋の二階で、わたしたちは、しばしば探検に関する研究会などをひらいていたのだが、そこへ今西先輩にきてもらって、リーダーになってくれるかどうか談判した。はなしあいの結果、今西はそれを承諾した。こうしてわかい探検家たちのグループが結成されたのである。

探検学校

このグループは、戦前戦後を通じて世界各地の学術探検に活躍することになる。そして、しばしば「今西グループ」などとよばれて、今西とその弟子たちのグループのようにおもわれていることがおおいが、われわれの関係は大学における師弟関係ではない。今西は理学部の動物学の講師であったが、六人の青年たちのうち、大学で今西の講義をきいたものはひとりもいない。それぞれに専門がことなるのである。今西がこれらの学生を弟子として育成したのではなく、この若者たちのほうから今西をグループのリーダーに推戴したのである。

専攻する学科はそれぞれにちがっていたが、われわれは今西から学術探検隊員としての訓練をうけることとなった。その最初のものが一九四一年夏のミクロネシア調査である。これには六人のうち、吉良、川喜田、梅棹の三人がくわわり、ほかに森下正明、中尾佐助などのシニア・メンバーが参加した。こうして、主としてポナペ島において、青年たちは学術探検家としての本格的な訓練をうけたのである。このとき、学術探検の指導者としての今西がみせた力量はめざましいものであった。探検隊の行動の判断はもちろんのことだが、フィールド・ワークをすすめつつ思索をふかめてゆく手法を、われわれは骨の髄までたたきこまれた。それは、いうなれば今西探検隊の士官学校であった。

一九四二年には、このグループは北部大興安嶺の縦断をおこなった。この探検行には六人のうち、和崎をのぞく五人がほかの仲間とともに参加して、この地図上の空白地帯を突破したのである。隊長今西と副隊長の森下のふたりをのぞいては、全員が学生からなるこの探検隊は、学術探検隊としておおきな成果をあげた。その全行程を通じて、探検家今西はすぐれたリーダーシップを発揮したのである。

一九四四年から四五年にかけては、今西は張家口にあらたにできた西北研究所の所長に就任し、内モンゴル草原の学術探検をおこなった。それには加藤泰安、中尾佐助のほかに、ベンゼン核からは和崎とわたしのふたりがくわわっている。これで戦前における探検家今西の活動はいちおうおわった。

戦後の探検行

戦後に今西探検隊がふたたびうごきだしたのは、一九五二年のマナスル遠征以後である。京都大学学士山岳会はネパール政府との交渉に成功して、マナスル登山の計画をすすめていた。許可がくるまえに、その計画を日本山岳会に委譲したのである。今西はその第一回の偵察隊の隊長をつとめた。登路の発見もさることながら、今西のおおきな興味はこの未知のジャイアントの探検的踏査にあったようである。

ネパール・ヒマラヤの登山目標をマナスルに決定するまでには若干の経緯があった。わたしたちは、ネパール国内の未踏の八〇〇〇メートル級をかたっぱしからしらべあげていった。しかし、マナスルについてだけは、まったくなんの情報もなかったので、計画立案にあたっていた青年将校たちはこの山を目標から除外していた。そのとき今西は「この山をやる」と言いだした。「この山はなにもわからないからだめです」と青年たちがいうと、今西は「だから、それをやるのだ」といった。わたしはそのはげしいパイオニア精神と探検家魂に驚嘆した。

一九五五年には京都大学のカラコラム・ヒンズークシ学術探検隊がパキスタン、

アフガニスタンに派遣された。総隊長は木原均教授であったが、今西はカラコラム支隊長としてこの山群の大氷河地帯の奥ふかくにわけいった。この探検隊にはベンゼン核からは藤田とわたしが参加した。

わたしが今西と行をともにした最後の探検行は一九六三〜四年の京都大学アフリカ学術調査隊であった。調査隊は類人猿班と人類班とにわかれていた。この隊には和崎とわたしが参加している。ほかに富川盛道や伊谷純一郎らのすこしわかい世代もたくさん参加して、のちのアフリカ研究の隆盛の基礎をきずいた。

この調査隊はまったくの学術的なものであったが、その一環としてキリマンジャロ登山をおこなっている。わたしは途中で落伍して頂上までゆくことはできなかったが、今西は和崎やほかのわかい仲間とともに頂上まで達している。わたしは今西の気力と体力の旺盛さに圧倒されるおもいがした。おもえば、これが今西との探検行、登山行の最後であった。

今西は戦前戦後を通じて多数のわかい探検家たちを育成してきた。そのリーダーシップのもとにそだてられた若者たちが、戦後日本の学術探検を隆盛にみちびいていったことはよくしられているとおりである。それは、みじかかった日本の「探検の時代」の最後の光芒であったといえるであろう。今西はその火つけ役であり、かがやかしきリーダーであったのである。

いまなぜ探検の殿堂か

解説

一九九四年八月、西堀栄三郎氏ゆかりの地である滋賀県湖東町（現在の東近江《ひがしおうみ》市）に「探検の殿堂」というユニークな施設が設立され、開館にあたって、『西堀栄三郎記念　探検の殿堂』という小冊子が刊行された。わたしはそのなかに「いまなぜ探検の殿堂か」という題で、みじかい文章を執筆した（註）。

（註）梅棹忠夫（著）「いまなぜ探検の殿堂か」『西堀栄三郎記念　探検の殿堂』一ページ　一九九四年八月　西堀栄三郎記念　探検の殿堂

探検というと、わたしたちはコロンブスの新大陸発見やマゼランの世界一周などをおもいだします。これらの探検家たちによる地理上の発見は、ルネサンスの美術やルッターの宗教改革とならんで、「近代」とよばれる今日の世界をひらいたもの、といえるでしょう。

日本は、これらのいわゆる大航海時代のころには、国内の抗争にあけくれたり、鎖国をはじめたりして、このような世界のうごきにくわわることはできませんでした。しかし、日本にやってきた宣教師たちから、この世界が巨大な球体であることを知らされて、日本人はみな、おおいなる好奇心をしめしたとつたえられています。

鎖国時代の後半になって、ようやく日本近海の地理的空白をうめる探検がはじまり、明治・大正にはそれがアジア全域にひろがり、昭和から第二次世界大戦後には、世界にむけての大規模な学術探検が組織されるまでになりました。これらの日本人による近代探検のあゆみをふりかえると、日本もけっして「探検小国」ではなく、むしろ探検精神のゆたかな民族だといえるでしょう。

このたび滋賀県湖東町では、地域文化開発の一環として、湖東町立「探検の殿堂」を設立されました。それは、この町にゆかりのふかい、すぐれた探検家である西堀栄三郎氏を記念するとともに、日本人の手になる近代探検の歴史と探検家たちの業績を顕彰するための施設です。そして、それは単に過去をふりかえるためだけではなく、これらの先人たちによってはぐくまれた日本人の探検精神を、未来にむけて、さらにおおきく羽ばたかせるための装置なのです。

もちろん、現在は、もはや地理的発見という時代ではなくなりました。しかし、人類はやっと地球の表面の概略を知りえたにすぎません。その他の地球上のおおくの現象については、まだなにほどの知識も知見も獲得していません。学術探検は、今後も、科学のあらゆる分野において、その必要性や重要性をうしなっていないのです。

いっぽう、現代社会の文明化がすすめばすすむほど、未登頂峰の登山や極地体験、大洋横断などの冒険に情熱をもやすわかい人びとがふえてきています。これは「スポーツ探検」とでもいうべきジャンルの行動として、これからも社会的におおきな関心がよせられてゆくことでしょう。

このような未知の領域の探検、あらたな精神と肉体のフロンティーアをめざすスポーツ探検や冒険などは、将来もますますさかんになってゆくとおもわれます。それは、人間が本来もってうまれた知的・肉体的欲求の発露であり、またそのいとなみなのです。

この「探検の殿堂」は、日本人のすぐれた近代探検の歴史を跡づけるだけでなく、二一世紀にむけて、そのような探検文化の振興をめざして、世界でもめずらしい文化施設としてつくられたものなのです。この施設が、ひろく国民各層のみなさまによって活用されることを期待しております。

四九人の探検家をえらぶにあたって

解説

本文中にもあるように、「西堀栄三郎記念　探検の殿堂」の開館時には、四九名の探検家が「探検家の殿堂」いりをした。その探検家たちをえらびだすために、吉良竜夫、近藤良夫、樋口敬二、本多勝一、そして梅棹の五名の選考委員が任命された。委員長のわたしは選考する際のいきさつや選考基準などについてつぎの文章をかいた（註）。これは開館のおりに関係者に配布された図録におさめられている。

次項「探検家の殿堂いりに際して」にもあるように、二〇〇三年になってわたしも探検家として推挙された。その結果、殿堂いりした探検家は現在五〇名となっている。その一覧は三五四ページをご覧いただきたい。

（註2）梅棹忠夫（著）「四九人の探検家を選ぶにあたって」『日本の探検家たち――未知への挑戦』六―九ページ　一九九四年八月　滋賀県湖東町

西堀栄三郎先生ゆかりの地である滋賀県湖東町が、「西堀栄三郎記念　探検の殿堂」を建設されるという。そのことについて、湖東町長の西堀茂平氏から相談をうけた。日本の探検家の事績を顕彰するとともに、探検活動の情報センターにしたいといわれる。わたしに相談があったのは、わたしが西堀栄三郎先生から探検や登山の指導を直接にうけたもののひとりであるからであろう。

この湖東町長の呼びかけに応じて、わたしは四人の委員とともに「探検の殿堂」いりをするにふさわしい人物のえらびだしにとりかかった。四人の委員というのは、吉良竜夫（滋賀県琵琶湖研究所長）、近藤良夫（京都大学名誉教授）、樋口敬二（名古屋大学名誉教授）、本多勝一（元朝日新聞社編集委員）の諸氏である。いずれも探検・登山の猛者であり、西堀先生とふかい交流のあった人たちばかりである。「探検の殿堂」いりにふさわしい探検家をえらびだすにあたっては、わたしたちはいくつかの基準をもうけた。

ここでいう探検とは、未知の領域にわけいって、あたらしい発見をもたらす行為のことである。未知の領域とは、厳密にいえば、いわゆる人跡未踏の地であるが、おおくの探検はすでに人が住んでいる地域でおこなわれた。地理的には知られた土地であっても、その地域の民族、動植物、地質などがじゅうぶん調査されていない場合、そこにおもむき、これらを学術的にあきらかにすることも探検ということができるであろう。

未知をあきらかにするということであれば、実験室で未知なる現象を探究することや、技術的に新分野を開発することも探検に類する行為かもしれない。しかし、ここでは現地におもむいてしらべる行為にかぎって探検と呼ぶこととした。

登山における初登頂やヴァリエーション・ルートの開拓は、未知の地域にふみこんだものとして、探検に準ずる行為であるとみなされるが、目的が純粋に登山である場合は、ここでいう探検から除外した。また、探検にはかならず危険がともなう。したがって、探検を「探険」と書くこともあるが、危険そのものをもとめる冒険的行為とは一線を画した。

「探検の殿堂」いりの候補になる人の範囲は、近世以降の日本人であることとした。

世界の探検の歴史をひもとくと、おおくのヨーロッパ人やアメリカの人たちの活躍が目につくが、この「探検の殿堂」が日本人西堀栄三郎を記念し、その探検的精神を現代の日本の青少年につたえることを目的としているため、ここで顕彰される探検家は日本人にかぎった。

　また、日本では神話の時代や古代、中世にもその種の行為はあったかもしれないが、記録にのこる探検がはじまったのは、やっと近世になってからである。したがって、ここでは近世以降の人物に限定した。

　候補の大部分は物故者であるが、なかには存命中の人たちもあげられた。その場合は、一九九三年現在、七〇歳以上の人物に限定した。物故者については、その一生を通観し、探検家として顕彰にあたいするかどうかを決めることができる。現存者については、その人生はまだ完結していないので、探検家として顕彰できるかどうかを決定するのはむつかしい。したがって、現存者の探検家としての評価がさだまる年代として、七〇歳以上という制限をもうけたのである。

　もっとも、今回の選定では、わが国の過去の探検家が大半をしめる結果となった。将来は、なお幾人もの探検家がこの「殿堂」いりをすることになるであろうが、そのときは、この年齢制限がどのようにあつかわれるかは、その選定にあたる委員の判断による。

　探検家の資格としては、明確な意図をもち、みずから探検に参加し、または組織した人であることを条件とした。これは、漂流のすえ、たまたまその地域に漂着したとか、戦争などでその地域に足をふみいれたなどの偶発的なものでないことを意味する。

いっぽう、みずから探検隊に参加することはなかったが、内外の探検の記録や未知なる地域に関する文献を収集・研究し、それらをもとに探検に関する著書を発表しておおくの人たちを鼓舞し、探検家の養成に貢献した人も存在する。これらの人の功績を顕彰するために、例外的に「探検の研究家」としてくわえることとした。

探検家は探検した地域について報告をおこなう義務がある。いくら未知の地域にわけいったとしても、報告がなければ、なにをしたのかを知るすべがない。ただし、ここにいう報告とは、かならずしも報告書という体裁をとったものでなくともよい。日記、写真、地図、紀行文など、どのようなかたちでもよいわけであるが、知的に考察されたもので、人類の知識の蓄積にくわえられるべき質のたかさをもつものでなければならない。

以上のようないくつかの基準をもって、「探検の殿堂」いりの候補者の選定をおこなった。そして、その結果、四九人の人たちがえらばれた。この数は今後も増加してゆくであろうが、その人選は将来の選考委員にまかせるほかはない。

「西堀栄三郎記念　探検の殿堂」の開館をいわうとともに、この館がわが国の探検の情報センターとして機能し、青少年のパイオニア精神の涵養のよりどころとなることをねがってやまない。

探検家の殿堂いりに際して

解　説

二〇〇三年、わたしは「探検家の殿堂」にはいるべき五〇人目の探検家として選出された。その後、四年の月日がながれたが、それについての経緯や感慨をのべることもないままであった。ここに機会をえて、みじかい文章を執筆した（註）。本書におさめるについて、いささかの加筆をおこなった。

（註）梅棹忠夫（著）「探検家の殿堂いりに際して」『千里眼』第九七号　三〇三―三〇七ページ　二〇〇七年三月　千里文化財団

滋賀県愛知《えち》郡湖東町に「西堀栄三郎記念　探検の殿堂」という施設がある。湖東町はその後、近隣町村との合併によって、現在は東近江市になっている。この地は、日本の第一次南極観測隊の越冬隊長であった西堀栄三郎先生のご先祖が住んでおられた土地である。

この「探検の殿堂」の一階には、西堀栄三郎記念室や南極大陸における昭和基地の主屋棟の室内を再現した部屋、南極体験ゾーンなどがある。二階は「探検家の殿堂」となっていて、近世以降の日本人探検家たち五〇名の肖像が、それぞれの探検の実況を背景としてえがかれている。絵は現代を代表する大家中堅の日本画家たちによるものである。これらの探検家をえらびだしたのは、湖東町から委嘱された選考委員会の委員で、吉良竜夫、近藤良夫、樋口敬二、本多勝一の諸氏とわたしの五名であった。一九九四年の開館時までに四九人の探検家たちを選出して、わたしは委員を辞任した。

選考委員会は顕彰者審議会と名をかえ、近藤、樋口、本多の三氏に瀬戸口烈司、田中二郎、栗田靖之の三氏をくわえて選考をつづけ、二〇〇三年には五〇人目の探検家の殿堂いりを決定した。それはわたしだという。意外なことであったが、永年、探検の仕事にたずさわってきたものとしては、まことに名誉なことであるので、わたしはよろこんでお受けすることにした。

二〇〇三年は西堀先生の生誕一〇〇年にあたるという。湖東町ではそれを記念してさまざまな事業を企画した。その最初のものとして、二月二三日の午前中に「探検の殿堂」で記念式典がおこなわれ、そこでわたしは新探検家として顕彰された。わたしはそれに出席してお礼のことばをのべた。顕彰状はつぎのようなものであった。

「あなたは中央アジアの学術探検において人類に貴重な知的財産をもたらされました
よって西堀栄三郎記念探検の殿堂に探検家絵画を掲額し顕彰します
平成十五年二月二十三日
湖東町長　宮部庄七」

わたしの探検ともいえる仕事をした地域は、カラフト、モンゴル、ミクロネシア、アフガニスタン、東南アジア、東アフリカ、ヨーロッパなど広範囲にわたっているが、この「探検家の殿堂」では、顕彰をうける探検家はどこかの地域に分類されているので、ここではわたしは、とくにアフガニスタン、モンゴルなどの業績に注目されて「中央アジア」にいれられたのであろう。肖像画は丹羽貴子さんによるもので、一九五五年の京都大学カラコラム・ヒンズークシ学術探検隊におけるわたしの乗馬姿をえがいたものであった。丹羽さんは絵をえがくについて、当時のようすなどをくわしく聞きにこられたが、探検隊で特別注文したチェック柄のはでなシャツは手もとにのこっておらず、しかたなく絵は白シャツの姿になってしまった。

記念式典がおこなわれた日の午後には湖東町農村環境改善センターで記念祭が実施され、そこでも、わたしの「探検家の殿堂いり」が紹介された。一九九四年の開館当時、殿堂いりした四九名の探検家たちのために図録が作成されていた（註）。『日本の探検家たち——未知への挑戦』という書名で、ひとりの探検家に対して見ひらきの二ページがあてられ、右ページに探検家の業績と画家の感想、左ページに肖像画がおさめられている。図録の刊行後に仲間いりしたわたしの場合は、おなじ体裁で追加のページが印刷され、その図録にはさみこめるかたちになっている。

「探検の殿堂」には「未知の世界に挑んだ探検家たち」という映像展示もある。開館時に製作されたもので、四九人の探検家の業績がまとめて紹介されている。わたしの殿堂いりの際には八分ほどの紹介ビデオが別につくられた。製作はグループ現代で、表題は「梅棹忠夫——現代学術探検家の足跡」となっている。

その年の七月五日から九月一五日のあいだに、「探検の殿堂」二階の資料展示コーナーにおいて、西堀先生の生誕一〇〇年記念事業の一環として、そして、わたしの殿堂いりを記念して「新探検家・学術探検の巨人――梅棹忠夫」という企画展がもよおされた。展覧会の副題は「モゴール族を求めて――一九五五年のアフガニスタンを行く」というもので、京都大学カラコラム・ヒンズークシ学術探検隊の写真や地図、フィールド・ノート、スケッチ、そこからうまれた図書などが展示された。期間中には八五〇〇人をこえる来館者があって、ひじょうに好評だったという。実物のフィールド・ノートをみて、たいへん感動したという感想も聞かれた。

わたしは、わかいころから登山にはじまり、未知の土地を探検する仕事をしてきた人間であるが、こういうかたちで、いわば探検家としての側面が社会的に認知されてひじょうにうれしかった。これでわたしのやってきた仕事も日本の探検史のなかにくわえてもらうことができるであろうか。

わたしがおこなってきた探検のおおくは学術探検であった。交通手段やさまざまな科学的機器が発達した現代では、たしかに地理学的探検という点では、もはや地球上でなすべき仕事はほとんどのこっていない。しかし、学術的には、まだわかっていないことがあまりにもおおいのである。地質学あるいは地球物理学的な問題には、まだまだ未知の部分がすくなくないし、動物相、植物相にいたっては、わからないことのほうがおおい。これらの学術探検の領域で、今後もおおくの研究者たちがあたらしい発見をつぎつぎともたらされることを期待している。さらには地球外の宇宙の探検のことをおもえば、なすべき仕事はたくさんある。未来の探検家たちの活躍をおおきな期待をもって待ちのぞんでいる。

（註）『日本の探検家たち——未知への挑戦』　一九九四年八月　滋賀県湖東町

探検家の殿堂

■日本とその周辺

嶋谷《しまや》市左衛門《いちざえもん》　江戸中期小笠原諸島の探検
最上《もがみ》徳内《とくない》　すぐれた千島列島探検家
近藤《こんどう》重蔵《じゅうぞう》　エトロフ島の探検
高田屋《たかだや》嘉兵衛《かへい》　クナシリからエトロフへの船路を開く
松田《まつだ》伝十郎《でんじゅうろう》　樺太（サハリン）の北端へ
間宮《まみや》林蔵《りんぞう》　間宮海峡の確認
伊能《いのう》忠敬《ただたか》　最初の実測日本地図
松浦《まつうら》武四郎《たけしろう》　北海道探検とアイヌ民族抑圧の報告
ジョン万次郎《まんじろう》　冒険家を自覚した日本人
郡司《ぐんじ》成忠《しげただ》　北千島探検と開発

■中央アジア

河口《かわぐち》慧海《えかい》　ヒマラヤを越えてチベットへ潜入
能海《のうみ》寛《かん》　チベットへ仏教経典を求めて
大谷《おおたに》光瑞《こうずい》　西域探検のオーガナイザー
日野《ひの》強《きょう》　中央アジア横断
橘《たちばな》瑞超《ずいちょう》　中央アジアの探検と発掘
吉川《よしかわ》小一郎《こいちろう》　西域仏教遺跡の発掘
青木《あおき》文教《ぶんきょう》　ダライ・ラマに招かれた学問僧
今西《いまにし》錦司《きんじ》　日本探検界の大指導者
木村《きむら》肥佐生《ひさお》　チベット潜行十年
西川《にしかわ》一三《かずみ》　モンゴル・チベット探索
梅棹《うめさお》忠夫《ただお》　学術探検の巨人

■南アメリカ

天野《あまの》芳太郎《よしたろう》　アンデスの考古学と天野博物館
田中《たなか》薫《かおる》　日本人初のパタゴニア探検
泉《いずみ》靖一《せいいち》　アンデス古代文明の探究

■ヒマラヤ

槇《まき》有恒《ありつね》　日本近代アルピニズムの父
長谷川《はせがわ》伝次郎《でんじろう》　カイラス山を初めて撮った男
堀田《ほった》弥一《やいち》　日本最初のヒマラヤ登山
今西《いまにし》寿雄《としお》　日本初の八〇〇〇メートル峰マナスル登頂
中尾《なかお》佐助《さすけ》　日本人初のブータン踏査と独創的な農耕文化論
川喜田《かわきた》二郎《じろう》　ネパールの民族学的探検

■東南アジア・オセアニア

田代《たしろ》安定《あんてい》　琉球の博物学的研究
笹森《ささもり》儀助《ぎすけ》　八重山諸島の紹介者
岩本《いわもと》千綱《ちづな》　インドシナ半島縦断
早田《はやた》文藏《ぶんぞう》　台湾の植物分類学のパイオニア
金平《かねひら》亮三《りょうぞう》　オセアニアの植物学的探検
土方《ひじかた》久功《ひさかつ》　ミクロネシアの民族学的探検
鹿野《かの》忠雄《ただお》　台湾の自然史・民族学研究の先駆者

■北アジア・東アジア

榎本《えのもと》武揚《たけあき》　日本人初のシベリア横断
福島《ふくしま》安正《やすまさ》　シベリア単騎横断
鳥居《とりい》龍藏《りゅうぞう》・きみ子　東アジア各地の人類学的探検
金田一《きんだいち》京助《きょうすけ》　言語学的探検の草分け
藤田《ふじた》和夫《かずお》　山脈形成論の実践論的研究

■西アジア

江上《えがみ》波夫《なみお》　アジア各地の考古学的探検
木原《きはら》均《ひとし》　コムギの起源を求めて

■探険の研究家

加納《かのう》一郎《いちろう》　極地探検の先導と研究
深田《ふかだ》久弥《きゅうや》　ヒマラヤ・中央アジアの研究者

■極地

白瀬《しらせ》矗《のぶ》　日本人初の南極探検
西堀《にしぼり》榮三郎《えいざぶろう》　南極・ヒマラヤ探検のパイオニア
植村《うえむら》直己《なおみ》　グリーンランド犬ぞり縦断

パイオニーアのゆく道

解説

ＡＡＣＫ（京都大学学士山岳会）は機関誌『AACK Newsletter』をほぼ年四回発行している。二〇〇三年の秋号では、特集として「ＡＡＣＫのゆくべき道」をくむので、わたしにもなにか書くように要請があった。そこで書いたのがつぎの文章である（註）。

（註）梅棹忠夫（著）「パイオニーアのゆく道」『ＡＡＣＫ 京都大学学士山岳会 Newsletter』第二八、二九合併号 五―六ページ 二〇〇三年九月 京都大学学士山岳会

ＡＡＣＫはすることがなくなったという。ヒマラヤやカラコラムの未踏の高峰は、ほとんどのぼられてしまった。世界の未踏峰の初登頂をめざしてきたＡＡＣＫは、その目標をうしなったのである。ＡＡＣＫはこれからなにをするのであろうか。

未踏の高峰にいどんで、それに登頂するということのほかに、ＡＡＣＫには当初

からもうひとつの衝動があった。それは地球上の未知の地域を探検するといううごきである。高峰にいどむというのが垂直の志向とすれば、こちらのほうは、いわば水平志向である。このふたつの傾向はＡＡＣＫのなかにはやくから存在して、ときにはあいたすけながら、ときには矛盾をはらんで、おたがいに牽制しながらやってきたようにみえる。

のぼるべき未踏の高峰がなくなっても、未知の地域の探検がそれにかわることができれば、それでもよかった。しかし、かなしいことには、その未探検地域そのものが地球上でほとんどなくなってしまったのである。垂直志向の道においても、水平志向の道においても、ＡＡＣＫはなすべき仕事がなくなりつつある。これをどうすればよいのか。

地球上でなすべきパイオニーア・ワークがなくなったとすれば、パイオニーアたちはどうすればよいのか。わたしは当然の帰結として、地球外にパイオニーア・ワークの場をもとめるべきであるとかんがえている。じつは、このことについては、わたしは戦後まもなく気がついて、この事態がいずれ到来するはずであることを書きしるしている（註）。一九四九年のことである。そのころはまだエベレストものぼられていないし、宇宙船のうちあげもなされていなかった。しかし、パイオニーアたちが宇宙に飛びだしてゆかなければならないということは、パイオニーアというものの本質からいって論理的必然であった。

ＡＡＣＫのゆくべき道が宇宙探検であるといえば、あまりにも突飛なかんがえとおもわれるかもしれない。しかし、そのあいだに、中間項として南極探検という一項をくわえれば、宇宙とＡＡＣＫがむりなく接続することが了解されるであろう。南極探検にはＡＡＣＫからは西堀栄三郎越冬隊長をはじめ幾人かの隊員をおくりだしているのである。極地のつぎに宇宙があらわれてもふしぎはないであろう。

宇宙旅行はすでに現実となってきている。それは国家の事業としてばかりではなく、私的なくわだてとしてでも成立するほどの状況がうまれつつある。極端な話であるが、手づくりの宇宙船で地球のそとに飛びだしてゆく可能性さえあるかもしれないとわたしはかんがえている。ＡＡＣＫが組織をあげて宇宙旅行の実現に努力するというのも、パイオニーア集団としてのＡＡＣＫのめざすべきひとつの方向ではないだろうか。それはＡＡＣＫが当初よりもっていた「デジデリアム・インコグニチ（未知への渇望）」の実現にちがいない。

現在、すでに宇宙旅行を体験した人間の数は数百人に達するという。その人たちの国際的な組織があって、しかもそれがAssociation of Space Explorers（宇宙探検家協会）と名のっていることをしって、わたしはまことに意をつよくした。アルパイン・クラブのほかにも、探検家の精神がそだっていたのである。ＡＡＣＫがパイオニーア集団としての意志をもちつづけるとすれば、われわれはこの宇宙旅行者たちとの精神的連帯をかんがえるべきではないか。事態はもはや、そのあたりにちかづきつつあるのである。

（註）梅棹忠夫（著）「知的行動としての探検」『知の技術』「梅棹忠夫著作集」第一一巻　四七九—四九〇ページ　一九九二年二月　中央公論社

地球探検家から宇宙探検家へ

解説

人間が宇宙飛行に成功したのは一九六一年のことであった。それから約四〇〇人もの宇宙飛行士たちがあとにつづいた。その人たちが宇宙探検家協会というものを組織し、毎年国際会議を開催しているという。

二〇〇三年にはその会議が日本ではじめて開催されることになり、実行委員長の毛利《もうり》衛《まもる》氏らがわたしのところに基調講演の依頼にこられた。本文中にもあるように、この会の宇宙飛行士たちがspace explorers（宇宙探検家）と名のっておられることに心をうたれて、わたしは講演をひきうけた。

第一八回世界宇宙飛行士会議はメインテーマを「宇宙と教育――全人類の文化に向けて」として、二〇〇三年一〇月一二日から一七日の日程で、東京の日本科学未来館をおもな会場に開催された。わたしは話の内容を文章に書きおこし、事務局に手わたした。当日の講演はそれをもとに、この会議の組織委員会会長である近藤次郎氏と対談形式でおこなった。

会議の正式な報告書は二〇〇四年の一月に公刊された。そこには、講演当日の対談記録ではなく、事前に用意し、事務局に手わたした文章が掲載されている（註）。本書にはそれを収録した。

（註）梅棹忠夫（著）「地球探検家から宇宙探検家へ」『第一八回世界宇宙飛行士会議報告書』五八―五九ページ　二〇〇四年一月　第一八回世界宇宙飛行士会議

探検家の仕事

まず最初に自己紹介をしておきたいとおもいます。わたしはわかいころから、地球上の、まだ探検されていない地域をたずね、その土地やそこに住んでいる人たちについての情報を文明世界にもってかえるという仕事をつづけてきた人間でありす。こういう仕事は、一般に探検と呼ばれてきました。その意味では、わたしは探検家のひとりであります。日本はヨーロッパ諸国にくらべて探検の伝統がひじょうにつよかったとは言えません。それでも一七世紀以来、かずかずの探検家によって日本の周辺諸地域がしらべられ、実績がつみあげられてきました。わたしも青年時代からそのような探検の仕事をつづけてまいりました。わたしがじっさいに探検に参加した地域は、サハリン、ミクロネシア、中国東北部、モンゴル、アフガニスタン、東南アジア、アフリカのサハラなどであります。

今日、日本のうんだ探検家を顕彰するために、滋賀県の湖東町というところに「探検家の殿堂」という施設がつくられていて、歴代の探検家たちの業績とその肖像画が展示されています。現在までに五〇人の探検家たちがここに殿堂いりをしております。二〇〇三年、わたしはその五〇番目の人間として、そこにくわえていただきました。その意味では、わたしは、現在のところ、日本人としては最後の探検家ということになります。

わたしのおこなった探検は、もちろんわたしひとりでやったことではありません。なんにんかの同志あるいは仲間とともにやってきた仕事であります。その同志たちが顔をあわせてかたりあうと、でてくる話は「これから、われわれはなにをなすべきか」ということであります。わたしたちがやってきた仕事は、地図もない未探検地域をさがしだして、そこを実地に踏査してしらべることでした。わたしはとくに民族学者として、そのような地域に住んでいる人たちの社会と文化をしらべて、それを文明社会に紹介することをやってきたわけであります。

未探検地域の消滅

しかし、かんがえてみると、今日すでに未探検地域はほとんどなくなっているのです。むかしなら、地図もなく、自分のいる位置もわからなかったところでも、いまでは人工衛星のたすけによって、たちどころに自分のいる位置の経緯度がわかるようになりました（GPS Global Positioning System）。また、むかしなら、ながい距離や困難な道を、徒歩あるいはウマやラクダでゆかねばならなかったのが、現代では飛行機、自動車など、機械類の発達によって、われわれの行動範囲はいちじるしく拡大しております。

ヒマラヤやカラコラムなどの山やま、とりわけ八〇〇〇メートル級のたかい峰みねはすべて登頂され、七〇〇〇メートル級、六〇〇〇メートル級もあらかたのぼられました。未踏査の山岳地帯は、まだのこっていないわけではありませんが、すべてが踏査される日も、そうとおいことではないでしょう。

困難をのりこえて未踏の地をさぐり、地球上のすべてのものの「おおい」を取りはずすことこそが探検家の仕事であります。その行為をささえてきた精神は、まさに未知なるものを既知にかえるという探検家のはげしい情熱であります。ところが、いまもうしあげたように、このはげしい探求の情熱は、いまやそのはけ口がしだいにすくなくなりつつあります。われわれ地球の探検家たちは、まさに、この世界におけるパイオニーアをもって任じてきたのであります。しかし、そのパイオニーアたちの情熱のむかうべき対象は、しだいにちいさくなりつつあります。それが消滅のときをむかえるのは、もはやとおいことではありません。

あたらしい領域への挑戦

わたし自身は五〇年もまえに、このような時代がくることを予知して、あたらしい領域への挑戦の道をさぐろうと提唱しました（註）。これからの人類が挑戦する領域として、わたしはふたつのものをかんがえておりました。ひとつは高空ないしは宇宙であり、もうひとつは深海であります。どちらも、すでに若干の先駆的なこころみがおこなわれておりました。たとえば、スイスのオーギュスト・ピカールは高度一万六〇〇〇メートルの高空にいどみ、また、深度一万メートルの深海に探査をおこなっていました。

大気圏外への脱出の可能性が現実のものとなったのは、もっぱらロケット技術の発達によるものでしょう。有人宇宙船ボストークの成功は一九六一年のことでした。それ以後のソ連やロシア、およびアメリカの有人宇宙船による宇宙への挑戦はよく知られているとおりです。わたしは、これこそが探検の未来につながるものであるとかんがえてきました。探検の対象を地球から宇宙へ拡大しようというのです。

地球上の登山や探検から、宇宙はあまりにも距離がありすぎるかもしれません。しかし、登山や探検も宇宙の探索も、ひろい意味での科学的探求の行為であり、宇宙の探索は地球上の探検という行為の拡大とかんがえられます。もっとも、登山や探検は、いわば個人のいとなみであるのに対し、宇宙の探求は巨大科学であり、国家プロジェクトであります。両者にはおおきな断絶があるのではないでしょうか。

しかし、その両者の中間に「極地探検」というものをいれてみると、両者がつながってきます。極地の研究は各国とも巨大規模でおこなっています。日本でも周知のように、昭和基地という恒久的な装置系を開発して、継続的な調査研究をおこなってきました。その極地研究に多数の登山家が参加したことはよく知られていることであります。登山が開発してきた雪氷技術が媒介となったのです。

南極の研究は観測であって探検ではないという見かたもありました。日本の南極観測事業を推進したのは文部省ですが、その事業は探検ではなく観測であるという姿勢がつらぬかれていて、探検ということばをつかうことさえゆるされませんでした。しかし、第一次越冬隊長の西堀栄三郎氏は登山家であり、むしろ探検の延長として南極の観測をおこなったといえます。さきにのべた滋賀県湖東町の「探検の殿堂」は西堀栄三郎記念の施設です。この施設は日本の南極観測事業を、あきらかに探検の延長線に位置づけたものであります。たしかに現代の南極研究は、観測という科学的ないとなみにちがいありません。しかしながら、基地をもうけて継続的に観測をおこなうというのは、探検の手法のひとつにほかならないのです。これを探検ではないと強弁することにあまり意味があるとはおもえません。

極地研究のような国家的規模による巨大科学研究は宇宙探求につながるものでしょう。現代の人類は、こういう巨大規模の科学の探求の道をひらき、展開してきたのです。現代の宇宙研究も、このような手法による科学研究の正当な後継者ということができるでしょう。

（註）梅棹忠夫　前掲書　三五八ページ

宇宙クラブ

この種の巨大プロジェクトは、もちろん多数の人たちの協力で実現するものでありますが、そこには、基本的には、まず個人の探求意志の存在が前提となっています。それは地球上の探検でもおなじです。地球上の探検も、しばしば巨大規模で国家的事業として成立しましたが、基本にあるのは個人の意志です。この点は現代の宇宙探検でもおなじではありませんか。まず、個人の強烈な未知への探求心がはたらいているのです。

登山や探検には個人の探求欲を開発する装置がありました。たとえば、どこの国にもありますが、大小さまざまな登山愛好家たちのクラブです。それは青年たちをその種の行為に駆りたてる教育装置としての役わりをはたしました。各国の大学には、たいてい山岳部があります。さらに探検部というものがあります。探検部を最初につくったのは、おそらくはイギリスのケンブリッジ大学とおもわれます。日本でも山岳部は一九世紀おわりには各地にできましたが、探検部は二〇世紀のなかごろに、はじめて京都大学に誕生しました。ここで探検意欲にもえた青年たちがそだてられたのです。

いま、ようやく展開しようとしている宇宙探求の時代に、その道にむかい、情熱をかきたてる装置として、いわば宇宙クラブのような青年たちの組織がうまれでてもふしぎではないでしょう。各国の大学に宇宙部というようなクラブが発生しても、なんらふしぎではないのです。すでにそれは存在しているのかもしれません。

登山や探検はいかに大規模になろうとも、そこにいたる道として、個人のささやかな行為のつみあげがありました。個人規模で、あるいは少数者の協力だけでやれる行為がたくさんあったのです。宇宙への挑戦となると、そのような道がまったくないのではないでしょうか。宇宙への道は個人には事実上、閉ざされているのではないでしょうか。

しかしながら、最近の宇宙航空技術の発達ぶりをみておりますと、あるいはちかい将来には、そのような可能性がでてくるのではないかとおもわれます。小規模の宇宙船の建造がまったく不可能ではないようにおもえるのです。わたしは大学の宇ていました。宇宙船部員たちによる手づくりの宇宙船の開発さえ可能になるのではないかとかんがえています。

国家を超えて

探検は、ある時期には、ひじょうに国家主義的な傾向をみせました。二〇世紀初頭には南極探検は一種の国際競争でした。南極点の一番乗りをめざしたイギリスのスコットとノールウェーのアムンゼンとの熾烈な競争はよく知られているところです。ヒマラヤの八〇〇〇メートル級も、つぎつぎと各国の競争の目標となって、それぞれの国が栄冠を手にしたのです。一九五三年のイギリスによるエベレスト登頂につづいて、日本も一九五六年にマナスルの登頂に成功したのです。

そもそも南極開発は、初期の国際的な競争の時代から国際協調のきざしがありました。ここでは、南極条約によって、各国の領土獲得競争は完全に凍結されたのです。その点、宇宙探求ははやくから国際協力の道がひらけていました。初期の段階では、アメリカとソ連との競争という点がめだっていましたが、まもなく協調路線が確立したのです。今日ではそれがあたりまえのことになっています。人類のこの種のいとなみの前途は、その点ではあかるいものといえるでしょう。こういうところに国際的な競争をもちこむのは、まことに愚劣なことです。宇宙こそは人類が一丸となってむかうべき対象ではないでしょうか。

わたしは従来の探検という行為の延長線に宇宙をかんがえていたのですが、最近に、この宇宙飛行経験者たちの国際的組織が〝Association of Space Explorers〟という名まえであることをしって、たいへんうれしくおもいました。この人たちは単なる飛行士ではなくて宇宙探検家だったのです。日本においても、最近、宇宙の研究開発をめざすいくつかの団体が合同して、あたらしい組織となりましたが、それはＪＡＸＡ(ジャクサ)と名のっております。ＪＡＸＡは、〝Japan Aerospace Exploration Agency〟の略称だそうです。地球上の探検の伝統的精神は、ここに完全に継承されています。したがいまして、きょうのわたしの話は、地球上のおわりにちかい探検家から、地球外の初期の探検家たちにおくる、情熱をこめたメッセージとしたいとおもっております。

山と探検と学問と

解説

吹田市立博物館長の小山修三氏は、国立民族学博物館（民博）の名誉教授でもある。ときどき民博へ来てはしらべものをし、わたしのところにも顔をみせておしゃべりをしてゆく。わたしも、やりのこしている仕事や編集中の本のことなどを話題にしていた。

昨年六月にひらかれたわたしの米寿記念のあつまりには、かれは準備段階から参画し、半年間わたしのところにかよって週に一度のインタビューをつづけ、わたしの体調と気分を引っぱりあげてくれた。シンポジウム当日は、コーディネーターとして、わたしや発言者たちの話をうまくつなぎ、その内容を一冊の本にまとめるときも、編者のひとりとして本の完成を最後まで指揮した（註1）。

このほど、本書を出版するにあたり、AACKの会員たちとの対話に引きつづいて、山と探検をテーマにして、小山氏と習慣のようになった対話を再開した。話は梅棹アーカイブズのなかから（註2）、中学時代の山ゆきのノートや、それをまとめた山岳誌など、なまの資料を手にしてすすんだ。おかげで、本書に収録した各論稿を再確認し、あらためて、わたしの生きかたをふりかえることができた。つぎにかかげるのがその対話のまとめである。

（二〇〇九年一月〜四月　国立民族学博物館にて収録）

（註1）石毛直道、小山修三（編）『梅棹忠夫に挑む』二〇〇八年一二月　中央公論新社

（註2）梅棹アーカイブズとは、梅棹忠夫がかかわった全仕事の記録資料である。その内容は文献図書資料、映像・音響資料や会議資料、フィールド・ノート、スケッチ、メモなど多種多様である。

山に魅せられて——京都一中山岳部

小山　梅棹さんは頑強な身体をしていて、スポーツなら何でもできたはずなのに、なぜ、あれほど山にのめりこんでいったのですか。

梅棹　ほんまにねえ。直接のきっかけになったのは、昆虫採集です。中学校へ入ったら何かクラブに入らないといけない。最初わたしは、ボート部に入ろうと思った。それで琵琶湖に何度か漕ぎに行った。そうしたら、オールを波にとられて、ハラキ

リをやってしまう。

小山　オールで腹を打つ？

梅棹　そや、ガーッと何度も。子どもやから、あんな大きなボートを漕いだら、それはもうつらい。ボート部に入ろうかという気もあったけれど、そのうちに博物同好会の夏の昆虫採集の合宿があった。これはスポーツ部とは違うけれど、やっぱりクラブです。昆虫少年や植物少年が一〇人ほどいて、そこへ入った。

そうしたら、夏に合宿をやるという。北山に京都一中山岳部が管理する小屋があって、そこへ二泊三日の合宿に行ったのがやみつきで、山はおもしろいなと思いはじめた。昆虫採集で捕虫網を持って山を歩いているうちに、どんどん山へ登る機会が増えた。はじめは博物同好会と山岳部と掛け持ちしていたな。

小山　梅棹アーカイブズをしらべていたら、京都一中の時の山岳帳がありました。表紙に「峚峪記《せんよくき》」と書いてある。簡潔ですが、綿密な記録です。昭和七〜八年ですから、一三歳の時ですか。

「臨時例会。昭和八年二月一一日、土曜日、晴、紀元節。元行者山。リーダー、軍人会のおっさん」。

軍人会のおっさんっていうのは？

梅棹　在郷軍人会や。

小山　「参加者、梅棹、お父さん、ほかに軍人会の人一一人、総勢一五人」。町の人がけっこう山に登っているのですね。行程は、「朝一〇時三〇分に京都一中から出発して、三条京津のりば、四ノ宮《しのみや》、畑中の小屋、頂上」。頂上に幼稚園があるんでしょうか。「幼稚園、花山《かざん》稲荷、渋谷越《しぶたにごえ》、花山洞、稚児ガ淵、清水、祇園、家。費用、市電が一二銭、京津三条から四ノ宮、約二〇銭」。

この元行者山へ行った前日には、高雄山に行っている。「リーダー、参加者、梅棹のみ」（笑）。

「三月二九日、火曜日、午後一時、自宅発。参加者、梅棹。目的地、沢山《さわやま》。健ちゃんをさそったが、いないので一人で行った」というのもある。

梅棹　沢山というのは、京都の一番近いところにおおきくみえる。

小山　おなじく梅棹アーカイブズの「Berg Heil」（もしくは「山嶽帳」）を見たら、例会は、一年生（昭和七年七月〜八年三月）のときは一一回、二年生（昭和八年四月〜九年三月）になると三三回、三年生（昭和九年四月〜一〇年三月）で二四回あって、最後に「三十山踏破完了」と書いてある。山にのめりこんでいってるようすがよくわかりますね。

梅棹 書いたものがちゃんと残ってるんやな。また、残すつもりで書いてるんやね。一中の一年は北山を歩きまわった。二年生の伯耆大山は、はじめての遠征で、これはまったくおもしろくなかった。上級生についていくだけやからな。三年生の年は、北山の花背から大布施、由良川源流へ出て、それから日本海まで歩いた。これが最初のほんとうの山ゆきです。由良川の源流には京大の芦生演習林があった。そこで泊まってから北へ日本海まで抜けたんです。

小山 何日ぐらいかかったんですか。

梅棹 一週間ぐらいかかったかな。もっとかかったかもしれへん。

小山 何人かで計画を練ったんですか。

梅棹 川喜田二郎とか川村俊蔵、そういう連中と。

小山 歌をうたいながら歩いているんですね。京都一中山岳部の資料をみますと(註1)、一中山岳部の歌って長いですね。

「おいらは一中の山岳部、ばた靴、地下足袋、つづれ服、行手は北山その彼方、おいらは一中の山岳部」。曲は「リパブリック讃歌」。絵もついてる。

梅棹 作詞は川村俊蔵らやな。絵は川村や。

小山 意気軒昂、しかし、今、そんなに歩かせたら、虐待だの何だと言われかねないですね。大人なしに行けたんですか。

梅棹 どうして大人がいるんや?

小山 泊まりがけで、そういう環境で、何日も山へ行くということは……。

梅棹 それが山岳部や。

小山 遠征のときの食べ物はどうしたんですか。

梅棹 全部持って歩いている。水は現地で。そして、コメで飯ごう炊さんをやる。ほかにミルクパン、乾パンや。のちには特別のレシピをつくって進々堂にオーダーした。ジャガイモも持っていったな。

小山 あるとき、誰やらがカレー粉を忘れてがっかりしたとか聞きましたが、カレーとはずいぶんモダンですな。

梅棹 みそも持っていった。それから牛缶があったな。乾燥野菜もあったと思う。

小山 すると一週間分の食料を持って行くとなると、装備としてはだいぶ重いですね。

梅棹　ちゃんと持っていったから、ずいぶん重たい。ふつう三〇キロというけれど、中学生やから二〇キロぐらいかな。

小山　縦走しているあいだ、人には会わないのですか。

梅棹　もちろん会う。村から村へ抜けていくから。

小山　そこで野菜などを調達することはないのですか。

梅棹　原則的にない。

小山　では、そこらの草や実を食べたりとかはしない？

梅棹　そういうのもあります。だいたいは持っていった缶詰などです。

小山　伊谷純一郎さんだかのグループが、そこらの野草たいて食べたら、みんな倒れたという話がありますね。

梅棹　みんな、ゲロ吐いてしまった。そのゲロを食べたニワトリがひっくり返って、脚が上むいとったという（笑）。あれ、何、食べたんかなあ。これは食べちゃいかんというのがあるが、それを食べよったんやな。

京都一中山岳部には「山城三十山」というのがあって、山城国内の一定基準以上の山で、三十山を選んで、それを目標にして登っていた。最初は、今西錦司さんの時代やから、だいぶ古い。それと、五万分の一地形図に名まえがあるという条件がついていたために、おもしろい山が落ちていた。そこで、わたしらのときに「山城三十山」を見なおした。全部、もういっぺんフルイにかけて、条件にかなってはいるけど、つまらん山を落として、選びなおすことにしたのです。新しい案内書をつくることになって、みんなで手分けして登って、『山城三十山記』の（上）、（下）二冊本をこしらえて出版した（註2）。中学生ですよ。ガリ版やけど、ちゃんとした本です。

小山　ここにその現物がありますが、中学生とは思えないほどレベルが高いですね。京都一中山岳部がモデルとしたものはあるんですか。

梅棹　文化的なオリジンはイギリスのジ・アルパイン・クラブ（The Alpine Club）です。「ブリティッシュ」も何もついていない。その伝統をイギリス人のウェストンが日本に持ってきて、日本山岳会ができた。京都一中山岳部はその系統を踏んでいる。

小山　ウェストンって、あの日本アルプスと名をつけた人ですか。

梅棹　そうです。一中で思い出すのは、「子どものくせに贅沢な」と言われたことです。例えば装備は全部、個人装備だし、旅費がずいぶん高くつく。子どものくせに金づかいが荒いというので、校長先生に呼ばれて、えらいお叱りを受けたことがある。「君たちはドイツのワンダーフォーゲルのまねをしているんやろうけど、あれはそんな贅沢なことと違うぞ」と。それを聞きながら、この校長、何も知らへんわいと思った。わたしらのは、ドイツの庶民のと違います、イギリス貴族の伝統や、そう思って聞いていた（笑）。京都一中は三高山岳部の系統をひいている。三高山岳部はＡＡＣＫの伝統の上に立っている。京都学士山岳会というアカデミックの伝統が流れているのです。

小山　ジ・アルパイン・クラブの流れは、日本の山岳界全体に引き継がれているんですか。

梅棹　部分的にあると思う。ちょっと変質しているけど、ほかにドイツ流、イタリア流の山岳も入っている。しかし、本流はやっぱりイギリスやな。

小山　日本独特のものはないのでしょうか。山伏とか、坊さんとか。

梅棹　そっちも流れている。明らかに、大きな文化の流れや。大衆登山というか、宗教登山やな。立山の剱岳の頂上で錫杖の頭が見つかったというから、平安時代まで遡る。わたしも、子どもの時から、その洗礼を受けています。うちの親父が修験道の先達《せんだち》でした。先達というのは山ゆきのリーダーで、二、三派があるけれど、親父は聖護院派でした。うちの玄関を入ったところの上に、先達の菅笠と錫杖が飾ってあった。親父は大峰山へせっせと行っていました。

小山　お父さんから、山登りの話を聞いていましたか。

梅棹　聞いています。誰もそうは思ってないだろうけれど、わたしにはそういう「血統」があるな。

小山　ああ、そうか、山伏の養分も入っているのか（笑）。

梅棹　中学校時代は、日本アルプスには行きません、という方針でした。それで、近畿の山ばっかりせっせと歩いた。大峰山は、中学四年生の時に仲間と縦走した。大峰山の奥駈《おくが》けというのがありますが、南の熊野から入って、大峰山脈にとりついて、縦走して、最後が山上ケ岳。そこから、洞川《どろがわ》へ降りる。奥駈けを一回やると、先達の位が上がる。わたしらは高見山から大台ケ原山、それから大峰山系にとりついた。たいしたもんやろ、大先達や。

小山　何考えてるんだろう、この中学生は（笑）。

梅棹　親父に言ってたんです、わたしの方が偉いんやぞって（笑）。

小山　困ったガキだな（笑）。

梅棹　ほんまにそうや。よう行ったもんやと思う。

小山　奥駈けの詳細をうかがいたいのですが。しんどかったでしょう。

梅棹　そら、きつい。野営を重ねて、一週間ちかくかかったな。

小山　やはりテントや飯ごうを持って、フル装備で？

梅棹　もちろん、野営が基本です。しかし、小屋のようなものも活用した。たとえば大台ケ原の大台教会とか前鬼の村、修験者の宿坊に宿泊した。前鬼には、民家が二軒ありました。言い伝えに、役行者が歩いたときに、前鬼と後鬼という二匹の鬼が従者としてついていった。途中ちょっとひらけた農耕地になりそうなところがあって、そこに前鬼がとまって村をひらいた。後鬼のひらいたのは洞川。ずいぶん割にあわんな、前鬼は。洞川は大繁盛やのに、前鬼は家二軒だけや。一〇人もおらん。そこに子どもがいてね、一緒に行った瀧山周《まこと》が、その子を呼んで、一所懸命、頭をなでている。「お前、何してる？」って聞いたら、「ツノの痕跡があるか調べている」と（笑）。

小山　鬼の子孫やから（笑）。少年たちは実体験して真実を知る。

梅棹　せやけど、ほんまにえらいところやで。大峰山群の大きな斜面の中腹に、ちょこっと平地がある。そこの水田でコメをつくってる。下の村からそこまで、かなりきつい坂があって、耕作用に子ウシを買ってきても、ウシはあるいてその坂が上がれない。それで、人が子ウシを抱いて上がったので、そこを牛抱坂《うしだきざか》という。わたしたちが半日がかりで坂を登りつめると、急にあたりがひらけて前鬼の村に出た。その時、できれば一気に大峰山系の主稜まで出るつもりやったが、牛抱坂でのびてしまった。

小山　前鬼は山伏の大峰山奥駈けルートの上にあったんですか。

梅棹　昔はそうやったらしい。前鬼から釈迦ケ岳にとりついて、それから縦走して金峯山、大峰の山上ケ岳まで三日ぐらいはかかるな。それから吉野まで、もう一日。だいぶ大きな山です。

小山　金峯山は都の人が平安時代から行っていましたね。金峯山だけ行こうと思えば、そんなに苦労しないで行けるはずですね。

梅棹　行ける。大きなりっぱな道がある、女人禁制の。

小山　この山ゆきはよっぽど印象が深かったみたいですね。仲間が集まると、いつもその話になるそうですね。先輩の力を借りずに、自分たちだけで行ったからでしょうか。

梅棹　そうです。わたしが最初にやった大きなリーダー役です。

（註1）京都一中山岳部史編纂委員会（編）『行手は北山その彼方――京都一中（鴨沂高校・洛北高校）山岳部八五年の歩み』一四五―一五一ページ　二〇〇三年一二月　北山の会

（註2）京都府立京都第一中学校山岳部　前掲書　二六ページ

アルピニストへの道――三高山岳部

小山　そのころは、ずいぶん身体を鍛えてたんですね。どんな訓練をやっていたんですか。

梅棹　京都では、松ケ崎の狐坂を越えると大きな岩がある。そこで岩登りの稽古や。

一中からそこまで三〇分ほどやな。放課後にザイルを担いで走っていく。それから、大原の近所に金毘羅山という山がある。そこにも岩場がある。岩登りも相当やった。

小山　地図を読むのは、登山家としての必須条件ですよね。一中の頃から頭に入っていたのですか。

梅棹　地図は、身体にしみついています。当時は日本全国のしっかりした五万分の一地形図が出そろって、部分的には二万五千もあった。五万分の一は精密に読み込みました。当時の軍事教練の教官がいばって、お前ら、地図が読めへんやろ。わしら軍人は地図が読めると。嘘ばっかり。村役場や小学校の記号が読めるだけや(笑)。

等高線を見て、地形が目の前に出てくるようにならなあかん。そのためには、相当にしっかりと山を、それも道のないところを歩いてないとあかん。その点、わたしには自信があった。だから、地図を見ただけで山襞の細かいところまでわかる。

小山　アボリジニみたいですな、ひらたい絵を見て、立体がうかんでくる。

梅棹　それや。立体感や。

小山　今はGPS（Global Positioning System）で、コンピューターの画面上に全部、山の地形が出てきますよ、日本全国、いや世界中。

梅棹　しかし、そんなん、持っていけへんやん。

小山　いや、今は腕時計くらいですよ。

梅棹　ふーん。

小山　梅棹さんが手ぶらでやっていたこと、そういうふうになりたいという思いが、GPSになったんでしょうね。

もう一つのアルピニストの必須条件はスキーですね。

梅棹　山スキーは三高へ入ってからです。最初の冬、年の暮れに一週間ほど信州で合宿をやった。これで、みっちり鍛えられた。中学時代は日本アルプスには行っていない。中学生の行くところと違うと思ってた。中学生は中学生なりに、自力でちゃんと行けるところに行く。日本アルプスはちょっと無理なんです。

小山　なるほど、しっかりしたフィロソフィーを持っていますね。山に対する研究や思想についての話を聞かせてください。

梅棹　ずいぶん本を読んでます。アカデミック・アルパイン・クラブ、つまり研究と登山が一体になった基礎ができてるんやな。三高山岳部で最初にこれを読めといって渡されたのが、英語の原書やった。何の本やいうたら、栄養学の本や。カロリーからずっと食物の栄養の概論が書いてあって、これでこの夏の登山の食料計画を立てろというわけです。

小山　山行記じゃなく、栄養学ですか。

梅棹　ほんまおかしな話やけどね。栄養学の本で、英語の本が読めるようになった。

小山　原書を読むのが平気になったという効果があった。

梅棹　三高山岳部には英語の本がいっぱいあった。例えば、グリブル（Gribble）の『ジ・アーリー・マウンテニアーズ』（黎明期の登山家たち）というて、登山史です（註）。

小山　それも英語で？

梅棹　もちろん。そんなもん、翻訳あらへん。

小山　アルプスのウィンパーとかが出てくるんですか。

梅棹　ウィンパーなんか、通俗本で出てくる（笑）。

小山　ぼくは教科書で習いましたけれど（笑）。

次に、著述するということですが、三高時代も山ゆきの報告は書いてたんですか。

梅棹　それは、せっせとやっている。山へ行ったら、必ず記録を書く。記録を残さなあかん。三高山岳部の『報告』というのは、堂々たるものですよ。孔版刷りで。それと、これは中学校のときですが、昆虫採集はずいぶん熱心にやった。うちの親が離れを建ててくれて、わたしの昆虫の研究所になったんです。昆虫の標本をそこでこしらえた。今でもわたしは、昆虫の分類が目《もく》のオーダーまで言えると思います。

小山　登っているだけではない（笑）。

梅棹　実際、本も読むし、文章も書く。三高にいたとき、文化部と運動部の各部に対してお金をくれるようになった。それで本を買って読めというわけです。文化部というのは文芸部とか映画部とか、いろいろあったけど、そちらのほうがお金の配分が多い。運動部は本を読まんやろ、というので、配分は少ない。そこをわたしががんばって、山岳部は別や、山岳部はこのとおり、みんな本を読んでいると主張して、山岳部だけは文化部なみに、お金の配分を受けたことがあります。

小山　理屈こねて、金、ひっぱりだしてくるの、うまいですね（笑）。

梅棹　ははは、そやな（笑）。

小山　民博（国立民族学博物館）をつくっていたとき、お役人が怒ってた。いつのまにか丸め込まれていっている、って。総理大臣が、君の言うのは正しいけれど、金がかかりすぎるという話もありましたな。

梅棹　三高では、一年の夏に、南アルプスの一番南の端から遠山郷にとりついて、それから南アルプスを縦走して松本へ下りた。つづいて北アルプスです。上高地へ入って、北アルプスを北へかけぬけた。最初の年にいきなり日本アルプスを南から北まで経験した。

小山　そこには、ピークという点でなく、線または面としてとらえるという、梅棹さんの山岳観がすでにあらわれてますね。

梅棹　もちろん行ってます。しかし、日本アルプスが主です。三高時代は北山にも行ってたんですか。

小山　日本アルプスに挑むときは、冬とか夏休みとか、そういう集中した時間がいるでしょう。

梅棹　もちろんそうです。だから、夏休みになったとたんに飛び出して、だいたい夏山一カ月やな。

小山　梅雨が明けて、夏の天気がよくなってからですね。

梅棹　そうや、だから、わたしらは気象学を本気になって勉強させられた。気象学と気候学。これは、後の生態学の基礎になる。著者は岡田武松という人やったかな、気象学の専門書です。

小山　栄養学からはじまって気象学と、次々とやらんならん。

梅棹　動物学も植物学も、もちろんです。それから地形学もやった。山へ行ったら、地形学の知識が絶対に必要です。

小山　でも、落第した。学校へ行かんと山ばっかり行ってたからですか。

梅棹　まあねえ。三高山岳部の部屋に、大きな方眼紙が貼ってあって、左はしに部員の名前が書いてある。山へ行った日数を棒グラフで伸ばしていくのです。もっとも、土曜日のお昼に授業が終わったらすぐに山へ出かけて、これで一日になる。月曜日の授業にとにかく間に合えばいいから、月曜日も一日に勘定できる。それで土曜から三日。わたしの登山日数は毎年トップで、一〇〇日をこえた年もあった。そら、落第もするわいな（笑）。一年の三分の一を山についやしていたんやから。

小山　半分以上じゃないですか（笑）。授業もまじめに聞いてなかったんでしょう。

梅棹　ぜんぜん聞いてへん（笑）。空想にふけってた。その時にやられた先生のことも、よう覚えている。なぜ、勉強してへんってずいぶん絞られた。山へ行ってましたって、言えへん（笑）。ほんまに、ようあれだけ山へ行ったな。

小山 それでも山に行ったときには、記録はしっかり書いていますね。

梅棹 それはひじょうによく書いている。三高山岳部に『ルーム日誌』というのがあって、それに自分が行った記録を全部書く。

小山 こら、勉強してるようには見えんなあ。勉強していたら、もっと立派な学者になってたかも（笑）。もっとも、これ以上の学者とはどんなのかわからんけど（笑）。

梅棹 そやなあ（笑）。

小山 相次ぐ落第で、高等学校の「裏表」をこえたんですよね。

梅棹 二年生で落第して、「二年の表」「二年の裏」と二年生を二回やって、それからまた落第や。そうしたら、除籍になる。これは当時の旧制高校の共通のルールやったのではないかな。

小山 除籍になると思わなかったんですか。

梅棹 思わなかったんやな（笑）。まあ除籍になっても、大学に行く道がないわけではない。それは、大学には本科に対して、専科というのがあった。ここは正規の高校卒でなくても行ける。それで大学に入ろうと考えたことはある。

小山　除籍と言われて、がっかりしなかったのですか。

梅棹　がっかりよりも、ものすごく腹が立った。勝手な話やけれど、この先生は何だ。面接とか、わたしの人物というものを見た先生が誰もおらん。たった一片の答案だけで、一個の人間の運命を支配するのかと、ものすごく腹が立ったんや。そうしたら、先輩やら同級生が、いっせいに立ち上がってくれた。わたしは二年生でありながら、三高山岳部のプレジデントをやっていたのです。山岳部だけはキャプテンというのはなく、プレジデントという。

小山　大統領か。

梅棹　議長や。これだけ山岳部のために一所懸命にやった男が除籍になるとはかわいそうやと。それで、みんなが手わけして各教授の自宅を戸別訪問し、助命嘆願をしてくれた。そうしたら、その当時の高等学校はおもしろいもので、わたしが二年生でありながら山岳部のプレジデントであったと言ったら、教授によっては、なぜそれを先に言わんかって（笑）。そうところで人物を見るという気風があったんやな。だから、必ずしも一片の答案だけでやってたわけではない。

小山　梅棹さんには何か知らんけれど才能があるというのを認めていたんでしょうね。

梅棹　そうかな。とにかく一学期だけ、ようすを見ようということで、一学期だけ除籍を免れて出席を許された。その時はちゃんと出席して、まじめに授業を聞いています。合同クラスや大教室の時は、一番前に座って、来てるぞってデモンストレーション（笑）。とにかくそれでやって、試験を受けたら、あんなもん、おちゃのこや（笑）。まともに勉強したら、こんなもん、何でわからんのやというもんや。

小山　何か、急に態度がでかくなるなあ（笑）。学校側としては、一学期、試験期間をおいてやって、この男は能力ありと認めたわけですね。

梅棹　認めて、除籍を取り消した。除籍がまだ発令されていなかったんやな。

小山　おちゃのこって言ってたけれど、その前までは試験を受けなかったんですか。

梅棹　いやいや、受けていたけれど、ひどい成績やったんやろな。

小山　その答案用紙見たいなあ、梅棹アーカイブズにないですか（笑）。

（註）Gribble　前掲書　三二一ページ

ヒマラヤへの助走——京大

小山　一学期、猶予をもらって改心して勉強して、まあ、大学に行けるやろうとなって京大に進学したんですね。

梅棹　わたしは、幸か不幸か、第一志望が理学部の動物学でした。定員五人で、入学試験に行ったら、応募者一人や。そんなもん、試験もヘチマもあらへん。一番で通った（笑）。

小山　あたりまえでしょう、いばることはない（笑）。しかし、京大に行って、山はちょっと自重していますね。三高で高山の基礎訓練はできた。だから、もしヒマラヤ行の計画があれば、ただちに山に向かったはずですが。

梅棹　ところが、時代が悪かった。山なんかとんでもない。そのうち、学生の分際で海外旅行とは何事かと京大旅行部に解散命令が出て、旅行部は潰れてしまった。そこで、旅行部にいたアルピニストたちは京都探検地理学会の学生部会に流れていったのです。

小山　現実の話としては、大興安嶺に行くことになったわけですね。

梅棹　いや、その前にミクロネシアのポナペ島があった。京大一年の時の夏、ポナペで探検（エクスペディション）をはじめて経験した。

小山　そこで学術探検の訓練を受けて、大陸へ向かうわけですか。

梅棹　ポナペからの帰りの船の中で、つぎは北やなって。そこで具体案としてあがっていたのが大興安嶺でした。けど、ポナペも楽しかったなあ。

小山　この時はめずらしく素直でしたね。言葉習え、植物習え、地質習え、話す時は現地語で、というトレーニングを文句言わずに受けている。フォロアーシップ。

梅棹　それは三高山岳部の伝統です。リーダーシップとフォロアーシップ。とにかくポナペ島でみっちりフィールド・ワークを鍛えられた。

小山　純粋の山屋からは、ちょっとそれたんですね。

梅棹　それた。それから後は、学者としてのトレーニングでした。

小山　ところで、ポナペにも山はあるんですか。

梅棹　ナナラウト山、もちろん登っています。標高七九一メートル。たいしたことはない。

小山　どこに行っても、高いところに上りたがる（笑）。ポナペのあとは、本格的なモンゴル調査に入った。ますます登山と関係なくなった。
梅棹　いや、関係あります。大陸に目標を定めれば、次はヒマラヤやと思っていた。大興安嶺はヒマラヤへの一つのルートと思っていた。大興安嶺の次は銀川だろう。銀川は、とくにこれという山もないが、とにかく裏のほうからヒマラヤに上がろうと考えた。そこを通ってチベットに入る計画や。
小山　チベット侵入計画ですか。
梅棹　裏からチベットへ行こうと思っていた。チベットは内陸アジア一帯に広がる巨大な文明圏。もし、チベット語をマスターすれば内陸アジアのどこへでも、不自由なく行けるはずやと思った。それで、C・ベルの『グラマー・オブ・コロキアル・チベタン』をやりだした（註1）。口語チベット語文法やな。しかし、チベットに入れへんとわかった。
小山　なぜですか。
梅棹　日中戦争や。
小山　ああ、そうか。それで、軍隊はけしからんと、今でも怒っているんだ。
高校最後の夏に朝鮮半島北部の山岳地帯に行って、白頭山に登っていますね。梅棹さんのおもしろいのは、じっくり下から、地元からおさえていくんですな。北山をおさえないと、日本アルプスには行かん。日本アルプスがわかったら、次はヒマラヤという大きな目標にむかって行く。ヒマラヤをどう征服するかの大きなグランド・デザインみたいなものを持っていたわけですね。

梅棹 持ってたな。

小山 天山、崑崙もめざしていたといいますが、実際に登ってやろうと思っていたのですか。

梅棹 必ずしもヒマラヤに限らん。もう一つ西のどんつきの、天山、崑崙の山がある。

小山 三高の「逍遙の歌」にある「かよえる夢はコンロンの」ですね。そこに高峰はあるんですか。

梅棹 崑崙の最高峰は七〇〇〇メートルに近いです。

小山 ほな、蒙古の調査は片手間にやってたんですか（笑）。

梅棹 一つの道のりやがな。

小山 すると、アルピニストじゃなく、マウンテニーアとして成長していったわけですな。

梅棹　わたしはマウンテニーアです。

小山　それ以上に膨張していますけどね。じゃあ、でたらめやっているわけじゃないんだ（笑）。

梅棹　何がやねん。

小山　すんまへん。山があるから登るというんじゃなくて。

梅棹　それはないな。

小山　マウンテニーアとして、ヒマラヤへの道にかかわる計画と実行との間の話をもっと聞きたいのですが。

梅棹　しかし、ついにヒマラヤに行けなかった。

小山　青海省、甘粛省に河西回廊というのが出てくるんですが、そこをめざしていた？

梅棹　そや。ずーっと東北にのびている。そこにオアシスが点々と並んでいて、オアシスとオアシスの間はトラックがはいる。西域に入る街道筋や。

小山　裏からチベット行って攻めてやろうという企みですが、チベットへ行ったら、どの山に登れるのですか。

梅棹　もちろん最高峰のエベレストや。

小山　すると、一九五三年にヒラリーが登ったと聞いた時は、ショックだったでしょう。

梅棹　腹が立った。

小山　本当にエベレストは、無理やと思ってたんですか。

梅棹　エベレストはイギリスが先に手をつけてるから、あかんわな。それぞれのピークは、どこかの国が手つけたら、もうあかん。ほかの国は手つけられん。協定も何もあらへんけど、これは暗黙の了解や。

小山　日本隊は、だれも手をつけていないところをねらって割り込もうとしていたんですか。日本の山岳会がいろいろ考えていたのが、時局の悪化と戦争でつぶれて、そこらあたりから、すでに梅棹さんが入っていた。

梅棹　まあ、時の流れやね。ＡＡＣＫというのは何といってもスポーツ団体です。スポーツではあかんねん。

小山　しかし、ヒマラヤやるぞと思っていたら、時局の悪化でＡＡＣＫは開店休業になってしまった。登山というと必要性がないようにみえるんでしょうね。かわりに今西錦司さんが、京都探検地理学会をつくったのは一九三九年ですね。それで、探検、調査とかを全面に押し出すと軍部もしぶしぶ認めるだろうと。

梅棹 もっともらしいわな（笑）。

小山 京都探検地理学会は、京大が全学でとり組むというかたちにしたんですか。

梅棹 会長が総長やから全学的なものです。そのうえ、会員には有力教授がずらっと並んでいた。京都探検地理学会を、京大から学術探検隊を出そうという団体にしたんです。その最初がカラフトです。あの時は京大の隊やけど、わたしが三高生でありながら、京大の隊に入れてもらってカラフトまで行った。冬のカラフト、イヌぞりの研究や。

小山 南極へ行くつもりでの実験だったと聞きましたが。

梅棹 南極をやるためにイヌぞりを研究する。カラフトにイヌぞりがあるというので、厳冬期に行って、実際に使うてみよう、ということになった。

小山 イヌぞりでだいぶ走ったんですか。

梅棹 敷香《シスカ》を中心に、ホロナイ川、タライカ湖、そしてカラフト東北山脈まで、一週間以上かかった。しかし、われわれ全部がイヌぞりに乗ってたわけではない。スキーで追ったり、いろいろやな。

小山　それをまとめて「イヌぞりの研究」という論文にしたのは二三歳のときか、すごいなあ。

梅棹　ちゃんとした学術論文です（註2）。

小山　さきの白頭山の報告を探検地理学会の例会でされてますね。

梅棹　そうやったな。

小山　だから、全部企ての元というのは、探検地理学会ですね。ヒマラヤに行く話もそこからですね。

梅棹　ヒマラヤは探検地理学会です。のちにつながるので、京大山岳部も大活躍したみたいに思ってるかもしれへんけど、京大山岳部なんかもう全然問題ではない。あくまでも探検地理学会や。

戦後に、わたしと、京大に新しくできた山岳部の連中と対立があって、わたしが机を叩いて怒鳴ったという話になっているけど、それほどでもなかったと思う。なぜかというたら、新しくできた山岳部の連中が、登山計画を持って今西錦司さんのところへ行った。今西さんは、梅棹に相談せえと、回してきはった。それで、山岳会の中堅メンバーになる連中がわたしのところにやってきた。その時に持ってきた案というのが、ほんまにバカげてる。マッキンリーやりますと。マッキンリーとは何事ぞ。マッキンリーなんて、もうとっくに人が登ってしもうてるやないか。とにかく山は高ければええというのと違うはずや。わたしらは、「インコグニチ（未知）」ということが大事、未踏峰が大事なんです。ヒマラヤには未踏峰がいくらでもある。八〇〇〇メートル級も、まだ一つも登られてへん。八〇〇〇メートルどころか、七〇〇〇、六〇〇〇、五〇〇〇いうたら、もっとある。ヒマラヤをはずれて、天山やら中央アジアやったら、いくらでもあるやないかと言うた。

小山　梅棹さんのエリート意識にちょっとひっかかったんですな。どこのウマの骨ともわかんないやつが来て、京大山岳部とは何やと。

梅棹　だいたい、京大山岳部というのは、わたしの眼中にない、と言ったらいかんけど、わたしは京大山岳部に関係したこと、いっぺんもない。わたしはやっぱりAACKの人間であって、京大山岳部とちがいます。今はどうなっているか知らんけど、全然別のものや。

小山　梅棹さんの山は、京都一中山岳部、三高山岳部、AACKと繋がってきているわけですね。

（註1）BELL, C. A.,（著）『日用西蔵語文法　Grammar of Colloquial Tibetan』一九四二年五月　法蔵館

（註2）梅棹忠夫（著）「犬橇の研究―主として樺太の犬橇の形態と機能について」『探検』第三号　七八―一五四ページ　一九四三年五月　朋文堂〔「著作集」第一巻『探検の時代』に収録〕

野戦将校から参謀将校へ

小山　一九四五年までモンゴルで牧畜民の調査に打ちこんでいたが、日本が戦争に負けたため、それまでの制度はすべて白紙還元状態になった。ご自身も翌四六年に命からがら引き揚げてきた。意気消沈だったでしょう。

梅棹　いや、軍隊がなくなったので、これからはなんでもできるぞ、とわたしは思った。そう言うたら、ウメサオの旭日昇天教だといった人がいましたな。そのとおった。

り、日本は順調に復興していった。日本は力のある文明国です。

小山　しかし、戦後しばらくは、京都探検地理学会は解散、ＡＡＣＫも活動休止状態でしたね。外国には出られないので、屋久島の調査のついでに宮之浦岳（一九三六メートル）に登った記録くらいしかありませんが。

梅棹　一九五一年秋に生物誌研究会（Fauna and Flora Research Society　通称ＦＦ）というのができた。これは京都探検地理学会の戦後版のようなもので、各学部の有力教授をメンバーとする、学術探検隊の強力な推進機関でした。そして、五二年にはＡＡＣＫも再建された。

小山　ＡＡＣＫには京大山岳部も加えていますね。梅棹さんのいつもの戦略とねばり、まず下地を作り、人をあつめて、組織を拡大していく。

梅棹　それは今西流のやりかたです。

小山　そうしてヒマラヤの夢が本格的に動きはじめたわけですね。その頃は自分で登ってやるぞと思っていましたか。

梅棹　そうです。エクスペディションを糸口に、次から次と自分で登ろうと考えていた。

小山　マナスル登山は、梅棹さんたちがすすめていた計画を他に委譲したんですね。

梅棹　あれはＡＡＣＫが日本山岳会に委譲したんです。日本山岳会の会長は当時、槇有恒さんでした。槇さんは、さすがにこちらの意図を見ぬいていて、「無条件ですね」って、なんども念を押したそうです。こちらも「無条件です」といった。しゃあない。

小山　しゃあないって（笑）。

梅棹　なぜかと言うと、槇さんは、一大学ではネパール政府から許可は来ないだろうという読みやったんです。けれども、委譲してから後になって、京大に許可が来た。しかし、時すでに遅し、でした。

小山　斎藤清明さんがまとめた今西錦司編『ヒマラヤへの道――京都大学学士山岳会の五十年』のマナスルのくだりにはこうあります（註1）。「京大理学部動物学教室の梅棹の研究室をヒマラヤ計画の本部として、活動がはじまる。梅棹は、大阪市立大学理学部の生物学の助教授になったばかりだが、まだ学部の学生がいないから、常に大阪まで行く必要もなかった。古巣の京大に居候していた」（笑）。

梅棹　ほんまや（笑）。よくまあ、あんなことが許されたな。

小山　「動物学教室の正面の二階の研究室に、ヒマラヤに夢を抱く連中が出入し、元大興安嶺探検隊員の土倉九三が、専従の事務局員として詰める」とも書いてあります。

梅棹　そうやったな。

小山　梅棹さんはＡＡＣＫの主力の一人で、翌年（一九五二年）には、日本山岳会に入っています。その時は、一番若手だったんですか。

梅棹　いや、まだ若いひとがいた。わたしは参謀本部にも勤務していたようなものです。

小山　参謀本部でも、マナスルくらいは登れるぞ、現地で指揮するぞ、と思ってたんですか。

梅棹　思ってた。ただ、最後の岩と氷のところはたぶん無理やろと。それはもっと強いのがいる。だからベースキャンプまでは行ける、うまくいけば前進キャンプまでは行ける、そう思っていた。

小山　マナスル登頂は一九五六年ですが、一回目のアタック隊に今西寿雄さんが選ばれていますね。日本山岳会はＡＡＣＫの顔を立ててくれたんでしょうね。

梅棹　違う。第一次アタックはたぶん失敗するであろうと。その次に、第二次隊で成功する。そう思ったらしいんやけど、第一次隊が登ってしまった。今西寿雄はわたしといっしょにカラフトに行っている。強い人やで。非常に尊敬してた兄貴分です。

小山　ところが、梅棹さんは計画実行の前に、肺結核と診断されました。

梅棹　肺結核というのは、どうしようもないわ。

小山　「梅棹忠夫著作集」の年譜に「自宅にて二年間の療養生活を余儀なくされる」と書いてありますが（註2）、肝心なところで、現場から退かざるをえなかったのですね。

梅棹　松田道雄ドクターに見てもらったら、肺結核で野戦は無理やということになった。

小山　がっくり来ました？

梅棹　そら、がっくりです。生涯の夢が破れたんやから。

小山　あの頃、結核は死の病といわれてましたね。

梅棹　わたしのごく親しいところでも、何人も死んでる。

小山　するともう、野戦撤退ですか。

梅棹　野戦はあきらめた。もっぱら参謀将校です。けれども三〇〇〇や四〇〇〇メートルの峠を越えるくらいはできます。しかし、クライミングはちょっと無理やな。

小山　そこから、純粋登山家とはちょっと違ってきますね。

梅棹　そうかな。いや、ふつうの山屋さんがやるぐらいのことは、できますよ。

小山　おー、根性だけはすごい（笑）。

小山　それから、AACKの計画は続々と出てきましたね。次は、一九五五年のカラコラム・ヒンズークシ。

梅棹　京都大学カラコラム・ヒンズークシ学術探検隊です。カラコラムはヒマラヤの延長やけど、ヒンズークシやったらできるやろうと、ヒンズークシ隊というのをでっちあげた（笑）。モゴール族というのがいるぞという情報が入ってきて、それを探しに行こうということになった時、わたしはモンゴル語ができますよ、とアピールした。その前にモンゴルにいた経験も十分に活かしてるわけやから、だれもおかしいと思わない。それで、わたしと山崎忠の二人がその担当になって、モゴール族を探しにアフガニスタンにのりこんでいったわけです。

小山　モンゴル学者としては無視するわけにはいかない魅力だったでしょうね。その結果書いた『モゴール族探検記』が売れて、流行作家になった（笑）（註3）。

ところでヒンズークシには山はないんですか。

梅棹　たいした山はない。三〇〇〇メートル級の峠があって、それはいくつも越えている。むこうはカラーッと乾燥してるから、病気が治ってしまった。転地療養になったんですね。

小山　へえ（笑）。すると、まだ肺疾患はあるぞと思いながら無理して行ったわけですか。

梅棹　心配はもちろんあった。だから、むこうへ行って一ケ月は、江商《ごうしょう》という商社のカーブル出張所に居候して、おとなしくしていた。これがよかったんですな。

そのうちに、モゴール族へのアプローチがだんだんわかってきた。ゴラートという地域です。西側のヘラートという町から入れることがわかって、車でアフガニスタンを半周してから山へ入った。

小山　カラコラムは世の耳目をあつめましたね。映画にもなった。わたしは登山の記録映画だと思っていました。

梅棹　カラコラム・ヒンズークシ学術探検隊というのは、本格的登山のための偵察の意味もあった。そして、次の目標のチョゴリザを見つけて帰って来た。

小山　この時、梅棹さんは、もうすでに探検のほうに目が向いているけれど、山だけ登っている連中もいたんですか。

梅棹　それはいた。マナスル登頂が一九五六年。AACKだけでも一九五八年にチョゴリザ（七六五四メートル）、一九六〇年はノシャック（七四九二メートル）、一九六二年はサルトロ・カンリ（七七四二メートル）に登っている。一九七三年はヤルン・カン（八五〇五メートル）、一九七四年にはK12（七四二八メートル）と、ヒマラヤ登山が一世を風靡した時代です。

小山　カラコラム隊はどんな山に登ったのですか。

梅棹　山へは行ってない。巨大な氷河をやったんや。

小山　「ヒスパー、ビアフォ、バルトロ。三大氷河地域の踏査、地学・生物学的調査」と目的に書いてありますね。

梅棹　あの時は、地学と植物の三人の京大教授が参加している。

小山　木原均先生ですか。

梅棹　地学の松下進さんと理学部の北村四郎さん、農学部の山下孝介さん。木原さんは隊長です。氷河にも行ってるし、山登りにも理解はありました。いちおう登山家と言うていいでしょう。木原さんは、『朝日新聞』と『毎日新聞』に書いていて、学術的なエクスペディションは朝日に、スポーツ的なエクスペディションは毎日にと決めたはった。カラコラム・ヒンズークシではそれが問題になって、けっきょくカラコラムのほうが山で毎日、ヒンズークシは学術やから朝日と分裂が起こっている。それがちょっとやっかいやった。

小山　それはマナスル計画以来のものですか。

梅棹　尾をひいてるね。

小山　次の大計画はカカボ・ラジでしたね。これは山ですか。

梅棹　学術半分、登山半分の両方でした。

小山　その前に梅棹先生は、タイの最高峰のドーイ・インタノン（二五六五メートル）に登ってますよね。

梅棹　ドーイ・インタノンは頂上まで森林で、すばらしかった。モス・フォレスト（蘚苔林）です。こんなのは日本にはありません。葉の上にコケが生えていて、それが金色に輝いている。ものすごい湿気やった。ドーイというのは山のことです。

小山　カカボ・ラジのことなんですけれど、そのヒマラヤ山脈の地図を見るとヤル・ツァンポー川が流れていますね。ナムチャ・バルワで大きく屈曲して、ここに谷がうがたれています。この谷から西がヒマラヤだというのは、カカボ・ラジの計画を立てた頃から、だいたい共通の考えかただったんですか。梅棹さんは、この一帯を「湿潤ヒマラヤ」と言っていますが、ここまでヒマラヤに組み込んでいいのですか。だいたいクライマーが考えるヒマラヤは、ナムチャ・バルワぐらいまでらしいのですが。

梅棹　ヤル・ツァンポーの大屈曲点まででしょう。厳密には言えないけど、カカボ・ラジはヒマラヤの延長線です。

小山　カカボ・ラジ計画の趣旨に、「いまやヒマラヤ地域には各国の登山隊や学術調査隊があいついではいりこみ、その研究はめざましく進展しつつあるが、地域的にはなお、主として中・西部の乾燥ヒマラヤにかぎられている。ここに、京大学士山岳会は、国際的にほとんど未開拓の湿潤ヒマラヤに目を転じ、その最東端にそびえるビルマ最高峰カカボ・ラジ（五八八一メートル）を中心とするビルマ・ヒマラヤに遠征隊を派遣することを決定した」と書かれていますね（註4）。

梅棹　「ビルマ・ヒマラヤ」ってことばを使こうてる。とにかく、四川省まで、のちに京大が遭難事件を起こした山、梅里雪《メイリシュエシャン》山までを、湿潤ヒマラヤと考えていた。するとミニヤ・コンカまでヒマラヤに入る。梅里雪山は飛行機から見る機会があったが、じつに大きくてするどい山や。久しぶりで山の話すると、ほんまに記憶があやしなってるな。

小山　カカボ・ラジはマナスルより探検のほうに重点が移ってますね。学術探検に完全に興味がシフトしていると考えてよろしいですか。

梅棹　はじめからそうです。でも、まだ山をやる気はあった。それがカカボ・ラジです。

小山　まだ、登山家としての執念を感じますね。最後のチャンスに賭けたと。

梅棹　ところが、大挫折や。許可を出すわけにはいかんと、ビルマ政府から正式にことわりが来たんです、短い電文で。

小山　答えが短いとはっきりしていますね。でも、それ、進めているときは心の中で勝算はあったのですか。

梅棹 ありました。

小山 カカボ・ラジ登山探検計画については、趣旨、計画の概要、研究調査の内容を書いた計画書ができていますが、それは梅棹先生が書かれたとあります（註5）。カカボ・ラジの経緯について、先生はつぎのようにのべておられます。

「大阪市立大学は一九五七年以来、タイ、カンボジア、ベトナム、ラオスの東南アジア諸国に学術調査隊を派遣して、その生態学的研究を行ってきた。一九六一年には、北部ビルマの調査を計画した。

一方、京都大学学士山岳会は、ビルマの最高峰カカボ・ラジの登山を計画しつつあった。このふたつの計画を合体させて、ひとつのエクスペディションに組みあげることに話がまとまった。両大学にまたがる合同委員会が組織されて、わたしがそのエクスペディションの隊長に指名された。わたしは隊の編成にのりだして、計画をねるとともに、その準備をすすめた。

このエクスペディションには朝日新聞社の後援が内定していたが、そのほか、社会の各方面からの援助と協力をとりつける必要があった。そのため、合同委員会は、その計画の概要をしるした『計画書』を作成して、各方面に配布した」

梅棹　ちゃんとした計画やった。

小山　一九六一年のエクスペディションですから、準備をすすめていたのは四〇歳になるかならないかですね。これで登山史に梅棹の名を残すはずやった。しかし、やはり年齢的な制限、頂上に登ってバンザーイというのはちょっと無理かなと思いはじめているのを感じます。

梅棹　しかし、気力はあった。

小山　モゴール族探検以来、梅棹さんは、山の頂上ではなく峠を越えていくようになった。登山家と言うより現地人にちかい民族学者ですね。

梅棹　やむを得ずや。高い峠をいくつも越えた。

小山　次のカカボ・ラジ計画では、仲間をあつめて、お前は植物を調べろ、お前はムラの調査をしろとか、山への心はじゅうぶんに残っているものの、登山という線的な動きから探検という面的展開になった感じがします。山の見かたも変わっていますね。山高きがゆえに尊からずということではないのですか。

梅棹　AACKは学術と登山の両方をやってきた。高いのも貴重やけど、それだけではない。わたしはクライマーではなく、マウンテニーアだという思想は変わっていない。

小山　そのあと、東南アジア、アフリカ、ヨーロッパと学術調査で世界を走り回るようになった。もう山なんか登っとられんという状態ですね。

梅棹　まあ、あとは登山ではないな。

小山　ずっとあとですが、一九九五年に日本山岳会の名誉会員になられましたね。あの時、あれは、何よりも嬉しかったと言うてましたね。

梅棹　まともな登山家として認められたことは、ひじょうにうれしいことです。マナスルが具体化してからは、登山はわたしには無理やということがわかってきたから、学術班でよいと思った。むしろ、山のほうがわたしから遠ざかっていったんです。山が、わたしの存在を、まともな登山家とだんだん認めなくなった。だんだん先鋭的なクライマーだけを登山家と考えるようになっていった。

小山　しかし、梅棹さんが日本山岳会の名誉会員に推されたことで、登山家はアルピニストだけではない、もっと広いマウンテニーアというかたちもあると、日本の登山界が認めたわけじゃないですか。

梅棹　若い頃から白頭山や大興安嶺へ行ってるから、そのへんまではまだ、登山家として認めてくれたんやけど、それから後はもう、あかんわ。

小山　そう嘆くことはないでしょう。山は登るだけではない。いろんな切り口があることを実践的にみせたことが、正しく認識されたのだとおもいます。

（註1）今西錦司（編）『ヒマラヤへの道――京都大学学士山岳会の五十年』一五五ページ　一九八八年五月　中央公論社
（註2）梅棹忠夫（著）「梅棹忠夫年譜」『年譜・総索引』「梅棹忠夫著作集」別巻　七ページ　一九九四年六月　中央公論社
（註3）梅棹忠夫（著）『モゴール族探検記』（岩波新書）一九五六年九月　岩波書店〔「著作集」第四巻『中洋の国ぐに』に収録〕
（註4）梅棹忠夫（著）「カカボ・ラジ登山探検計画」『山と旅』「梅棹忠夫著作集」第一六巻　三二七ページ　一九九二年一二月　中央公論社
（註5）同右、三二六ページ

山をたのしむ

小山　山を見るたのしみについてはなしてください。

梅棹　景色のいい山はあちこちにあって、子どもの時からかなり登っている。いまだに覚えてるのがいくつかあるな。一つは比良の武奈ケ岳。それから鈴鹿の佐目子《さめご》。上からの展望がひじょうにいい。鈴鹿の山からは富士山が見えるはずや。

小山　山を見たいという思いが、梅棹さんの山ゆきの原動力の一つになってるんですね。

梅棹　京都一中の時、山岳部のルームに長谷川傳次郎の写真集があった。ヒマラヤのものすごい写真やった、それがヒマラヤにあこがれた一つの原因やったな。世界の名山は全部登ったれと思った。

小山　ここに、その写真集『ヒマラヤの旅』の復刻版がありますが（註1）、すごい怪異な形をした山の写真があります。巨大な丸い帽子のような岩山で。

梅棹　カイラースや。いまだに覚えてる。これは一種の宗教上のシンボルになっている。カイラースの周りをまわる巡礼がある。聖なる山なので登山の対象にはなってないと思う。

小山　『三高山岳部報告』の第一三号というのもあります（註2）。

梅棹　どんなこと、載ってる？

小山　中村恒夫の「冬の山の神合宿」。中村恒夫、梅棹忠夫の「春の黒部源流」、四方治五郎の「春の立山東面」などがあります。

梅棹　三高山岳部、華やかなりし頃やな。積雪期の黒部源流にはいっとるんやから、だいぶたいへんなことや。スキーで黒部源流を走り回った。

小山　おなじ『報告』に小さな写真が貼り付けてるページがあって、その一つの説明が「薬師岳より見たる黒部源流の山々」。

梅棹　薬師もながめがええからな。

小山　また、「天狗原より見たる白馬本峰」というのもあります。カメラを持っていった人がいるんですね。

梅棹　誰が撮ったのか知らない。わたしは高校の時までは、山にはカメラを持っていってない。一中の時からスケッチブックをもってあるいていた。パステル画や。

小山　梅棹アーカイブズには、スケッチがずいぶんありますね。なかなかのもんですな。

梅棹　もっと描いておけば良かったかな。

小山　あこがれのヒマラヤの山々をはじめて見たのはいつでしたか。

梅棹　一九五五年、カラコラム・ヒンズークシ探検隊のあと、隊をはなれて旅行していたときでした。フォルクスワーゲンでカルカッタまで帰ってきて、そこへ車を置いて、カリンポンへ行った。最初に見たのはカンチェンジュンガ（八五八六メートル）です。まだ暗闇の中で、中空にぽつんと赤い光がともった。そして、カンチェンジュンガのてっぺんだけが、太陽をうけて照り輝く。それからだんだん全部、見えてくる。なんともすごいもんやった。壮麗な光のショー、モルゲンロートや。

小山　カンチェンジュンガが、赤く見えるわけですか。

梅棹　だんだん白っぽくなって、あと真っ白になるけれど、最初はあかりをつけたように、頂上がポッと燃えて見える。これがはじめて見るヒマラヤやった。大感激やな。

小山　高い山に近づくと、首をのけぞらせて見あげるので、首が痛いと書いてましたね。

梅棹　それはアルプスでも経験がある。イタリア側からモンテ・チェルヴィーノ、マッターホルン（四四七八メートル）やな。はじめは雲がかかっていて山が見えへん。そのうちに雲が切れて山が見えた。首をうしろにのけぞらせて、はるか上を見たら、そこにモンテ・チェルビーノの山頂があった。

小山　ヨーロッパには本家のアルプス、マッターホルン、ユングフラウなどがあって、わたしたちにもあこがれの風景でした。

梅棹　アルプスの景観はなかなかのものです。アルプスは北側から見に行った。マッターホルンは中腹まで。イタリアのアペニン山脈の最高峰はグラン・サッソ・デイターリア（イタリア大岩）で、その主峰モンテ・コルノ（二九一二メートル）も、麓まで行って真下から見あげただけです。それからドロミテ。あれは石灰岩のかたまりみたいなものです。登るためには特別の靴が要る。

小山　アフリカの最高峰はキリマンジャロ（キボ峰　五八九五メートル）。アフリカに行った時は、見るだけではおさまらず、登ったそうですね。

梅棹　これは大失敗や、靴擦れで（笑）。五〇〇〇メートルほどのところにあるキボ小屋まで行ったけど、足が痛くて、もう動けへん。そこであきらめたんや。

小山　横を現地の人がパタパタと裸足で上がっていった。

梅棹　登山靴を履いていたのが大失敗。あそこはスニーカーのような軽い靴が一番いいんや。山頂は氷河におおわれているらしいけれど。

小山　その後、民博の創設に関わって、初代館長になったので、長いあいだ外に出られなくなっていましたね。それでも、外国に行く機会はかえってふえた。南米と民博の関係は深かったようですが、アンデスには行ったんですか。

梅棹　ペルーには行った。山は見るだけは見てるが、具体的な山ゆきにまでは結晶しなかった。

小山　ここに遺跡があってインカの末裔がいる、調べたいという計画が次々うかんでくるんでしょうね。

梅棹　それはまさに、泉靖一がたどった道や。経歴的にも気質的にも彼はわたしとよく似ている。

小山　オーストラリアやニュージーランドにも行きましたね。

梅棹　ニュージーランドは、南島の中心的な町でクライストチャーチというところがある。そこからマウント・クック（三七二四メートル）のそばまで行ったけど、雪がふって山は見えなかった。それからもうすこし南のダニーディンまで足をのばした。ニュージーランド・アルプスの眺めはなかなかのもんや。一度登ってみたいとおもった。

ところで、オーストラリアには高い山はないな。

小山　平らな大陸なので。コジアスコ山（二二二八メートル）が最高峰ですが、車で行けるスキー場になってます。

梅棹　オーストラリアではエイヤーズロックは見に行ってる。登らなかったけど。あの下のほうにはアボリジニの壁画がいっぱい描かれていた。

小山　あれは一枚岩の奇怪なかたちの山で、観光の目玉なんですが、最近、聖地だから登山禁止にするとアボリジニが言ってます。

民博の開館後、一九七九年ごろから、梅棹さんはしげく中国に足をはこびはじめますね。

梅棹　三〇省を全部歩いて、せっせと山を見た。コングール（七七一九メートル）は巨大な石碑のような形で、ムズターグ・アタ（七五四六メートル）は壮麗やった。それから、ミニヤ・コンカ（七五五六メートル）、あれはひどい山やな。アムネ・

マチン山群（六二八二メートル）には心が躍った。ひょっとしたら世界最高峰があるかもしれへんって。『マーチング・ウインド』はアメリカのクラーク大佐が書いたいいかげんな本や（註3）。はなはだあやしい（笑）。現地に入っても、どれがアムネ・マチンか結局わからんかったらしい。

小山 けれど「世界の最高峰じゃないか」と書いてあったので、ゾクリと心が動いたんですね。

梅棹さんは飛行機から見た山のことをよく書いていますがね。あれ、おもしろいんですか。

梅棹 そら、おもしろいで。アルプスの上をロンドンからカイロまで飛んだことある。

小山 飛行機の窓から、あれがマッターホルンとか、わかるんですか。

梅棹 わかる。雲海のうえから、ニョキニョキと見える。

小山 地形変化とか、山の生成とか、海の底だったのが高山になったり、そんなことを考えながら見ているんですか（笑）。

梅棹 大陸移動説によると、インドがユーラシアにぶつかって、ぐしゃぐしゃにしわがよった。ヒマラヤはそのシワの高いところや（笑）。

小山　蒋介石（松山）空港へ降り立つ話がありますね。

梅棹　一九八五年に香港から日本にかえる途中、飛行機がめずらしく台湾の西側をとおって台北の蒋介石空港に着陸した。そのとき、台湾海峡の上空から台湾山脈に並行して飛んだ。右手に新高山（現在は玉山、三九五二メートル）、次高山（現在は雪山、三八八六メートル）、全山見えて胸がドキドキしたな。

小山　一九六一年に飛行機で日本一周した旅はどうでした。

梅棹　これは山というよりも、空から日本をみるという企画で、名古屋の中部日本放送が全日空の飛行機をチャーターして、日本列島を三日がかりで一周した。飛行機の窓から日本列島をみて、参加者に生態学的・地理学的に解説をした。観光ガイドや。北は利尻礼文から南は屋久島まで、日本列島を全部飛んだ。あれはおもしろい旅行やったな。

小山　山の先達としては、そういう山のたのしみかたがあるというのも教えなきゃと思いますね。

梅棹　高うつくで（笑）。

小山　そういえば、日本アルプスが、信州から見ると、ごつごつしているが、飛騨側からはやわらかく見えるという解説をきいた覚えがあります。それはカール（氷河の跡）であると。

梅棹　カールは全部東側です。雪が積もって、雪のあつみでえぐれるんや。雪の吹きだまり。だから、後立山から立山側をみたら、カールが並んで見える。西には何もない。

小山　それは、東側に雪が多いからですか

梅棹　そうや。カールは氷河の子どもみたいなもんや。

小山　そういう解説をしながら飛んだんですね。

梅棹　佐渡から日本海側、北陸をずっと飛んで、京都のあたりで南へむかい、うちの上を飛んだ。

小山　うちの家やとはっきりわかったわけですか（笑）。

話は変わりますが、山の連中はみんな仲がよくて、横で見ていると、団結力と何の損得もないつながりという喜びを感じてるようですね。

梅棹　そうやな。やっぱりその点で、山の連中はゲマインシャフトや。結びつきがひじょうに強い。いまだに毎年一月に酒を飲んで大騒ぎしとる（笑）。

小山　山に一所懸命登る人は、登る瞬間に命をかけているんでしょうね。

梅棹　ものすごいファイティング・スピリット、果敢なる精神がいる。相当あらい仕事やからな。

小山　しかし、そっちにのめりこみすぎてしまって……。

梅棹　どうなんやろうな。学者やから勉強ばかりしている人、みたいに思われているかもしれないけれど、大間違い。わたしはスポーツマンですよ。

小山　これだけ頑強な身体しているんだから。それは認めます。だけど、余分なこと考えすぎる（笑）。むかし、京大山岳部の連中が相談に来たとき、梅棹さんがマッキンリーとは何だと机を叩いたということで、何かが違うと思ったようですね。

梅棹　彼らはテクニシャンであって、クライマーや。岩壁のぼりばかりやってる。そんなもん、何がおもしろいねん。

小山　スポーツだけなら技術屋の世界で、登山というものがヤセてしまう。学問でも同じですね。民博ができたころ、梅棹さんから「宮本武蔵になるな」と言われたのを思いだします。専門に溺れるな、もっと大きな視野をもてということですね。マウンテニーア的な発想が必要なんでしょうね。

ところで今、心配なのは、登山そのものの衰退です。山へ行くのは六〇歳以上の人がほとんどで、若い人は行かない。AACKの会員でも、いちばん若いのが四〇歳だそうです。

若者が山へ行かない理由の一つは、山が危険だからじゃないですか。梅棹さんの山の履歴を見ても、兎洞の川流れ、臨死体験までした滑落、雪崩など、危険がいっぱい。横から見ていて、おそろしい。

梅棹　人間はいつも危険や死と背中あわせで生きている。危険を恐れてばかりいたら、自動車にも乗れない。まして、登山、探検、民族学調査、はては宇宙飛行まで、みんなそうや。身体と心をきたえ万全をつくす。それしかできない。身体のなかからふつふつとわいてくる気もちがやるのであって、はたからとやかく言うべきものではない。純粋に自分がやりたいと思うことをやることです。

小山　けど、今の人は映画やテレビなどで行ったような気になれますよね。

梅棹　疑似体験やな。しかし、今でも未知に挑戦する心は、かなり強烈に働いているのとちがうか。そんな人、いくらでもいる。訓練と努力で凌ぐのやな。

小山　集中力、知識。

梅棹　それも必要です。

小山　梅棹さんは、山というものの本質をみんなに教えたのでしょうね。いま、生態学で植物の多様性がさかんに言われていますが、登山も多様性、つまり高みだけをめざすのではない道があることをしめしたのだと思います。

梅棹　もともと、わたしにおいては、山は高さだけが問題ではない。いちばん大切なのは、未知なるもの、ということ。デジデリアム・インコグニチ（未知への探求）、これが一番大事なことなんや。学問やってても、これは一貫している。未知のものと接したとき、つかんだときは、しびれるような喜びを感じる。わが生涯をつらぬいて、そういう未知への探求ということが、すべてや。こんなおもしろいことはない。

（註1）長谷川傳次郎（著）『ヒマラヤの旅』（復刻版）一九七五年一二月　国書刊行会
（註2）中村恒雄（編集・発行）『三高山岳部報告』第一三号　一九三八年一二月　嶽水会山岳部
（註3）Clark, Leonard, *The Marching Wind*, 1955, Hutchingson, London
　　レナード・クラーク（著）水谷準（訳）『謎の山アムネ・マチン』一九五九年四月　ベースボール・マガジン社

あとがき

「梅棹忠夫著作集」（全二二巻、別巻一）は、一九八九年一〇月から第一回配本を開始し、一九九四年六月に別巻の『年譜・総索引』の刊行をもって、ぶじに全巻がそろった。「著作集」刊行後もわたしは執筆活動をつづけた。テーマ別にあらたな本づくりのための準備もしていた。そのなかでも山と探検に関する原稿が、知らず知らずのうちにたまっていった。とくに、日本山岳会の名誉会員におされたり、国際山岳年日本委員会の特別顧問をひきうけてからは、いっそう山に関連した原稿執筆や講演の依頼がまいこんだ。それらの掲載文や講演原稿などを読みなおし、二〇〇三年くれには内容を検討して、一本の本としての構成案をたてていたのである。

わたしの「著作集」のなかで、山と探検をテーマにしているのは、第一巻『探検の時代』と第一六巻『山と旅』であるが（註）、こんどのがはじめての単行本となる。原稿を入念に、くりかえし読みこんでいるうちに、わたしのからだにおもわぬ病気がみつかった。心身ともに実際年齢よりわかいという自信があったので、ただちに手術をうけたのであるが、やはり回復にはかなりの体力、そして気力が必要であった。それほど自覚はなかったのだが、わたしはれっきとした「高齢者」だったのである。

その後、ほかの事情もくわわって数年の年月がたってしまった。もはや本はできそうもないと、やや気よわになっていたのだが、二〇〇八年六月にひらかれた、わたしの「米寿の会」以降、出版の話が急に進展し、それからちょうど一年たって刊行のはこびとなった。

本書は、「著作集」の刊行以後、ここ一五年ほどのあいだに発表したものがほとんどであるが、今回一冊にまとめるにあたり、書きおろしならぬ、かたりおろしを二本収録した。一本は、永年の山の仲間であるAACKのメンバーから、斎藤惇生氏、平井一正氏、岩坪五郎氏にご参加いただいて、その歴史をふりかえり、今後の展望についてかたりあったものである。もう一本は、小山修三氏との対話である。かれは山の経験はほとんどないが、民族学者として数おおくのフィールド・ワークをこなしてきたので、探検の精神はよく承知している。かれと話をして、わたしは山のたのしさをあらためて確認することができた。

わたしは本年六月で八九歳になる。そのうえ六五歳からは視力もうしなっている。日常生活をおくるにも人の手をかりなければならないが、ましてや著書をつくるには、目となり手足となる人がいる。本書『山をたのしむ』を刊行するにあたっては、おおくのかたのご協力をいただいた。みなさまがたに心から御礼もうしあげる次第である。

また、さまざまな事情により、おおはばにおくれた出版となってしまったが、山と溪谷社の神長幹雄氏には、長期間にわたって、ひとかたならぬお世話になった。また、滝澤守生氏、藍野裕之氏にも編集のご協力をいただいた。ここに、あらためて感謝の意を表する。

二〇〇九年四月　　梅棹忠夫

（註）梅棹忠夫（著）『探検の時代』「梅棹忠夫著作集」第一巻　一九九〇年四月　中央公論社
梅棹忠夫（著）『山と旅』「梅棹忠夫著作集」第一六巻　一九九二年一二月　中央公論社

「梅棹忠夫・山と探検文学賞」の創設にあたって

このたび、「梅棹忠夫・山と探検文学賞」がうまれました。世のなかには、個人の名まえを冠にした賞がおおくありますが、まさか、わたしがその仲間いりをするとは想像もしませんでした。この賞がうまれたのは、二〇〇九年七月に山と溪谷社から発行されたわたしの著書『山をたのしむ』がきっかけになったと聞いております。この本は、永年、未知にあこがれをいだき、登山と探検にしたしんできたわたしが、自分の人生をふりかえり、自分にとって山とはなんであったのかを見つめなおしたものです。

わたしと山との関係は京都の北山ではじまったのですが、旧制三高時代には、もっぱら信州で、オールラウンドな登山家としての本格的な訓練をうけました。そして、その後は学術探検家として活動の場を海外にひろげていったのですが、おりをみて信州に足をはこび、山とスキーをたのしんでおりました。わたしの山と探検のかかわりをおもいかえすと、この地域とのながくてふかい縁をあらためて認識させられた次第です。

その信州で「知」の領域をリードする信濃毎日新聞社と平安堂、そして山岳図書出版の老舗である山と溪谷社が「梅棹忠夫・山と探検文学賞」を創設されました。このことは、わたしにとってまことにうれしく、ありがたいことです。関係の皆様がたに心から感謝いたします。

本賞の創設がきっかけとなって、登山や探検活動がさかんになり、おおくの人びとの心に「未知への探求」の火が燃えさかることをねがっております。

二〇一〇年五月

梅棹忠夫

解説　山にはじまり、山におわる

小長谷有紀

本書のタイトル『山をたのしむ』は一見すると、これから登山をはじめようとする人向けの教則本のように思われるかもしれない。著者の梅棹忠夫はたしかに若者たちへのメッセージを「心配せずに山へ行きなさい」と発してはいるけれども、ノウハウをつづったマニュアルではない。本書につづられているのは、梅棹忠夫の山のたのしみかたであり、だから、これは梅棹を知るための本である。

梅棹忠夫を理解するうえで「山」を欠くわけにはゆかない。

本書は二〇〇九年七月五日に山と溪谷社から発行された『山をたのしむ』の文庫版である。「あとがき」にあるように、梅棹忠夫著作集の刊行以後、山について書かれた文章と、山仲間との座談などの「かたりおろし」をまとめたものである。もとの書籍は二〇一〇年七月三日に亡くなる、そのほぼ一年前に刊行された。没後も、梅棹忠夫に関するさまざまな書籍が刊行されてはいるが、自著としてはこれが最後の作品である。

それでは最初の作品は何だったのであろうか。本書のもととなった書籍とほぼ同じころ、二〇〇九年六月、国立民族学博物館から『梅棹忠夫著作目録（1934－2008）』が刊行された（「調査報告」第八六号）。国立民族学博物館は言うまでもなく、梅棹忠夫が創設に尽力し、初代館長を永年つとめた研究機関である。同館から資料集として刊行されたこの著作目録は、梅棹の全著作を総覧するうえで便利なツールとなっている。ウェブサイト（みんぱくリポジトリ）からも自由にダウンロードできるので、ご関心のある方々にはぜひご覧いただきたい。

その著作目録によれば、梅棹の最初の著作物は一九三四年の「鷲峰山」であり、「三ケ岳」がつづく。いずれも、京都府立京都第一中学校の山岳部の部報『山城三十山記上篇』に掲載された文章である。

「山城三十山」とは、本書でも紹介されているとおり、同山岳部の大先輩である今西錦司や西堀栄三郎、桑原武夫たちが京都の山々のなかから「登山の目標」とした三十選であった。梅棹たち少年は、その選定条件をあらため、「新山城三十山」をさだめた。本書でさらりと「三〇山を完登していた」とふれられているが、当時の部員で全三〇山を完全制覇していたのは梅棹ただ一人だったらしい。

それら三〇の山々に関する解説書として『山城三十山記』がつくられた。梅棹たち中学生が部活動の記録として作成した、ガリ版刷りの山岳誌である。現代風に言うなら、さしずめ山々の「攻略本」である。

翌三五年につくられた『山城三十山記　下篇』には「愛宕山」以下、五つの山に関する文章を梅棹は書いている。と同時に、梅棹はこの『下篇』において「編集後記」も書いた。つまり、これこそ、梅棹が人生で最初につくった本なのだった。本書では「わたしの出版したいろいろな印刷物の最初のものとなりました」とある。

この『下篇』の実物は国立民族学博物館の「梅棹アーカイブズ」に残されている。見ると、その編集後記の日付は一九三五年七月三日。奇しくも梅棹自身の祥月命日である。人生最初の一冊に最期が記されているとは、偶然ながらなんとも予見的なことではある。同アーカイブズもウェブサイト(みんぱく民族学研究アーカイブズ)で公開されているので、ご興味のある方々はどうかご覧いただきたい。上述の著作目録もここで更新されている。

著作目録をもう少し追ってみよう。所属クラブは三高山岳部になり、寄稿先は『三高山岳部報告』のほか、京一中OB山岳会の『嶺』、関西学生山岳聯盟の『時報』などに広がっていく。とは言え、やはり、山、山、山。梅棹の著作は山にはじまるのである。

これらの文章はいずれも記載方法の統一など若干の修正をのぞいて、ほぼそのまま著作集に収録された。最初期の作品は著作集第一六巻の『山と旅』に所収され、一九四〇年の白頭山探検などは著作集第一巻の『探検の時代』に所収されるというように二分されている。言い換えれば、著作集全二二巻のうち山関係は一巻に収まりきらなかったのである。

それにしても、一九二〇年生まれの梅棹だから、三〇年代に書かれた文章は、十代の言わば試作品にすぎない。著作というより作文と言ったほうがよいかもしれない。にもかかわらず、そのまま著作集に使えるとは驚きに価する。

さらに驚くべきは彼の思想である。前述の「編集後記」には次のように記されている。「実に山は一大総合科学研究所であります。この研究所で、もっとうんとたがいに山を研究し、知識をまそうではありませんか」(『梅棹忠夫―知的先覚者の軌跡』二〇一一年 財団法人千里文化財団発行、所収)。

本書に所収された講演録「山と学問」で、会場の地、長野の信州大学に新たに山岳科学総合研究所が設置されるという話題が登場する。梅棹少年の構想が日本列島の背骨を擁する信州の地に実現された、と言えるかもしれない。

山は梅棹忠夫にとって、体力や気力とともに知力を鍛錬する場として位置づけられていたことが十分に伝わる宣言文である。しかも私見の吐露に終わることなく、読者をたくみに扇動している。

人々に呼びかけ、世の中に半歩先んじた生きかたを提案する、という扇動は梅棹忠夫の真骨頂である。たとえば、一九五四年、「アマチュア思想家宣言」では普通の人々がカメラを自由に使いこなすよう思想も使いこなそうと鼓舞した。また、一九五七年、専業主婦ということばがいまだ使われていなかった時代に早くも、「妻無用論」で「これからの女は爆発する」と書き、男女共同参画時代を予見するかのように女性たちを勇気づけ、社会に出るよう仕向けた。このように、他人の心をゆさぶるリーダー気質をわたしたちは梅棹の著作人生に何度も見いだしうるのだが、最初の一冊でもそれは発見されるのだった。

本書で梅棹は「山はわたしの人生のルーツであり、すべての出発点なのである」とのべているように、彼にとって山は、探検精神すなわち「未知への探求」の源泉であり、組織化やプロジェクト形成の実践の場であった。そしてさらに、山は梅棹にとって、筆力や思想を鍛える場でもあったことが最初の一冊から確認されよう。

このように山から梅棹忠夫をアプローチすると、人となりの初期の形成過程を知ることができる。もう一つ、山からのアプローチには大きな特徴がある。それは挫折の歴史を知ることができるという特徴である。

大正生まれで戦後を生きて迎え、研究生活を続けられたのは、戦没した多くの学徒、研究者がいたことを考えれば、幸運と言えるだろう。さらに、二〇代で就職し、三〇代で論壇にもデビューした。後年、失明するも、かえって多数の著作を刊行し、数々の受賞歴をほこる、という一生なのだから、およそ挫折とは無縁のように思われるだろう。しかし、梅棹本人にとって実はいくつもの挫折があったことは、山からアプローチすることで容易に知れる。本書ではまさにこの点が象徴的に現れている。序章に代えて冒頭に据えられた章に「挫折した登山家」という項があるからだ。

「年間一〇〇日ほど山に行っていた」ために旧制三高を二度も「落第するのは当然である」というエピソードは挫折と言うよりご愛嬌と言うべきかもしれない。しかし、一九五二年、マナスル登山の計画を前にして、「肺結核におかされていた」ために「ドクター・ストップがかかった」ともなれば、さぞや悔しかったに違いない。一九五五年、京都大学カラコラム・ヒンズークシ隊でも病み上がりだから「登山らしいことはやっていない。三〇〇〇メートル級の峠をいくつか超えただけである」。「転地療養になったのか、わたしは完全に肺結核を克服した」とは言うものの、悔しくなかったわけではあるまい。一九六〇年、ビルマの奥のカカボ・ラジ峰を目標に、登山隊かつ学術調査隊の双方を送る計画を梅棹みずから立てたが、「ビルマ政府から許可がおりなかったため」、「ヒマラヤ遠征の隊長をつとめるというわたしの夢は、ついに実現しなかった」。

少年期にヒマラヤへの憧憬をインプットされた梅棹にとって、こうした登山家としての挫折は当時、かなりの打撃をあたえた。カカボ・ラジ計画の頓挫による心の傷は、ヒマラヤを見るための一人旅をしてようやく癒されたのだった。しかし、本書ではそうした挫折が淡々とえがかれている。まるで他人事のように事実がならべられているような印象をうける。そんな心理描写の欠を山仲間との座談や対談がうまく補っている。

梅棹はヒマラヤのみならず、アフリカでも挫折した。一九六三年、キリマンジャロに挑戦したものの、「足をいためて、登頂をはたせなかった」。梅棹アーカイブズに残された写真のなかには、靴を脱ぎ、靴下をはいた状態で照れ笑いしている梅棹の姿がある。また、現地のガイドから花束をもらっている姿もある。当時、同行していた端信行（国立民族学博物館名誉教授）によれば、靴ずれをおこしたとのこと。花束は登頂できなかった残念賞だそうだ。なんでも詳細に記録し、開陳しているようでいて、実は書かれていないそんなエピソードもあったのだ。本当に、挫折し続けた登山家なのだった。

ただし、登山と言っても、最高峰をねらう、初登頂をねらう、山頂をひたすらめざす、縦走するなど、山のたのしみかたはそもそも多様である。梅棹の場合は、世界のどこへ赴いても、そこの山を見ることで、当該地域を掌握するという方針をもっていたように思われる。それが「山をみる」というたのしみである。そしてそれはまた、山を撮るというたのしみでもある。カンチェンジュンガの荘厳な朝焼けや、マナスルなどのすばらしい眺望は写真におさめられており、実践例は、『ひらめきをのがさない！　梅棹忠夫、世界のあるきかた』（勉誠出版、二〇一一年）の第八章「山をみる旅」で確かめることができる。

ところで、こんなふうに解説しているけれども、わたしは山女ではなく、山ガールでもない。山について究めていないどころか、親しんでもいない。だから、そもそも本書の解説者には向いていない。山仲間や山弟子を自認する方々が解説したほうがよい。あるいは、梅棹の思想に沿うなら、読者こそが最良の解説者であるべきだろう。

「あとがき」のあとに付された一文にあるように、本書をきっかけにして「梅棹忠夫・山と探検文学賞」がうまれたという。同賞の創設に際して、「この本は、永年、未知にあこがれをいだき、登山と探検にしたしんできたわたしが、自分の人生をふりかえり、自分にとって山とはなんであったのかを見つめなおしたものです」と紹介している。それゆえに本書『山をたのしむ』は「梅棹をたのしむ」ための恰好の書であることはまちがいない。

二〇一五年は同賞の四回目にあたる。このたびの文庫本化を契機として、より多くの人々に読まれ、独自の解説が次々と出現すること、それが梅棹流なのではないだろうか。

（人間文化研究機構・理事）

ベオグラード、ツルナ・ゴーラ地方のドルミトール山群で調査。
1973年〔AACK、ヤルン・カン（8505㍍）初登頂。〕
1974年〔AACK、K12峰（7437㍍）初登頂。〕
1982年〔AACK、カンペンチン（7281㍍）初登頂。〕
1985年〔AACK、ナムナニ（7694㍍）初登頂。〕
1986年 春（65歳） 立山にのぼる計画。3000メートル級の積雪期登山は無理かとおもったが、友人たちがたすけてくれるというので行く気になった。直前になって両眼の視力喪失で実行不可能。
1991年〔AACK、梅里雪山で日中合同隊17名が雪崩で遭難死。〕
1994年 6月（74歳） 北山の京都一中の小屋跡に、今西錦司の記念碑がつくられ、その除幕式に出席。雲ケ畑川の上流まで車でゆき、あとはゴム長靴で渡渉をくりかえしながら、道のないところをあるいた。
1995年 10月（75歳） 日本山岳会名誉会員になる。
2001年 10月（81歳） 信州大学山岳科学総合研究所設立前の山岳科学フォーラムで特別講演「山と学問」をおこなう。
2002年（82歳） 国際山岳年国内委員会の特別顧問。
8月 富山にて、国際山岳年の記念事業「立山フォーラム」にて記念講演「登山と観光開発」をおこなう。
11月 大阪にて、国際山岳年日本委員会の事業「シンポジウム――山との出あい」にて基調講演「山と文明」をおこなう。
2003年 2月23日（82歳）「西堀栄三郎記念 探検の殿堂」に探検家として顕彰される。
2010年 3月（89歳）「梅棹忠夫・山と探検文学賞」が創設される。
7月3日（90歳） 自宅にて永眠。

＊〔 〕は、日本の登山界、AACKなどの主要な活動

は AACK の今西寿雄。〕

1957年 11月3日～1958年4月14日（37歳） 大阪市立大学東南アジア学術調査隊に隊長として参加。隊員全員が自動車運転免許証を取得。隊員らで運転を交代、3台の車を駆使。

1958年〔8月4日 AACK、チョゴリザ（7654㍍）初登頂。創設以来四半世紀にして、ついにヒマラヤ初登頂の夢を実現。ナンダ・コット、マナスルに続く日本人による第三のヒマラヤ初登頂の記録でもあった。〕

1960年〔AACK、ノシャック（7492㍍）初登頂。〕

1961年 3月（40歳）大阪市立大学・京都大学合同のカカボ・ラジ登山探検隊の隊長として準備にかかっていたが、ビルマ政府の許可がとれず実現できなかった。

12月16日～1962年2月5日（41歳）第二次大阪市立大学東南アジア学術調査隊（隊長、四手井綱英）に参加、北タイの調査ののち、単独でビルマ、東パキスタン、インド、ネパールを踏査。カカボ・ラジの傷心をいやす。

1962年〔AACK、サルトロ・カンリ（7742㍍）初登頂。〕

1963年 7月6日～1964年3月24日（43歳）京都大学アフリカ学術調査隊（隊長、今西錦司）に参加して、タンザニアの牧畜民ダトーガ族の人類学的調査をおこなう。

1967年 6月14日～10月12日（47歳 京大人文研助教授）第一次京都大学ヨーロッパ学術調査隊（隊長、桑原武夫）に参加。スペインのバスク地方で農村調査をしたのち、車でポルトガル、スペイン、アンドラ、フランスを旅行。

1968年 3月4日～4月9日（47歳）京都大学大サハラ学術探検隊（隊長、山下孝介）に参加。リビアで牧畜民の研究調査をおこなう。

1969年 6月25日～9月27日（49歳 京大人文研教授）第二次京都大学ヨーロッパ学術調査隊（隊長、会田雄次）に参加。中部イタリアの山村で調査したのち、ユーゴスラビアの探検地理学会は解散しており、AACKも活動を休止中。
1948年（28歳） 探検地理学会のながれをくむ自然史学会が設立されて、入会する。
1949年 9月9日～10月上旬（29歳　大阪市立大学理工学部助教授） 京都府山岳連盟の屋久島踏査隊に参加。宮之浦岳に登頂。
1950年 12月～1951年正月（30歳） 洛北高校山岳部、鴨沂高校山岳部合同のスキー合宿。総リーダーとして指導（信州蕨平）。
1951年〔秋　自然史学会からつながる生物誌研究会（FF）設立。戦前の探検地理学会の戦後版。〕
12月～1952年正月（31歳） 洛北高校山岳部、鴨沂高校山岳部合同のスキー合宿。総リーダーとして指導（信州蕨平）。
1952年〔戦後の京大山岳部をくわえてAACKが再建される。〕
2月10日（31歳）FFで申請したマナスル登山計画をAACKが日本山岳会に委譲したころ、日本山岳会に入会。当然、マナスル計画に参加するつもりであった。
夏（32歳） 肺結核の診断をうけ、自宅にて2年間の療養生活を余儀なくされる。
〔11月　AACK初のヒマラヤ、アンナプルナⅣ峰（7525㍍）は、冬の訪れを告げる強烈な偏西風に阻まれ敗退。〕
1955年 5月14日～11月11日（35～36歳） 京都大学カラコラム・ヒンズークシ学術探検隊（総隊長、木原均）に参加。ヒンズークシ支隊人類学班に属し、モゴール族の調査研究を中心におこなう。
1956年 3月5日（35歳） 日本で初の学生探検部が京都大学にうまれ、その顧問となる。
5月　稚内のカラフト犬訓練所を視察。
〔8月　日本山岳会、マナスル（8163㍍）初登頂。初登頂

ホーツクの海岸をあるく。塩水で飯を炊いてみた。
暮れ　蕨平のスキー合宿。天狗原に重量テントをかつぎあげて合宿。

1940年　1月2日（19歳　3回目の2年生）　重量テントの撤収時に雪崩にあう。鈴木、吉良は50メートルほど下にながされ、下半身が雪に埋まる。梅棹は無事。
1月4日　天狗原でリングワンダリング。
7月（20歳　同3年生）　朝鮮半島北部の山岳地帯を旅行。白頭山登頂後、北面をくだり、第二松花江源流を確認。
12月〜1941年1月　京都探検地理学会樺太踏査隊（隊長、藤本武）に参加。カラフトでのイヌぞりの性能調査。本気で南極をめざしていた。

1941年　7月〜10月（21歳　京大理学部1回生）　京都探検地理学会ポナペ島調査隊（隊長、今西錦司）に参加。今西隊長からフィールド・ワークの訓練をみっちり受ける。

1942年　5月〜7月（22歳　同2回生）　北部大興安嶺探検隊（隊長、今西錦司）に参加。その支隊の一員として、脊梁山脈ぞいの白色地帯の突破に成功。
大興安嶺のあと、チベット探検計画をねる。チベットの資料をあつめ、チベット語の学習をはじめる。モンゴルから青海をへてチベットにはいる道は閉ざされているので、南から、ビルマから山ごえでチベットにはいる、その方策は飛行艇などと模索。

1943年　春〜（23歳　同3回生）　ボルネオ計画。ボルネオを中心とする東インド諸島に関する研究会を組織。インドネシア語の学習をすすめたのだが頓挫。
秋　AACK（のちの京都大学学士山岳会）に入会。

1944年　5月（23歳）　財団法人蒙古善隣協会西北研究所嘱託。
9月から翌45年2月まで、冬のモンゴル牧畜調査。

1946年　5月（25歳）　京都にかえり、京大大学院に再入学。京都神」で積雪期登山の訓練。スキーとアイゼンのテクニックをまなぶ。

1937年 3月（16歳　同1年生）　笹ケ峰ヒュッテを根拠地に頸城山群へ。小屋をつかわず軽量幕営で黒部川源流の山やま（薬師岳、鷲羽岳、水晶岳、黒部五郎岳）の積雪期登山。ファースト・トレースだと思っていたが、すでに立教大学山岳部が五郎小屋を拠点に黒部源流の大部分をとおっていた。軽量幕営では最初。水晶岳からの帰途、滑落。

1938年 春（17歳　同2年生）　成績不良、出席日数不足で落第は確定的。笹ケ峰、妙高、火打。

夏（18歳　2回目の2年生）　黒部合宿。祖父平と黒部川本流の合流点にテントをはって、ベースキャンプに。そこから少人数にわかれて、薬師岳、黒部五郎岳、三俣蓮華岳、鷲羽岳、水晶岳にのぼる。黒部源流の沢あるき（奥ノ廊下の下降）。野口五郎岳、烏帽子岳を縦走して高瀬川へおりる。

2学期から山岳部プレジデント。

秋に中央アルプス（木曽駒ケ岳、宝剣岳）から伊那川へ。

年末に八ケ岳（赤岳、権現岳のコル）では強風に吹きとばされて、のぼってきた谷へころげおちる。阿弥陀岳から権現岳を往復。

1939年〔1月　京都探検地理学会発足。〕

1月（18歳　2回目の2年生）　京都探検地理学会に入会。

春　2年つづけての落第。除籍となるが、先輩、上級生、同級生の助命嘆願運動が功を奏して、1学期間だけ除籍保留。山ゆきをつつしみ、山岳部のプレジデントも辞任。まじめに授業に出席し、1学期を欠席なしで試験をうけた。復帰。3回目の2年生。

夏（19歳　3回目の2年生）　青森の広沢牧場から北海道の室蘭へ。札幌から松山温泉、石狩川源流、層雲別、オ

梅棹忠夫の登山・探検関連の経歴

1920年 6月13日（0歳） 京都市西陣にて出生。

1931年〔5月24日　AACK結成。〕

1932年（12歳　京都一中1年生） 博物同好会に入部。9月には山岳部にも入部。もっぱら北山をあるく。

1933年 春（12歳　同1年生） 比良山系（蓬莱山）。
7月21日～26日（13歳　同2年生） 伯耆大山。
秋　比良山系（武奈ヶ岳）。

1934年 7月29日～8月3日（14歳　同3年生） 北山の由良川源流～日本海岸・若狭の高浜。
12月 「山城三十山」の改訂作業が終了。その山岳誌『山城三十山記　上篇』に執筆。

1935年 7月（15歳　同4年生）『山城三十山記　下篇』を編集・執筆。
7月25日～8月2日　台高山脈（高見山、国見山、大台ケ原の日出ケ岳）、大峰山系（大日岳、釈迦ケ岳、仏教ケ岳、弥山、七曜岳、大普賢岳、山上ケ岳）。

1936年（16歳　三高1年生） 山岳部に入部。
7月～8月　南北アルプスをあるく。飯田から小川路峠、下栗から遠山川をさかのぼって、本流をはなれて兎洞の谷へ。滝壺におちて「兎洞で川ながれ」。兎岳、中盛丸山、百間洞。赤石岳、荒川岳の前岳、小河内岳。その後、上高地から徳沢小屋、一ノ俣小屋、槍沢、槍ケ岳、三俣蓮華岳、黒部五郎岳。上ノ岳、薬師岳、太郎平、真川から有峰をへて土《ど》。
〔10月　立教大学山岳部、ナンダ・コット（6861㍍）に登頂。日本人初のヒマラヤ初登頂。〕
12月～1937年1月　スキー合宿。白馬乗鞍中腹の「山の

本書は二〇〇九年七月発行の『山をたのしむ』（山と溪谷社刊）を
文庫化したものです。

山をたのしむ

二〇一五年六月二十五日　初版第一刷発行

著者　梅棹忠夫
発行人　川崎深雪
発行所　株式会社　山と溪谷社
郵便番号　一〇一－〇〇五一
東京都千代田区神田神保町一丁目一〇五番地
http://www.yamakei.co.jp/
■商品に関するお問合せ先
山と溪谷社カスタマーセンター
電話　〇三－六八三七－五〇一八
■書店・取次様からのお問合せ先
山と溪谷社受注センター
電話　〇三－六七四四－一九一九
ファクス　〇三－六七四四－一九二七

カバーデザイン　三村　淳
本文フォーマットデザイン　岡本一宣デザイン事務所
印刷・製本　株式会社暁印刷

定価はカバーに表示してあります

Printed in Japan　ISBN978-4-635-04784-5

ヤマケイ文庫ラインナップ

新編 単独行
ミニヤコンカ奇跡の生還
垂直の記憶
残された山靴
梅里雪山 十七人の友を探して
ナンガ・パルバート単独行
父への恋文
山でクマに会う方法
わが愛する山々
星と嵐 6つの北壁登行
空飛ぶ山岳救助隊
私の南アルプス
生還 山岳捜査官・釜谷亮二
日本の分水嶺
【覆刻】山と溪谷
山と溪谷
山なんて嫌いだった
タベイさん、頂上だよ
ドキュメント 生還
日本人の冒険と「創造的な登山」
森の聖者
処女峰アンナプルナ
新田次郎 山の歳時記
ソロ 単独登攀者・山野井泰史
トムラウシ山遭難はなぜ起きたのか
凍る体 低体温症の恐怖
遊歩大全
狼は帰らず
サハラに死す
山の仕事、山の暮らし
マッターホルン北壁
単独行者《アラインゲンガー》 新・加藤文太郎伝 上／下
大人の男のこだわり野遊び術
空へ 悪夢のエヴェレスト
精鋭たちの挽歌
ヘビーデューティーの本
ドキュメント 気象遭難
ドキュメント 滑落遭難
山のパンセ
山の眼玉
山からの絵本
たった一人の生還
宇宙船とカヌー
定本 日本の秘境
北極圏1万2000キロ
K2に憑かれた男たち
縄文人になる! 縄文式生活技術教本
「槍・穂高」名峰誕生のミステリー
ザイルを結ぶとき
ふたりのアキラ
ほんもの探し旅
なんで山登るねん
大イワナの滝壺
おれたちの頂 復刻版
くう・ねる・のぐそ
第十四世マタギ

新刊

山を楽しむ
穂高に死す